Margriet de Moor

Mélodie d'amour

Das Gefühl, das wir Liebe nennen

Von Ursula März

Wie wild diese Menschen sind! Wie rabiat und reflexhaft sie handeln! Bis an die Grenze der Gewalttätigkeit und mitunter darüber hinaus.

Aber es sind keineswegs Wilde, von denen Margriet de Moor hier erzählt, sondern Menschen wie Sie und ich; mitteleuropäische Mittelstandsbürger, geboren im 20. Jahrhundert, eingerichtet in behaglichen Häusern an der niederländischen Küste oder in Rotterdam und Amsterdam, eingebettet in all die Gewohnheiten, die den Alltag kultivieren, das Gemüt beruhigen und das Miteinander zivilisieren: Abschiedsküsschen am Morgen, Spaziergänge mit dem Hund, Tagesausflüge ans Meer, Teestunden am Nachmittag, Restaurantbesuche am Abend, wenn Eheleute etwas zu feiern haben. Und es sind gebildete Menschen, denen wir in diesem Roman begegnen. Der Archäologe Luuk und die Lehrerin Cindy, Gustaaf Doesburg, Chef eines Saugbaggerunternehmens und Arie. Sie, Gustaaf und Arie, sind die Eltern von Luuk. Bis 1957 lebten sie in Hoek van Holland, bekamen vier Söhne, zogen dann nach Rotterdam, wo Tragödien nach ihrem Leben griffen, die sie nicht überstanden.

Beim Lesen verleiht man der lebensklug entschlossenen und zugleich sanften Arie unwillkürlich die Gesichtszüge ihrer Erfinderin, der weltberühmten und so wenig literaturstarhaften Schriftstellerin Margriet de Moor, deren feminine

Mädchenhaftigkeit jenes Strahlen besitzt, dem die Zeit nichts anzuhaben scheint. Neben einer Frau wie Arie, denkt man, findet alles Maß und Frieden. Und dann beißt Arie eines Tages zu. Mit voller Kraft schlägt sie ihr Gebiss in Gustaafs Nacken. Ein reißendes, wildes Tier, das sich über seine Beute hermacht.

Die ungeheuerliche Handlung vollzieht sich in der ersten der vier Geschichten, die erzählerisch eigenständig und zugleich zur Form eines Rondos verknüpft sind. Nicht nur, weil die Figuren der einen in den folgenden Geschichten wiederkehren. Sondern vor allem, weil diese vier Romankapitel sich unter einem Thema versammeln: der Macht des Liebens. Es ist Margriet de Moors literarisches Urthema, ihr schriftstellerisches Spezialgebiet. In all ihren Romanen, ob sie in der italienischen Aristokratie des 18. Jahrhunderts angesiedelt sind (*Der Virtuose*, deutsch 1994), von einem erotischen Trio im Amsterdamer Varietémilieu berichten (*Der Jongleur*, deutsch 2008), von einem Tierarzt, der auf der Straße einen Taschenkalender und darin seinen eigenen Namen findet (*Die Verabredung*, deutsch 2000), oder von der dämonischen Eifersucht eines blinden Musikkritikers (*Kreutzersonate*, deutsch 2002), in all diesen Büchern gilt Margriet de Moors Hauptinteresse jenem wuchtigen, ja mysteriösen Vorgang der Seele, den wir Liebe nennen. Zu sagen, Margriet de Moor erzähle Liebesgeschichten, ist nicht falsch. Denn natürlich treten in ihren Büchern Ehe- und Liebespaare auf, glückliche und glücklose. Aber richtiger wäre wohl zu sagen: Sie erzählt vom Lieben an sich. Sie hält es mit Platon, der im *Gastmahl* erkannte, dass das Lieben ergreifender und göttlicher ist als das Geliebtwerden. Es ist, in heutiger Sprache gesagt, auch chaotischer.

Wer sich verliebt, entdeckt die eigene Unvernunft. Wer sich verliebt, findet in sich eine fremde, etwas unheimliche Person.

Sie ist zu vielem fähig, zu närrischen Peinlichkeiten wie zu grenzüberschreitenden Ungeheuerlichkeiten. Sie rührt sich tagelang nicht vom Telefon weg, sie küsst den Einkaufszettel, den der Geliebte schrieb, und forscht heimlich in seinen E-Mails. Sie harrt, wie die schüchterne Lehrerin Cindy in der zweiten Romangeschichte, Stunde um Stunde im strömenden Regen vor Luuks Haus aus, bis Luuks Ehefrau Myrte sich der Rivalin schließlich erbarmt und sie hereinbittet. Cindy kann nicht anders, als Luuk sehen zu wollen. Er ist der Mann ihres Lebens, der Mann, von dem sie sich einbildet, er sei ihr vom Himmel zugeteilt worden. Obwohl der verheiratete Luuk, wie wir ahnen und in der dritten Geschichte erfahren, längst schon eine andere Geliebte hat, Roselynde. Diese wiederum liebt Luuk, um mit seiner Hilfe ihr Herz von ihrem Bruder loszureißen, der vor vielen Jahren starb und unsichtbar noch immer mit ihr lebt. Und Myrte? Die doppelt und offensichtlich notorisch betrogene Ehefrau? Sie kommt als Letzte, in der vierten Geschichte, zu Wort. Und auch in ihr glüht eine Obsession nach, unter der sie einstmals in Flammen stand und von der sie nur uns, den anonymen Lesern, erzählt.

Formal kehrt Margriet de Moor mit ihrem neuen Roman *Mélodie d'amour* zu ihrem Romanerstling zurück, dem ebenfalls aus vier Kapiteln und vier Perspektiven komponierten Bestseller *Erst grau dann weiß dann blau*, der die Niederländerin, die erst zu Beginn ihres fünften Lebensjahrzehnts mit dem Schreiben begann, 1991 auf Anhieb zur internationalen Erfolgsautorin machte. Sie kehrt auch zum Zentralmotiv ihres Debütromans zurück: dem Verschweigen. In *Erst grau dann weiß dann blau* tötet ein Mann seine Ehefrau, weil er ihre Weigerung, ihm Auskunft zu geben über ihr plötzliches, zwei Jahre währendes Verschwinden, nicht mehr erträgt. Diese Ver-

schwiegenheit prägt unübersehbar Margriet de Moors Erzähl-
stil und ihre Erzählhaltung. Niemals bemüht sie in *Mélodie
d'amour* die Erklärungstechniken gängiger Psychologie, um
die Macht der Liebe und die Seltsamkeiten der Liebeswahl zu
rationalisieren. Sie respektiert den unergründlichen, letzten
Endes irrationalen Kern des Gefühls, das wir Liebe nennen.
In der Begrifflichkeit der Psychologie wäre Cindy nichts anderes als eine kranke Stalkerin, ein Fall für den Therapeuten.
Tatsächlich ist Cindy nicht ganz ungefährlich. Sie lauert Luuk
sogar mit einer Pistole in der Handtasche auf, als ihr endlich
dämmert, dass der Archäologe nichts mehr von ihr wissen
will, vor ihren Überraschungsbesuchen und Attacken nur
noch Reißaus nimmt.

Aber für Margriet de Moor ist Cindy kein pathologischer
Fall, sondern eine Person wie Sie und ich, die sich eines Tages
in ein Café setzt, am Nebentisch einen Mann sieht und schlagartig in den Bann einer Leidenschaft gerät, in der sich Himmel und Hölle berühren. Das zutiefst Beglückende und das
zutiefst Beunruhigende des Liebens, seine Alltäglichkeit und
sein Ausnahmezustand teilen sich in den vier Geschichten auf
unkommentierte und deshalb unmittelbare Weise mit. Eben
darin liegt der Sog dieses Romans. Er zeigt Margriet de Moor
auf der Höhe ihrer Kunst: Als Meisterin des Romantischen
und als Meisterin des Drastischen, in deren Hand das eine das
andere notwendig bedingt.

Wie kommt die schwerkranke Arie dazu, Gustaaf, der ihr zu
Hilfe eilt, weil sie zur Toilette muss und den Weg dorthin nicht
alleine schafft, wie ein Jagdtier in den Nacken zu beißen? Erlei-
det sie einen Anfall von Wahnsinn? Oder einen Anfall später
Rache, weil Gustaaf sie jahrelang mit der Untermieterin be-
trog? Warum tat er das überhaupt? Welche Furie trieb ihn aus

seiner gelingenden Lebensbahn? Wir erahnen die Furien, aber wir verstehen Gustaaf letztendlich so wenig, wie er sich selbst versteht und sich Aries wilder Nackenbiss rational verstehen lässt. Eine weniger souveräne, vielleicht auch weniger lebenserfahrene Schriftstellerin als Margriet de Moor hätte Mühe, das Gefühlschaos ihrer Figuren so zu beschreiben, dass diese nicht unversehens zu Exzentrikern, zu Sonderlingen werden, die sich jenseits des gesellschaftlichen Durchschnitts bewegen. Gustaaf und sein Sohn Luuk, Arie und Myrte, Cindy und Roselynde hingegen, sie alle sind Durchschnittsmenschen mit Durchschnittsgewohnheiten und bürgerlichen Berufen, die sich, weil sie nun mal lieben, zu exzentrischen, wilden, grotesken Handlungen hinreißen lassen. Margriet de Moor lässt sie gewähren, ohne sie zu be- oder zu verurteilen. Im Blick, den sie auf ihre Figuren richtet, liegt unendliches Wohlwollen und, nicht zu vergessen, leiser Humor. Vom komischen Talent der Autorin de Moor profitiert vor allem Gustaaf Doesburg. Ihm, dem Chef eines Saugbaggerunternehmens, ist die vielleicht großartigste Episode des Romans gewidmet. Sie spielt sich im Jahr 1970 in den verwinkelten Gassen der Rotterdamer Altstadt ab. Ein Höhepunkt romantischer Drastik und rabiater Zartheit.

Die genaueren Umstände dieser Episode, in der es auch ein wenig morbide zugeht, seien hier nicht verraten. Sie findet sich gleich im ersten Kapitel. Nur soviel: Sie ist zum Weinen anrührend und zum Brüllen komisch. Außerdem regnet es, wie häufig in diesem niederländischen Roman, mal wieder in Strömen.

Ursula März ist Autorin und Kritikerin, sie arbeitet vor allem für DIE ZEIT und lebt in Berlin.

Margriet de Moor

Mélodie d'amour

Roman

Aus dem Niederländischen
von Helga van Beuningen

Carl Hanser Verlag

Die niederländische Originalausgabe erschien
2013 unter dem Titel *Mélodie d'amour*
bei De Bezige Bij in Amsterdam.

Die Originalausgabe wurde für die deutsche Übersetzung
in Absprache mit der Autorin vollständig durchgesehen.

1 2 3 4 5   18 17 16 15 14

ISBN 978-3-446-24478-8
© Margriet de Moor 2013
Alle Rechte der deutschen Ausgabe
© Carl Hanser Verlag München 2014
Satz: Satz für Satz. Barbara Reischmann, Leutkirch
Druck und Bindung: CPI – Ebner & Spiegel, Ulm
Printed in Germany

MIX
Papier aus verantwortungs-
vollen Quellen
FSC
www.fsc.org
FSC® C006701

Le comment n'est pas le pourquoi

Francis de Miomandre

I

Sein Vater, seine Mutter

1

Er ist mit dem Fahrrad gekommen. Es regnet nicht mehr, von irgendwo scheint sogar ein wenig Mondlicht. Es ist genau fünf vor acht, als Gustaaf Doesburg beim letzten Häuserblock des Goudsesingel absteigt und sein Rad an einen Laternenpfahl schließt, gut so, jeder vernünftige Mensch tut das, obgleich er bestimmt schon das Gefühl hatte, auf dem Weg zu einer irrsinnigen Szene zu sein. Fünfzig Meter weiter gab es damals noch ein kleines Stück Innenstadt, das nicht nur die Bomben überlebt hatte, sondern auch die Bauwut der ersten Nachkriegsjahrzehnte. Es ist Dienstag, der zehnte November 1970. Nichts in diesem Viertel war abgebrannt, eingestürzt oder auch nur zugenagelt gewesen. In eines dieser renitenten Häuschen, deren Obergeschoss aus einem Spitzboden bestand, auf dem man gerade so eben stehen konnte – aber *sie* konnte damals schon nicht mehr stehen –, ist Atie nach der Scheidung eingezogen. Vorgestern ist sie gestorben. Gustaaf Doesburg legt das letzte Stück zu Fuß zurück, neugierig, entschlossen, bang, und biegt nach rechts in die Gasse ein, die zu den kleinen Höfen hinter den Häusern führt. Ausgerechnet Luuk, ihr Liebling, hat das Gebot der Mutter übertreten und dem Vater berichtet, dass es vorbei ist. Aus und vorbei.

Der heimliche Anruf hat ihn am Tag zuvor erreicht, als er allein zu Hause war, frisch geduscht und in Schlappen nach der Arbeit. Es traf ihn körperlich, wie ein Schlag in den

Magen, aber er reagierte, noch bevor der Schlag verebbte, wie es seine Art war, drastisch.

Er sagte zu seinem Sohn, dass er sie noch *ein*mal sehen wolle.

»Das geht nicht, Papa.«

Sie wussten es. Sie wussten es beide verdammt gut. Dennoch führten Gustaaf und Luuk diesen belanglosen kleinen Dialog, in dem eine ihnen bestens bekannte elende Tatsache noch einmal erwähnt und bestätigt wurde. Belanglos oder nicht, dieser Dialog ist Teil ihrer Familiengeschichte, des Schicksals von Atie und Gustaaf Doesburg-Maas und ihrer Söhne Kaspar, Wijnand, Jan und Luuk. (Dass die vier Brüder auch noch eine Halbschwester haben, Dittie, ist eine Geschichte für sich.)

Atie gestorben … war das die Möglichkeit?

Gustaaf, den Hörer am Ohr, hatte sich zum triefenden Garten gewandt, während ihm alles mögliche durch den Kopf ging, Farben, Geräusche, Bilder, zum Beispiel die Art, wie sie lachte, mit weit zurückgelegtem Kopf, aber auch die Art, wie sie knurrte, wirklich wie ein Tier, wenn ihr etwas nicht passte. Währenddessen war ihm bewusst, woraus das leise atmende Rauschen am anderen Ende der Leitung bestand. Luuk, der wahrscheinlich aus dem Sterbehaus anruft, denkt an das unumstößliche Gesetz, das seine Mutter gleich bei ihrem Umzug erlassen und wie ein Gelöbnis ihren Söhnen verkündet hat. Der Junge sieht Aties blassgrüne Augen auf sich gerichtet, als sie kundtut, sie werde ihrem Mann, von jetzt an als ihr Ex zu bezeichnen, zeit ihres Lebens nicht gestatten, auch nur einen Fuß in ihre Wohnung zu setzen.

Aber – jetzt ist sie doch tot?

Auch dann nicht.

Das Nein der Mutter, in ihrem letzten Lebensabschnitt eines ihrer stärksten Attribute, hing noch durch und durch irdisch in der Luft. Die Söhne wussten das. Ihr Vater auch. Dennoch murmelte Gustaaf:»Das geht schon.«

Es blieb still. Keine unmittelbare Reaktion von Luuk, der durchaus gedacht haben mag, hier werde ihm etwas Verachtenswürdiges vorgeschlagen. Denn Verrat, ja, der ist natürlich immer möglich.

Doch jetzt schnaufte Gustaaf verwirrt.»Wie ist es passiert?« fragte er mühsam, wobei er nichts von seiner Furcht verbarg.

»Am Morgen ging es ihr eigentlich kaum schlechter als … als am Tag zuvor«, hatte Luuk begonnen.

»Ja …?«

Zögern, Unbehaglichkeit. Es war unmöglich, das haben beide so empfunden, das hoffnungslose Gespräch abzubrechen. Aber: in welche Richtung sollte es gehen?

»Nein, kaum …«

Gustaaf hat die Bestürzung im Gestammel des jungen Mannes gehört. Seine Unfähigkeit, auch nur ein wenig Ordnung in eine Fülle von Szenen, manche von hypnotischer Präzision, zu bringen, deren Zeuge er doch selbst gewesen ist und sogar in der ersten Reihe. (Sie hatte also am Morgen in ihrem Ledersessel gesessen und mit der Pflegerin und mit Kaspar gescherzt, der in jener Nacht turnusgemäß bei ihr gewesen war. Gegen Mittag, im Bett, bewegte sie sich nicht mehr, wollte kein Wort sagen, schien aber zu schauen. Der Arzt, mit dem sie schon seit Jahren eine Art übermütiger Kameradschaft verband, kam, beugte sich über die Kranke und sah nachdenklich auf. Luuk solle seine Brüder anrufen.)

»Es geschah fast unmerklich«, erfuhr Gustaaf. Und, nach einer mindestens halbminütigen Pause, was am Telefon eine

Ewigkeit ist: »Währenddessen schaute sie die ganze Zeit, Papa, sie behielt dabei einfach die Augen offen ...«

Schlucken.

»... verdammt.«

Es ist sehr dunkel in der Gasse. Gustaaf Doesburg, der hier noch nie war, geht achtsam über die Klinkersteine. Mondlicht legt auf die Wände links und rechts einen gräulichen Überzug, als hätte man sie für einen Umbau abgedeckt. Ohne zu wissen, was ihn erwartet, befolgt er die Anweisungen, die sein jüngster Sohn ihm erteilt hat.

»Na schön, ich rede mit ihnen«, hatte der weich gewordene Luuk den Anruf beendet, auf einmal mit rührendem Eifer in der Stimme, und er meinte damit seine Brüder. Er zielte auf eine Lösung ab, von der er sich in diesem Moment noch nicht die leiseste Vorstellung machen konnte, mit der sie aber selbstverständlich alle vier einverstanden sein mussten.

Haben sie sich dafür in der Eckkneipe getroffen? Eine ingeniöse Lösung kriecht nicht von selbst unter einem Stein hervor. Wie viele Schnäpse oder Biere sind nötig, um sich einen Streich auszudenken, der 1) auf der Hand liegt und 2) zutiefst traurig ist? Oder haben sie sich den Dreh erst an Ort und Stelle einfallen lassen, im Vorderzimmer, das durch einen mit Schrankbrettern getäfelten Durchgang mit dem Schlafzimmer verbunden ist, in dem Atie, noch nicht eingesargt, lag? Gustaaf wurde zum zweiten Mal angerufen, als er mit Frau und Töchterchen am Frühstückstisch saß. Marina war ans Telefon gegangen. »Für dich.« Er legte hastig seine Brille neben die Zeitung.

Luuk: »Komm heute abend um acht, Papa.«

»Gut.«

»Warte auf dem kleinen Hof hinter dem Haus. Klopf einfach mit dem Ring an die Fensterscheibe des hinteren Zimmers, wenn du da bist.«

»Was …? Wo denn genau … auf dem Hof?«

»Ja, ja, auf dem Hof. Da kommst du ganz leicht hin durch die Gasse zwischen Haus Nummer sieben und Haus Nummer neun, es ist gleich der erste, links, du kannst dich nicht vertun, wir sorgen dafür, dass das Tor auf ist.«

Die Hände um die Teetasse, Schultern hochgezogen, wie gewöhnlich beim Frühstück, hat Marina, ohne auch nur die geringste Diskretion vorzutäuschen, das Telefongespräch ihres Mannes verfolgt. In den sieben Jahren, die sie und Gustaaf inzwischen verheiratet sind, ist das Verhältnis zwischen den vier Söhnen und der neuen Ehefrau ihres Vaters erstaunlich ungezwungen geblieben. Im vorigen Monat, als Kaspars Frau eiligst in die Lidwina-Klinik musste, um das zweite Kind zur Welt zu bringen, hat Marina nachts auf das zurückgelassene Kleinkind aufgepasst.

Die feuchte Gasse macht einen Bogen nach links. Wo genau muss er hin? Gustaaf sucht das Tor, das da irgendwo für ihn geöffnet worden sein muss, er sucht einzig und allein das Tor und nichts anderes, doch wie können sich manche Dinge doch einer Vorstellung aufdrängen, mit der sie nichts zu tun haben! Natürlich, es ist November, und dann sind Regen und Kälte zu erwarten, ja, es ist nach Sonnenuntergang, und dann ist es normalerweise dunkel und auch trübselig, wenn man in der entsprechenden Stimmung ist. Aber warum steht unter einem Vordach bei den Nachbarn von Nummer sieben, das heißt auf der rechten Seite der Gasse, ausgerechnet eine Schubkarre mit einem Berg Laub, und warum liegt, wie eine Art Ehrensalut, ein Männerhut obendrauf? Das Tor, eine Abtrennung aus dünnen Brettern, die mit einem Querbalken zusammen-

genagelt sind, gibt sofort nach, als er die Finger leicht dagegen-
drückt. Warum leckt die Regenrinne an ihrem Häuschen?
Hätte die nicht jemand mal eben reparieren können? Warum
schleicht zwischen den schwarzen Pflanzenstengeln hinter
einem niedrigen Drahtgeflecht irgendein Tier, wahrscheinlich
eine Katze? Gustaaf hat den kleinen Hof erreicht und sieht,
majestätisch in dessen Mitte, einen Tisch, einen gediegenen
Küchentisch aus naturbelassenem Kiefernholz. Warum steht
das Ding da? Nicht angegriffen von der Witterung?

Er schaut nach links. Dies wird wohl das Fenster des hinteren Zimmers sein, wahrscheinlich ihr Schlafzimmer. Die
Scheibe glänzt bläulich, zugezogene Vorhänge schirmen ein
Licht ab, das irgendwo da drinnen brennt. Könnte eine Bettlampe sein. Er geht darauf zu, tickt mit dem Ring an das Glas
und wartet. Stille, die wie jede Stille auch jetzt wieder prallvoll
mit Wörtern ist. Verdammt noch mal, Atie, du Mistweib, wenn
du mich hier sehen könntest, gebeugt, sehnsüchtig, heimlich
an deinem Fenster …

Vom Turm der Laurenskerk am Grotekerkplein hat es
bereits vor ungefähr zehn Minuten achtmal geschlagen, als
Gustaaf Doesburg, wieder durch das Tor hinausgegangen, unverwandt auf den Eingang der Gasse starrt. Silhouette eines
Bettlers von kräftiger Statur, bekleidet mit einer bauschigen
Jacke und Arbeitsschuhen, windzerzaustes Haar. Mit acht-
undfünfzig besitzt Doesburg nicht nur weiterhin sein gesamtes lockiges Haar, das Dunkelblond ist zudem kaum ergraut,
lediglich etwas fahler geworden. Er reckt den Hals wie ein
Hund, sieht nichts, hört aber um so besser. Dahinten, um die
Ecke, ist mit einem leisen Klicken die Haustür aufgegangen.

Dann: »Zurück!«

Die Stimme von Kaspar, wie immer der Anführer.

»He, ihr Blödmänner, nicht so schnell!«

Es folgen sekundenlang Geräusche, gedämpfte, ja, aber gerade dadurch imstande, zu sagen, dass hier entweder etwas Schweres oder etwas besonders Prekäres passiert.

Auf einmal Jan:»Das geht so nicht. Wir kommen nicht um die Ecke. Wenn ihr mal ein bisschen kippt?«

Wijnand, aufbrausend:»Mensch, spinnst du? Dann rutscht sie mit dem Kopf an die …«

Jan, unterbrechend:»Nein, ich meine nicht nach hinten. Nur ein bisschen zur Seite … ja, so … noch einen Tick, und dann schaffen wir's. Was ist, was hast du?«

Luuk:»Ich habe den Griff nicht richtig zu fassen. Können wir sie nicht kurz absetzen? … Mist … verflixt noch mal …«

Jan:»Stütz ihn auf deinem Knie ab.«

Schlurfen, drehen, bücken, seufzen, das haben die vier Brüder vor dem Häuschen ihrer Mutter getan, und das konnte man in der Gasse daneben alles hören. Danach:»Okay, und los …!« Pures Glück, dass der Regen noch kurz auf sich warten lässt.

Als die Wolken aufreißen und der Mond ein Rechteck auf die Gasse zeichnet, befindet Gustaaf Doesburg sich in der Situation eines erwachsenen Mannes, der noch nicht mal das Simpelste weiß, was ein erwachsener Mann in seinem Leben wissen sollte. Wo bin ich? Als löse sich ein Schleier von seinen Augen, sieht er zwar die Stadt um sich herum daliegen, nach Diesel stinkend, doch die Gasse mit dem, was da auf ihn zuwogt, bleibt äußerst verschwommen. Mit dem Verstand weiß er, dass in fünfzehn Meter Entfernung seine Söhne, alle vier, auf ihn zukommen, in ihren Händen die Last von Atie in ihrem Sarg. So etwas kann man nicht glauben. Um sich zu fassen, denkt er: Fehlt nur noch, dass sie sich das Ding auf die

Schultern gehievt haben, so feierlich, so eifrig wie sie da anmarschiert kommen. Wollen sie es für mich zeremoniell machen? Oder geben sie sich so viel Mühe aus Pietät mit sich selbst, weil sie die Söhne sind? Er erkennt den sensiblen Luuk, der links vorne geht, in der Annahme, dass dieser ihn ebenfalls erkennt, womit er sich täuscht.

Denn Luuk nimmt im Halbdunkel beim Tor lediglich einen herumlungernden Bettler wahr, ohne Hut, kräftige Statur.

Dennoch grämen sich der junge Mann und der Bettler insgeheim über dieselben Dinge, in diesem Moment. Gestank, Lärm, Miesigkeit und dazu noch dieser Scheißregen, der jeden Augenblick wieder beginnen kann. Weswegen sind wir eigentlich hier?

Ja, weswegen?

2

Sie bestellte einen Spediteur. Sie maß die Vorhänge aus.

Alle waren sich darin einig gewesen, wenn auch verwundert: Atie war mit dem Umzug einverstanden. Die Familie kam während der Sommerferien 1957 in der brüllenden Stadt an, wie Atie ihren neuen Wohnort nannte, wenn sie grimmig, aber nicht bösartig gestimmt war, und bezog ein herrschaftliches Haus vom Anfang des zwanzigsten Jahrhunderts an der Mathenesserlaan. Wie in Hoek van Holland wurde das nach vorn gelegene Zimmer im ersten Stock mit der schönsten, na gut, mit der am wenigsten unfreundlichen Aussicht des Hauses automatisch ihr, Aties, Schlafzimmer und somit auch des Hausherrn. Der Raum ging nach Süden, wie in Hoek, er hatte einen schmalen Balkon, einen dreigeteilten Erker mit einem schönen Bleiglaselement darüber bis zur Decke, die mehr als drei Meter hoch war. Es herrschte gerade eine furchtbare Hitze, als Möbel und Koffer geschleppt werden mussten, doch das flämische Bett mit den gedrechselten Füßen stand bereits in der ersten Nacht am richtigen Platz. Ja, wieder genau wie im geliebten Hoek an der Wand, im rechten Winkel zu den Fenstern, mitsamt Bettzeug und aufgeschüttelten Kissen.

»Tja«, meinte Atie zögernd gegen Mitternacht, im Nachthemd. »Morgen früh um fünf ist es hier taghell.«

Sie stand mit Gustaaf mitten im Raum und blickte zu den Fenstern und auf das Durcheinander ringsum. Beide fragten sich, wo sie auf die Schnelle einen Hammer und ein paar Nägel finden könnten. Wenig später balancierte er auf der obersten Stufe einer Stehleiter, und sie reichte ihm den Zipfel eines alten Vorhangs. Er schaute hinunter, am Ende eines mordsanstrengenden Tages, und was er sah, war nicht das ihm entgegengehaltene Stück Gobelin, sondern Aties mattweiße Schultern und Hals im grellen Licht einer an einem Kabel hängenden Glühbirne.

»Da«, befahl sie.

Worauf Gustaaf mit ein paar groben Nägeln einen rot geblümten Vorhang provisorisch an den Fensterrahmen des Hauses nagelte, das er mutig auf Hypothek gekauft hatte. Im März dieses Jahres hatte er sich mit seinem engsten Mitarbeiter über die Bücher des Saugbagger- und Transportunternehmens Doesburg gebeugt. Er war beeindruckt. Das Großgerät, darunter der wahnsinnig teure, dieselbetriebene Saugbagger, war, wie sich jetzt zeigte, völlig problemlos, ja sogar vorzeitig abbezahlt worden. Der Bedarf an Baggern war schon gleich nach dem Krieg im In- und Ausland sehr groß gewesen. Jetzt, nach der Sturmflut vor vier Jahren, waren die Aufträge auf ein nie dagewesenes, solides Volumen angewachsen. Die Katastrophe, die zweitausend Menschenleben, zweihunderttausend Tiere und fünfhunderttausend Hektar Land gefordert hatte, war zu einem Zeitpunkt eingetreten, der für ein Baggerunternehmen einfach nicht günstiger hätte sein können. Während er seine privaten Berechnungen anstellte, hatte Doesburg, Fingerspitzen vor den Mund gelegt, den Mitarbeiter unverwandt angeblickt.

»Sollen wir es machen, Atie?« hatte er noch am selben Abend nach einer knappen Darstellung des Sachverhalts, ohne einen Zentimeter Spielraum, gefragt. Sie hatte ihm, in eine Sofaecke gekuschelt, zugehört, einen Roman umgedreht auf dem Schoß. »Warum nicht?« antwortete sie träge und legte die Hand auf die Geschichte, als hielte sie alles, was darin geschah, sicherheitshalber mal eben fest, bis er zu Ende geredet hatte.

War es ihr ernst? Oder interessierte es sie nicht? Oder interessierte es sie lediglich in diesem einen, zufälligen Moment nicht und wollte sie es dabei, als Fatum, als Willensakt des Lebens, belassen?

Am Tag des Umzugs, bei zudem brütender Hitze, war Atie ausgezeichneter Laune, die auch gegen Mitternacht noch anhielt. Gustaaf, die Ärmel seines durchschwitzten Hemds aufgekrempelt, stieg von der Leiter, klappte sie zusammen, stellte sie mit einer so trägen Bewegung an die Wand neben dem Bett, dass es schien, als dächte er währenddessen ernsthaft über etwas furchtbar Wichtiges nach. Er wandte sich zu ihr um.

»Geh erst mal duschen«, murmelte sie noch, als er sich an sie schmiegte. Sie spürte seinen Steifen, roch den Schweiß des zu Ende gegangenen Tages, wusste um seine schmutzigen Hände, Haare und Gesicht, ließ ihre Hand aber bereits gewähren, erst leicht nach oben über Hals und Ohr, um gleich darauf dorthin hinunterzugleiten, wo sie hingehörte, routiniert, ja, aber mit einem Interesse, das ihr ganzes Leben lang, wie sie meinte, nicht nachlassen würde. Sie hatte seinen Blick von eben natürlich aufgefangen und auch erwidert.

Der Umzug fand also statt. Mehr ist darüber eigentlich nicht zu sagen. Als Chef des expandierenden Saugbagger- und Transportunternehmens wäre Gustaaf weiß Gott nicht verpflichtet gewesen, sich vor Ort niederzulassen. Der Zug passierte in kaum einer halben Stunde alle dahinzuckelnden Schiffe auf dem Nieuwe Waterweg zwischen Rotterdam und dem Bahnhof Hoek, den die Familie Doesburg, mittlerweile an das Pfeifen gewöhnt, vom Standwal aus hatte sehen können. Auch das Argument schulpflichtiger Kinder gab es nicht. Kaspar und Wijnand wohnten bereits in ihren Studentenbuden, Gymnasiast Jan fuhr ohne zu murren jeden Tag mit dem Zug nach Rotterdam, und ab September würde Luuk es auch tun.

Der einzige, der das unlogische Ereignis sofort ablehnte, war der damals zwölfjährige Luuk. Weil es so heiß war, hatten seine drei Brüder sich bei ihrer Ankunft, ohne nachzudenken, in den Zimmern im ersten Stock etabliert, er jedoch trotzte den Wüstentemperaturen des Dachgeschosses. Dort fand Atie ihn, als sie ihren Jüngsten einige Tage später suchte, ohne besonderen Grund, im schiefergedeckten kleinen Turm auf der Westseite, der die Front des Hauses ziemlich merkwürdig zierte. Diese Dinger sehen von weitem verrückterweise immer deutlich größer aus, als sie von innen tatsächlich sind. Atie und ihr Sohn stellten sich aneinandergeschmiegt ans Fenster, das gewölbt wie ein Vergrößerungsglas im runden Rahmen saß. Der Junge spähte zum Himmel hinauf, die Mutter zu einem im Bau befindlichen achtstöckigen Gewerbegebäude. Dass das sensible Bürschchen währenddessen den einen Himmel gegen einen anderen tauschte und sich möglicherweise die erste Aussicht seines Lebens vorstellte, auf diese Idee kam sie nicht. Sie hatte längst vergessen, dass sie ihm einmal davon erzählt hatte.

»Zwischen den Wehen ging ich jedesmal kurz ans Fenster, und du hast garantiert zusammen mit mir hinausgeschaut.«

Erzählt an irgendeinem Mittwochnachmittag, als er keine Schule hatte.

»Du warst zwei Wochen über die Zeit. Wir waren schon über eine Woche befreit, aber du wolltest ganz sicher sein, dass die Luft rein war, nicht?«

Luuk ist am 15. Mai 1945 geboren.

»Ich war so klar im Kopf wie noch nie in meinem Leben. Ich weiß noch, dass ich nicht nur den blauen Strich des Waterweg sah, inklusive der Schiffe, die auf ihm entlangkrochen wie Käfer, deren Beinchen man ja auch nicht sieht, dass ich aber gleichzeitig den schlammigen Hang unterhalb unseres Hauses sehen konnte, der sich jetzt, mit bestimmt tausend Irissen bewachsen, die allesamt blühten, als knallgelber Teppich bis zum Bahnhof erstreckte, in dem gerade, als ich mit dir im Bauch aus dem Fenster schaute, der Zug einlief. Warum, weiß ich auch nicht«, fuhr sie nach einem Moment fort, »aber in meiner Phantasie fährt dieser Zug danach jedesmal nach nur ganz kurzem Aufenthalt nicht fahrplanmäßig zurück nach Osten, also nach Rotterdam, sondern vielmehr nach Westen, ans Meer, und legt dann am Strand enorm an Geschwindigkeit zu, Richtung 's-Gravenzande und Den Haag.«

Luuk, ein dicker Achtpfünder, war problemlos innerhalb einer Dreiviertelstunde zur Welt gekommen.

Jetzt schaute er also wieder zusammen mit ihr hinaus, durch die gewölbte Fensterscheibe in einem anderen Haus.

»Was für ein Lärm, nicht«, sagte sie kläglich.

Obwohl man dort oben die ständig hin und her fahrenden Lastwagen im Baustellenbereich unten eigentlich kaum hörte.

Ihr erster Migräneanfall kam am Ende ebendieses fast durchgehend heißen Sommers. Als Atie zum erstenmal schwarze Flecken vor den Augen vorbeitreiben sah, hatte sie schon mal eine Bemerkung zum Gebrüll der Stadt gemacht, allerdings nur spöttisch, beiläufig, während sie duftende Dicke Bohnen enthülste oder so. Rotterdam war und ist eine tolle Stadt, in keiner Hinsicht mit Kopfschmerzen gleichzusetzen. Sie hatte gelitten, die Stadt, und wie, unter den dröhnenden Formationen der Heinkel He 111, deren Besatzungen von der Vorsehung und vom Führer mit der großen Aufgabe betraut waren, eine Ladung Brandbomben über dem am dichtesten bewohnten Teil der Innenstadt abzuwerfen, vorerst noch nicht über den für die Weltwirtschaft wichtigen Häfen, und dann mit einem Bogen über die schöne blaue Maas wieder nach Hause zurückzukehren. Blut und Trümmer, Tod, vom städtischen Krankenhaus stand nur noch eine Mauer, die flammenden Flügel der Mühle De Hoop kreisten in rasender Geschwindigkeit, was für eine Niedertracht! Wie hätte eine ohnehin schon zur Plackerei neigende Stadt, nach vier Jahren Elend wuterfüllt, ihre Lücken und Löcher sonst schließen sollen außer durch den zum äußersten gesteigerten Einsatz ihrer eigenen Natur? Dieselgestank, Staub, Lärm, Türme aus Stein, Türme aus Glas, ein Gebäude nach dem anderen wird scheinbar willkürlich hingestellt, ist aber in Wirklichkeit ein scharf kalkuliertes, auf die Zukunft ausgerichtetes Projektil typisch Rotterdamer Unternehmergeistes.

Aktivitäten aus dem Leben einer Stadt, nicht aus dem einer bestimmten Frau! Zwischen dem Wiederaufbau der weggebombten Stadtteile Hofplein, Hoogstraat, Grote Markt, Passage und Noordblaak und Aties gewaltigem Erbrechen am Mittwochnachmittag, dem 28. August 1957, besteht nicht der geringste kausale Zusammenhang.

»Mama, Mama, was hast du?!«

Es war Luuk, der sie im Dunkeln am Rand des flämischen Bettes liegend fand.

Sie gab keine Antwort. Gerade erst von der Toilette zurück, der Sache noch keineswegs trauend, hatte sie die Knie bis zur Brust hochgezogen und achtete genau auf das, was in ihrem

Inneren vorging. Luuk konnte ihr Gesicht nicht erkennen. Er konnte sich nicht erinnern, sie je tagsüber im Bett gesehen zu haben. Was lag sie da! Das rote Dunkel im Zimmer hatte ihn überfallen, er kam von draußen. Die Sonne stand auf den zugezogenen Blumenvorhängen.

»Was ist passiert, Mama ...?«

Doch die unwissende Atie, die zu dem Menschenschlag gehörte, der nie krank ist, bemerkte den Jungen kaum. So ein schweres Erbrechen überkommt fast jeden mal, aber es trifft sich besonders schlecht, wenn gleichzeitig auch noch eine rasende schwarze Spinne hinter den Augen tobt. Atie knurrte leise, nicht mal eben, sondern in einer Tour.

Luuk, auf der Bettkante sitzend, hörte es mit Entsetzen.

Wie schrecklich!

Wie schrecklich, ja. Nun ja, bei allem Entsetzen spürte er auch, die ganze Zeit, wie die Spitze eines Pfeils in einem Panzer, das Prickeln eines wundersamen Genusses. Ihm war etwas widerfahren, heute, am frühen Nachmittag. Als er am Strand von Hoek van Holland herumlungerte, war eine Reiterin auf ihn zu gekommen.

»Du hast bestimmt Feuer für mich.«

Eine Vision. Lebenslange Nachwirkung, und zudem wirklich passiert. Eine Frau auf einem Fjordpferd hat im herrlichen Seewind Lust auf eine Zigarette bekommen. Warum nicht? So etwas ist an sich nicht ungewöhnlich. Sie drückt die Knie in die Flanken des blonden Tiers und treibt es im Schritt zum Dünenrand hoch, wo noch immer eine Reihe von Bunkern der großartigsten militärischen Verteidigungsanlage steht, die es je gegeben hat. Er hatte die Schachtel bereits hervorgekramt. Jeder Schuljunge trug damals Schnur, Taschenmesser und Streichhölzer bei sich. Die Frau lockerte das Kinnband ihrer

Kappe ein wenig, bevor sie sich zu der Flamme zwischen ihren Händen beugte. Luuk sah zu, voller Angst, der Wind könnte die Flamme ausblasen. Berühre mich mit diesen Händen, streichel mich, würde er in späteren Jahren flehen, manchmal auch befehlen. Sie sog das Feuer in die Zigarette, was bestens klappte, richtete sich auf und inhalierte mit rundem, kleinem Mund. Küss mich wie ein Vogel, der seinen Schnabel mit einem zerkauten Regenwurm zu seinem Jungen bringt, mach mich wahnsinnig mit deinen runden Lippen, deiner trägen Zunge. Dies alles später. Jetzt, auf der Bettkante seiner Mutter, wusste Luuk lediglich hundertprozentig sicher, dass er morgen wieder in den Zug steigen, westwärts über den Deich fahren und genau zur selben Zeit an genau demselben Fleck stehen würde.

Er bekam einen Tritt gegen die Brust. Sie rannte schon wieder zur Tür, diesmal zum Badezimmer, die nächstgelegene Zuflucht. Ah! Atie, die es doch nicht schaffte und den Fußboden fürchterlich versaute! Atie, die sich in all ihrem Elend wohlgemerkt noch fragte, woher das bloß alles kommen konnte! Frühstück, Kaffee mit einem Keks, Mittagessen, so viel war das doch nicht gewesen?

Unten schrie Luuk ins Telefon.

»Ja! Ganz schlimm! Komm, Papa! Bitte!«

Gustaaf schaffte es in einer Viertelstunde vom Industriegebiet Westpoort in die Mathenesserlaan, Parkprobleme gab es in jener Zeit noch kaum. Er stolperte die Treppe zu seiner Wohnung hinauf. Atie hatte sich ins Kissen verbissen. Ihr Mann fiel auf die Knie, ergriff ihre Hände, sprang wieder auf. Himmelherrgott, was sollte er *tun*?!

Das Haus von Atie und Gustaaf Doesburg war groß, komfortabel und gemütlich. Doch als das Studienjahr wieder begonnen hatte, kamen Kaspar und Wijnand selbst an den Wochenenden nicht mehr immer nach Hause, sie hatten beide eine Freundin. Und wo bleibt Jan bloß? fragte sich Atie manchmal. Wo Luuk? Gut, Jan, Abiturient, saß oft in der Bibliothek, bis sie schloss, und Luuk, falls er zu Hause war, hockte in seinem Dachzimmer, mit weiß der Himmel was beschäftigt, Mathematikbücher waren es aber wohl kaum.

»Schule, Schule!« explodierte Gustaaf, als Atie ihn einmal besorgt darauf ansprach. Es klang böse, aber der Baggermann machte ein verdammt fröhliches Gesicht dabei. Und am nächsten Tag fuhr Luuk, der Sohn mit dem miserablen Zwischenzeugnis, mit dem Boss auf dem Hopperbagger mit. Wie clever diese Ungetüme doch sind, und auch noch selbstfahrend! Holland ist arm an Sand und reich an Wasser, das wissen diese Nachfahren der alten Baggermaschinen. Wie für einen Menschen ist auch für eine Maschine die Vergangenheit nicht weniger wichtig als die Gegenwart. Mit ihrem Eimerinhalt von 80 000 Litern tasten diese neuesten Typen die Ufer des Nieuwe Waterweg ab, saugen mit ihren Rüsseln in der Tiefe und verfrachten das Baggergut dann selbst an Land, wo immer irgendwo eine Stadt sehnsüchtig auf festen Boden wartet. Gustaaf Doesburg stand mit seinem Sohn auf der Brücke der *Adriana*, benannt nach seiner Frau, seiner ersten und unendlichen Liebe, und lauschte zufrieden dem Brüllen der Maschinen.

Nicht lange danach kam, unvermeidlich wie das Wetter, der Tag, an dem Atie ihrem Mann und den beiden noch zu Hause wohnenden Söhnen eine neue Mitbewohnerin vorstellte. Das war Anfang Januar, an einem Dienstag, an dem Luuk schulfrei hatte, wie er behauptete. Mitten am Vormittag traf er in der

Küche seine Mutter an, die mit einer anderen Frau Kaffee trank. Sie standen auf, beide strahlend.

»Das ist Marina«, sagte Atie.

Ihre Stimme klang hell, und ihr Gesicht war glatt und makellos wie das eines Mädchens. Verglichen mit dem August und September des letzten Jahres hielten sich die Kopfschmerzen zur Zeit ziemlich zurück. Auf Gustaafs Geheiß hatte Atie im Spätsommer einen Facharzt aufgesucht. Nach einem pharmakologischen Streifzug hatte sie begonnen, eine harmlose Tablette zu schlucken, dreimal täglich zwei Milligramm, die eigentlich gegen einen zu hohen Blutdruck war, unter dem sie nicht litt, und als Nebenwirkung möglicherweise auch bestimmte weibliche Hormone ein wenig beeinflusste. Was machte das schon, die Migräne wurde seltener und war dann außerdem erträglich.

»Das ist Luuk.«

Luuk gab der Frau die Hand. Er fand sie auf Anhieb sympathisch. Als ob er bereits spürte, dass sie seine Mutter mit einer ganz speziellen Art von Herzlichkeit umgeben würde, antwortete er bereitwillig auf die Art von Fragen, die nur dazu bestimmt sind, das Eis zu brechen.

Ob ihm die Stadt gefalle.

Ging so.

Als Gustaaf am späten Nachmittag nach Hause kam, lief Atie sofort zur Treppe und rief laut nach oben, ob sie, Marina, noch mal eben herunterkommen könne.

Dann: »Das ist Gustaaf.«

Was für jeden unmissverständlich hieß: Dies ist mein Mann, dies ist der Herr des Hauses.

Gustaaf streckte höflich die Hand aus. Natürlich wusste er, dass Atie das von niemandem benutzte Zimmer im Zwischengeschoss hatte vermieten wollen, sogar unbedingt, sie hatte ihm unwiderlegbare Argumente aufgezählt. Eigene Kochnische mit Gasanschluss, eigene Duschzelle. Schöner Balkon nach hinten hinaus. Wir leben in einer Zeit der Wohnungsnot, Gustaaf, weißt du?

»Das ist Marina.«

Das war Marina, eine nette Frau, schlanke Figur, aber doch schon über Dreißig, kein Mann, kein Kind. Das Auffallendste an ihr war das Zusammenspiel von Augen und Stimme. Als Marina auf eine Frage von Gustaaf zum Beispiel sagte: »Ich bin Sekretärin ...«, nachdenklich intoniert, als hätte sie erst an »Architektin« oder »Schauspielerin« gedacht und sich dann doch für »Sekretärin« entschieden, und nach kurzer Pause noch hinzufügte: »Und ich spiele Schach, in meiner Freizeit«, war Atie hingerissen.

3

»*Pferde?*«

Luuk nickte. »Eine ganze Reihe«, sagte er dann.

Er und Atie saßen an einem Julivormittag auf der Terrasse des Café-Restaurants De Kroon und tranken Cola und Kaffee. Es war schönes Wetter. Der Wind bewegte die Blätter der jungen Birken, die man im Frühling entlang dem Bürgersteig gepflanzt hatte.

»Die sind eines nach dem anderen über die Planke an Land geklettert, man konnte sehen, wie der Kahn hochkam.«

Er betrachtete die tanzenden Lichtflecke auf der Tischdecke. Als er vorhin vom Hofplein kommend hier entlanggeschlendert war, hatte er gesehen, wie der Arm seiner Mutter in die Höhe ging. Sie saß in der Sonne auf der Terrasse, hatte sich gefreut, ihn zu sehen, und würde, wie es ihr zur Gewohnheit geworden war, den ganzen weiteren Donnerstagvormittag damit verbringen, auf dem Markt einzukaufen. Er selbst schwänzte, das regte zu Hause keinen auf, er würde sein erstes Jahr auf der höheren Schule ja doch wiederholen müssen. Also streifte er durch die Stadt. Und hatte vor etwa einer Stunde am Schiehaven gesehen, wie eine Ladung Schlachtpferde gelöscht wurde. Damals gab es am Rand des Westzeedijk noch ein paar kleine Pferdeschlachthöfe, ordentliche, von den städtischen Fleischbeschauern kontrollierte Betriebe mit einer gefliesten Halle, einem Kühlraum und dazu einem Stall und einer kleinen Weide für den Fall, dass zu viele Tiere auf einmal angeliefert wurden.

»Es waren sieben. Sie bogen nach rechts in den Sint-Jobs-weg«, erzählte Luuk.

Das erste Pferd wurde von einem Treiber am Halfter geführt, die anderen stapften bereitwillig hinterher. Auch neben dem letzten Pferd war ein Mann gegangen, die beiden blieben etwas zurück, so mühsam kam das Tier voran.

»Ein schönes, großes Pferd mit solchen pantherartigen Flecken, du weißt schon …«

»Ein Appaloosa«, sagte Atie.

Er war der Prozession mit einigem Abstand gefolgt und zu den Gebäuden und der kleinen Weide gelangt. Das erste Pferd war schon nicht mehr da, die anderen hatte man auf der Weide gelassen. Der Mann von dem Appaloosa sah ihn vom Zaun aus an, als hoffe er, dass Luuk sich zu ihm gesellen würde. Das geschah. Luuk erfuhr von dem Besitzer, dass der Traberwallach, dreizehn Jahre alt, sich vertreten hatte.

Sein Blick kreuzte den von Atie, offenherzig, aber ohne etwas Bestimmtes zu übermitteln. Er senkte die Augen.

»Sich vertreten …« wiederholte er.

Atie erklärte ihm, dass Lahmen bei einem Pferd zu den unheilbaren Krankheiten gehört. Gerade steuerte die Kellnerin den Nachbartisch an. Atie beugte sich vor.

»Wollen wir ein Puddingteilchen bestellen?«

Und als er keine Antwort gab: »Ja, oder? Du bist auf einmal so blass.«

Er aber stand abrupt auf. Offenbar wollte er weiter.

Er wollte nach Hause, auf der Stelle. Bilder, die man vor seinem geistigen Auge auftauchen sieht, können auch den Klang, das Gefühl, den Geschmack und einen ekelerregenden Gestank mit sich bringen.

Luuk drängte sich durch das Einkaufspublikum auf der Lijnbaan. Ihm war schlecht, weil er vor einer Stunde zwei in himmelblaue Overalls gekleidete Mädchen, zwei dicke Dinger mit blonden Pferdeschwänzen, ein Puddingteilchen hatte essen sehen und auf dem Fliesenboden zwischen ihnen, zu ihren Füßen, einen Trog mit Blut bemerkt hatte, das bereits zu gerinnen begann, was man aus der breiigen Oberfläche und der bräunlichen Farbe schließen konnte. Ihm war schlecht, weil er die eine hatte prusten hören: »Und du hast noch gefragt, wieviel Liter Pferd kommt denn da raus?!«, und die andere hatte maulend entgegengehalten: »Mein Gott, ich hab mich einfach versprochen«, worauf er dann den Schlachter, den Fachmann, der die Halsschlagader aufgestochen hatte, von einer Zwischentür aus ruhig hatte erklären hören: »Sie haben zwanzig Liter Blut, übern Daumen gepeilt.« Luuk war nach dem Gespräch mit dem Besitzer des Appaloosa, doch neugierig, eben mal in Richtung Schlachtraum gegangen. In dem Kabuff nebenan hatten sie gerade Frühstückspause gemacht, diesmal ein wenig festlich, weil zwei interessierte Freundinnen zu Besuch gekommen waren.

Jetzt eilte er also die Lijnbaan hinunter und danach über den Oude Binnenweg und die Mathenesserlaan nach Hause. Ihm war schlecht, weil beim Zertrennen des Brustbeins, dem Abhacken der Beine, dem Herausschneiden der Zunge und dem Ausschöpfen der dampfenden Eingeweide ein Gestank aufsteigt, der sich in der ganzen Umgebung ausbreitet und einem, vor allem wenn man nicht daran gewöhnt ist, noch einen halben Tag lang wie lauwarmer Brei im Mund hängenbleibt.

Aus dem Briefkastenschlitz hing keine Schnur zum Öffnen der Tür. Luuk schloss daraus, dass niemand zu Hause war. Während er auf dem kleinen Weg zwischen den Häuserblocks zur Rückseite ging, musste er, ob er wollte oder nicht, daran denken, wie eines der beiden Mädchen, wohlgemerkt während des Schleckens und Kauens, von der aus der Kehle geschnittenen Zunge angefangen hatte. Was sie darüber gesagt hatte, unterschied sich in nichts von dem, woran er sich in diesem Moment erinnerte. Das Pudding schleckende Mädel hatte gesagt, sie hätte diese Zunge so *wahn*sinnig lang gefunden, so *wahn*sinnig interessant, weil sie sich einfach immer weiter bewegte, und sie hatte sie vor allem so *wahn*sinnig ulkig gefunden, weil sie, obwohl mausetot, einfach nicht aufhören wollte mit diesem *wahn*sinnigen Geschlängel!

»Als ob sie noch, ich weiß nicht was, zu erzählen hätte, nicht?«

Nur dass ihm jetzt kotzübel davon wurde.

Er holte den Schlüssel unter dem Blumentopf hervor, schon stand er in der Küche. Töpfe und Pfannen, Tisch, Stühle, Herd, auf der Matte lag eine Strickweste von Marina. Bis auf den tröpfelnden Wasserhahn war alles still. Ohne auch nur einmal zu blinzeln, starrte er eine Weile auf alle diese völlig unbewegten Dinge, als sei ihm klar, dass sie zu ihm sagten: Du bist daheim, hörst du, hier wird alles liebevoll instand gehalten; das Abtropfgestell, die Kaffeekanne und die Obstschale musst du als gerahmtes Gemälde betrachten, ein Stilleben, das wie alle Stilleben erzählt, dass sich das menschliche Dasein, so dramatisch es auch sein mag, vor allem aus kleinen Dingen zusammensetzt. Kaffeetrinken, Abwaschen, Einkaufen …

Woher hätte er wissen sollen, dass alle diese rechtschaffenen Gegenstände um ihn herum in Wirklichkeit Requisiten waren? Teil der Vorstellung, die ihn im Obergeschoss erwartete? Ohne Pardon, faktisch bereits begonnen?

Natürlich, er hatte sich bereits seit einer Weile gefügt. So läuft das doch immer, oder? Und die häusliche Atmosphäre hatte nicht wenig dazu beigetragen. Man kann insgeheim sehr lange sein eigenes ehemaliges Zimmer und den Geruch toter Fische am Strand zurückfordern, doch wenn zu Hause alle der Meinung sind, das Haus an der Mathenesserlaan sei, in Anbetracht des Immobilienmarkts, ein cleverer Kauf und die Schule schön nah und die Zugverbindung zu den Studentenstädten Utrecht und Leiden einfach ideal, dann findet man das nach einer Weile ebenfalls. Luuk, in die Stille der Küche aufgenommen, empfand zum erstenmal, dass er vielleicht doch nicht in einem völlig verkehrten Haus gelandet war. Der Wasserhahn tröpfelte ruhig. Und durch die halboffene Tür konnte man am Ende des Flurs die vollgepackte Garderobe sehen und die Damenschuhe darunter, von Marina und Atie.

Die beiden Frauen des Hauses. Altersmäßig lagen sie fünfzehn Jahre auseinander. Sie verstanden sich mehr als gut. Ob man es als Freundschaft bezeichnen konnte? Sie gingen nie zusammen in die Stadt, gingen nie bummeln, Kaffee trinken oder Kleider anprobieren, und sie besuchten auch nie ein Kino. Was zwischen ihnen war, geschah zu Hause. Wenn Luuk und Jan aus der Schule kamen, konnten sie ihre Mutter überall im Haus antreffen, in allen möglichen Stimmungen, war jedoch die Untermieterin bei ihr, dann war sie fröhlich. Marinas Sekretärinnenarbeit fand offenbar unregelmäßig statt. Es konnte vorkommen, dass sie mitten an einem Mittwochnachmittag im Badezimmer an Aties langem Haar die Spitzen abschnitt, die in Ballerinas steckenden Füße entschlossen zwischen den Büscheln auf den Bodenfliesen. »Richtiges Bauernhundehaar!« so pries sie Aties kräftiges Haar von unbestimmtem Blond. Sie selbst hatte so einen Doris-Day-Schnitt. Mit dem muss man zum Friseur.

Fest steht, dass die gesamte Familie ihre Anwesenheit angenehm fand. Weil sie fast jedes Wochenende und auch im Urlaub zu Verwandten nach Gelderland fuhr, begegneten Kaspar und Wijnand ihr nur selten. Trotzdem fragten die beiden Studenten, wenn sie mit ihren stinkenden, vollgestopften Taschen nach Hause kamen, unweigerlich: »Ist Marina nicht da?« Luuk machte gerade eine Phase großer Verlegenheit, ja Bitterkeit gegenüber Mädchen durch. Dann konnte am Freitagabend, an dem Marina immer mit bei Tisch saß, viel Trost von der Art Erotik ausgehen, die entsteht, wenn in einer normalerweise vorwiegend aus Männern bestehenden Tischgesellschaft auf einmal zwei gesellige Frauen sitzen.

Wer sich jedoch, abgesehen von Atie, am meisten über die Anwesenheit der Untermieterin freute, war zweifellos Gustaaf. Auch ihn hatten der neue Geruch, die veränderten Gewohnheiten im Haus bezaubert. Dennoch spürte er, ohne sich auch nur im geringsten darein zu vertiefen, so ein Psychologe war er nicht, dass dieses leichte Prickeln in der Luft in erster Linie etwas zwischen Atie und Marina war. Angenehme Begleiterscheinung derweil für ihn: Sie, Atie, zeigte sich anhänglicher denn je, wuschelte ihm, wenn er nach Hause kam, durchs Haar, setzte sich rittlings auf seinen Schoß, ließ ihn übermütig das volle Gewicht ihrer Weiblichkeit spüren, stieg zu ihm in die Badewanne, um mit ihm zu plaudern, kraulte ihn mit den Zehen zwischen den Beinen, solche Dinge.

Aber Marina. Ja, Gustaaf fand sie nett. Er fand sie in erster Linie wegen Atie nett. Einmal, als Atie wieder von einer besonders schlimmen Migräne heimgesucht wurde und er den Kopf durch die Tür ihres Zimmers steckte, sah er, sich im Dunkel schwarz abzeichnend, Marina zusammengekauert am Fußende bei ihr auf dem Bett sitzen. Eine düstere Gestalt in einem düsteren, schmerzerfüllten Zimmer. Erst als seine Augen sich an die Dunkelheit gewöhnt hatten, sah er, dass sie Aties Füße massierte. Er war eine Weile stehengeblieben und hatte zugeschaut. Zufrieden, nein friedlich, fast ein wenig sentimental, stellte er sich vor, wie diese kleinen festen Hände sich um Aties Füße schlossen, sie nacheinander rieben und streichelten, Daumen am Spann, Finger an der Sohle, Finger um die Zehen, und dafür sorgten, dass die Schmerzen sehr viel geringer waren, als sie normalerweise gewesen wären.

Nun stand an fast derselben Stelle, man hätte mit Kreide einen Kreis darum malen können, der jüngste Sohn des Hauses. Der nicht in seiner üblichen Art nach oben getrampelt war, zwei Treppen hinauf, um sich in dem schiefergedeckten Türmchen zu überlegen, was er nun wohl mit dem Rest dieses eigentlich besonders angenehmen freien Tages anstellen könnte, sondern hinaufgeschlichen. Vor einer Minute, noch in der Küche, hat er ein Geräusch gehört, das er nicht sofort einordnen konnte. Am ehesten glich es den heiseren Bell-Lauten eines jungen Hündchens. Eigenartig …

Er trat keinen Schritt aus dem Kreis heraus. Was er sah, war folgendes. Sein Vater steht mit dem Rücken zu ihm, zum Teil verdeckt durch einen Palisanderstuhl, das einzige in diesem Zimmer, das wirklich ihm gehört, alt, ein Erbstück aus der Familie Doesburg, und drückt Marina in Richtung Bett. Irgendwann wird der Sohn sich fragen, warum in Gottes Namen sie es hier taten, denn die Untermieterin hatte in diesem Haus doch ihr eigenes Zimmer, ihr eigenes Bett, oder? Jetzt schaut er nur. Sein Vater, in dem Hemd und der guten Hose, die er wegen der für den Nachmittag angesetzten Direktionssitzung gerade angezogen hat, folgt der rückwärts gehenden Marina, die Hände auf ihrem in ein zitronenfarbiges Sommerkleidchen gehüllten Hinterteil, auf Pobacken, Hüften. Er klebt wie ein äußerst intimer Tanzpartner an ihr. Als die Umrandung des flämischen Betts klarmacht, dass sie ihr Ziel erreicht haben, erscheint Marinas Gesicht für einen Moment über der Schulter seines Vaters. Luuk begegnet ihrem Blick, der nicht wiederzuerkennen ist. Unheimlich, findet er, kalt, erschreckend. Sekundenlang sehen sie sich direkt in die Augen.

Zwanzig Meter von der Kreuzung Mathenesserlaan/Hooidrift entfernt gab es damals noch eine heruntergekommene kleine Grünanlage, gerade ausreichend für ein paar Kinderspielgeräte. Später sollte sie zu einem Hundeausführplatz umgewidmet werden. Trotz des schönen Wetters waren die Kleinen aus der Nachbarschaft in diesem Moment nicht da. Zwischen der Wippe und der Lauftonne, die gut einen neuen Anstrich beziehungsweise ein paar neue Hartholzlatten hätten gebrauchen können, stand hier an diesem Vormittag nur ein Junge, ein Schüler, und starrte mit hängenden Armen vor sich hin. Dann griff er sich plötzlich wütend an den Kopf, wühlte in seinem Haar, zog ein paar Grimassen und stürzte davon.

4

Davon abgesehen, nichts Besonderes. An jenem Abend wurde wie immer um sechs Uhr gegessen. Auch am nächsten Abend setzten sich Gustaaf und Atie mit zweien ihrer Söhne, Jan und Luuk, zu Tisch, am Freitag darauf war Marina wieder dabei, heiter, herzlich, schlank in ihrem zitronengelben Kleid (ihre Schwangerschaft sollte noch fast zwei Jahre auf sich warten lassen), und ausgerechnet an jenem Wochenende kamen die beiden Studenten wieder einmal nach Hause. Es war richtig gemütlich.

Luuk aß die ersten Tage nach dem Vorfall nur widerwillig. »Nimm doch noch etwas«, sagte Atie besorgt, und Marina streckte bereits den Arm nach der Schüssel am anderen Tischende aus. Der Junge gehorchte verdattert. Dass eine Frau einem einfach den Kartoffelsalat reichen und einen dabei mit einem Gesicht ansehen kann, das zu nichts anderem gehört als zu ebendiesem Moment, konnte er nicht fassen. Wo hatte sie jene anderen Momente gelassen? Mitgenommen in ihr eigenes Zimmer, unter dem Kopfkissen versteckt? Sie sah ihn ohne die geringste Verlegenheit freundlich an, nicht nur jetzt, sondern jedesmal, wenn sie ihm im Treppenhaus oder auf dem Flur begegnete, und schob sich an ihm vorbei, als existierten jene Augenblicke, realiter betrachtet, gar nicht, in denen sie sich so nachdrücklich angestarrt hatten.

Ach, die Realität, die diensttuende Sekunde … Hatte Marina davon irgendeine Ahnung? Und von dem Gedächtnis, das schon weiß, was es mit den anderen, den weggeschmuggelten Sekunden anfangen soll? Die Wahrheit ist, dass Luuk, als er begriff, was da vor seiner Nase geschah, sich nicht aus dem Staube gemacht hat, wie ein ungeschriebenes Gesetz es in solchen Situationen zu verlangen scheint, sondern stehengeblieben ist, wo er stand. Der wie an den Boden genagelte Junge hat sich die Liebesumarmung von A bis Z angeschaut, eine Hahnennummer übrigens. Gustaaf Doesburg, nur kurz nach Hause gekommen, um sich für die Sitzung mit den Chefs des Zentralen Baggerverbands umzuziehen und dann wieder ins Auto zu steigen, hatte sich zwar noch die Zeit genommen, sein Jackett auf den Boden fallen zu lassen, nicht aber zum Beispiel, seine Schuhe auszuziehen. Seine Krawatte: angelassen, sorgfältig gebunden.

Kurz darauf begannen die Sommerferien, und Marina verschwand, um mit ein paar Schwestern und einem Schwager auf irgendeine kleine Reise zu gehen. In die Schweiz war sie gefahren, nach Luzern, erzählte sie, als sie nach dreieinhalb Wochen zurückkehrte. Die Stadt liegt an einem wunderschönen See, sagte sie, an Luuk gewandt. Sie sah ihm dabei in die Augen, als teile sie ihm etwas Phänomenales mit.

»Die Berge rund herum sind blau, die Häuser ganz weiß.«

5

Das Kind war von ihm, die Schwangerschaft gehörte Atie. Es dauerte, wie gesagt, noch fast zwei Jahre, bis Marina in andere Umstände kam. Das war kurz vor ihrem vierunddreißigsten Geburtstag. Zuerst konnte sie es kaum glauben. Zwischen ihr und Gustaaf bestand kein Liebesverhältnis. Es hatte sich lediglich dann und wann unter bestimmten Umständen so ergeben. Wie oft? Wenn sie sich Mühe gab, könnte sie die Zahl exakt ermitteln. Aber das Erlebnis an sich? Marina war eine Frau, die irgendwann, mit Anfang Zwanzig, ihre erste Liebe an eine andere Frau verloren, aber nicht zu lange getrauert hatte, weil die Welt schließlich voller Männer ist, was sie dann auch am eigenen Leibe erfuhr, sie ging aus, erhielt Briefe, Blumen, Anrufe, die natürlich gelegentlich zu intimeren Situationen führten, aber, so schmunzelte sie einmal erstaunt, alles blieb so verschwommen, so völlig irrelevant! So kam es, dass sie, inzwischen über Dreißig, mittwochs abends in den Schachclub ging, sich aber nicht ein einziges Mal in den Denker auf der anderen Seite des Bretts verliebte, an den Wochenenden ins Familienhaus in Voorst fuhr, und das alles, ohne auch nur einen Augenblick lang Unbehaglichkeit wegen ihres Lebens zu empfinden, sie würde schon sehen … und bei funkelndem Schnee eines sonnigen Januartags ein Zimmer in der Mathenesserlaan bezog.

Heute stand sie mit ungläubiger Miene da und schaute auf die Regenpfütze auf ihrem kleinen Balkon. Es war wahr. Das gigantische Wunder war wahr. Nach einem Moment, der so kurz gewesen war? So unwesentlich und schon wieder vollkommen ausgelöscht? Er war bei jenem Mal gegen Mitternacht nach Hause gekommen. Sie, im Morgenmantel auf der Treppe zum Zwischengeschoss, hatte sich zu ihm umgedreht, die Zeitung, die sie wegen der Schachrubrik gerade aus dem Wohnzimmer geholt hatte, in der Hand. Als hätte ihr jemand einen unhörbaren Befehl erteilt, wartete sie, bis er seinen Mantel aufgehängt hatte und die Treppe heraufkam. Ohne das geringste Zögern schmiegte sie ihr Gesicht, das heißt Mund und Nase, an seinen Hals, die Wange, das Ohr. Was folgte, in ihrem Zimmer, war ein hemmungsloser Liebesakt von schätzungsweise einer halben Stunde, wenn man das Nachduseln in den Armen des anderen dazurechnete. Wie wenig das in der Tat bedeutet haben musste, wurde ihr klar, als sie am nächsten Tag von Atie erfuhr, dass Gustaaf am Morgen wie immer für sie und den noch zu Hause wohnenden Sohn, Luuk, Kaffee gekocht und Brot getoastet hatte. Er habe erzählt, so Atie, dass er den ganzen vorigen Tag an der Maasmündung verbracht habe, wo es seinen Leuten gelungen sei, einen halb abgesackten Steinschütter wieder in die Horizontale zu bringen.

»Er ist erst gegen Mitternacht nach Hause gekommen, fast zu müde, hat er gesagt, den Hausschlüssel ins Schloss zu schieben.«

So schrecklich wenig also, fast nichts. Ungläubig hatte sie gewartet, bis die Menstruation auch ein zweites Mal ausblieb, bevor sie auch nur in Erwägung ziehen wollte, zum Arzt zu gehen. Der sensationelle Besuch von heute. Gegen den die flüchtige Vision, die ihr noch vage in Erinnerung war, völlig verblasste: Sie hatte erst noch die Zeitungsseite mit dem Schachdiagramm aufgeschlagen, vielleicht um ihn, Gustaaf, herauszufordern oder vielleicht auch den Umstand an sich. Sie hatte die Aufstellung noch mit einem raschen Blick studiert, hatte gemurmelt: »Die schwarze Dame steht völlig frei« und sich dann seinen Händen unter der weichen Satinseide ihres Morgenmantels überlassen.

Als erstes erzählte sie es Atie.

Es hatte an jenem Morgen noch immer ununterbrochen geregnet, aber am Nachmittag konnte man den Flieder riechen.

»Du spinnst wohl«, hatte Atie gesagt, als Marina das Fenster zum Garten öffnete. Sie meinte damit nicht den Duft des nassen Flieders, der ins Zimmer strömte, sondern den Armvoll Bügelwäsche, mit der die andere anrückte. Völlig überflüssig, in diesem Haushalt kam zweimal wöchentlich die Zugehfrau, doch Marina liebte diese kontemplative Tätigkeit. Sie glich, behauptete sie, dem Nachspiel einer Schachpartie, bei dem der Gegner seine hoffnungslose Position nicht aufgibt, sondern rein des Gleichgewichts und der Eleganz wegen bis zum Ende weiterspielt.

Sie spuckte auf die Unterseite des Bügeleisens und machte sich an die Arbeit. Taschentücher, Geschirrtücher, Hemden, Blusen, Servietten, Schlafanzüge, eine lange Hose, ein Rock. Atie, die sich eine zweite Tasse Tee eingegossen hatte, Marina trank nie mehr als eine, holte sich einen Stuhl und erfuhr die Neuigkeit.

»Was?!«

Marina strich mit den Händen Gustaafs warme Schlafanzughose auf dem Bügelbrett noch einmal besonders sorgfältig glatt und begann, sie zusammenzulegen.

»Ja, du. Ich habe ausgerechnet, es kommt am vierten Januar.«

Erst da sahen sie sich an, nur kurz, denn Atie sprang auf und rannte weg.

Fünf Sekunden verstrichen. Atie kam zurück.

»Setz dich«, befahl sie.

Sie hatte den hohen Bambushocker aus der Diele geholt, auf dem normalerweise ein Korb mit Schals, Mützen und Handschuhen stand, und stellte ihn hinter das Bügelbrett.

Marina musste lachen.

»Jawohl«, sagte Atie. »Tu, was ich sage. In den ersten drei Monaten musst du am vorsichtigsten sein.«

Das Bügeln ging weiter. Atie half, indem sie die gebügelte Wäsche zu Stapeln zusammenlegte. Währenddessen wurde über das unerhörte Ereignis, das in diesem Haus stattfinden würde, gesprochen – Termine, saugfähige Windeln, die Abstellkammer könnte leergeräumt werden –, wobei Marinas Armbewegungen immer langsamer wurden und Aties Stimme immer verträumter.

Bis Atie, als kniffe sie sich wach, auf einmal mit einem kleinen Aufschrei ein bekanntes Kinderwagenfabrikat nannte.

Marina blickte verständnislos auf. Sie sah ein blasses, liebes und zugleich auch schrecklich entschlossenes Gesicht, wie von einer Frau, die die Lippen spitzt, um einen Fussel von einer Babystirn zu pusten.

Atie erklärte, woran sie dachte. »Und wir nehmen einen mit einem Oberteil, das man auch als Reisewiege benutzen kann, hörst du«, beschloss sie.

Diese Szene fand in einer Zeit statt, als Gustaaf von seiner Arbeit besonders stark in Anspruch genommen wurde. Eine leichte Inlandsrezession begann, vor allem die Mittel- und Kleinbetriebe in der Baggerbranche zu erfassen, und so verbrachte der Direktor der Doesburg bv ziemlich viel Zeit in Sitzungen. Wenn er müdegedacht und müdeargumentiert nach Hause kam, genoss er es, Holz für das Kaminfeuer zu spalten, eine Schallplatte aufzulegen, Ratschläge für das Essen zu erteilen, falls gewünscht, am liebsten aber sah er sich einen Tierfilm im Fernsehen an. Reglos auf die Hirsche oder Elefanten unter einer fernen, unbekannten Sonne starrend, spürte er, wie sein Privatleben um ihn herum seinen Gang ging, aus eigener Kraft, ohne sich groß um ihn zu kümmern.

Marina war jetzt häufiger unten als früher. Ihr wachsender Bauch unter dem gefältelten Kleid war ein Phänomen, das er natürlich kannte und das an sich nichts Verwunderliches war. Sobald es auftritt, scheinen Frauen es völlig normal zu finden. Aber, wie bei den anderen vier Malen, die Hand mal auf die warme Wölbung legen und denken: auch von mir? Etwas im Verhalten sowohl Aties als auch Marinas sagte ihm: Tu's nicht, wäre unpassend. Also schaute er von der Sofaecke aus den Affen und Bären im Fernsehen zu, dachte an die Probleme bei der Arbeit, schimpfte schweigend auf die Schurken bei der Nederlandse Heidemaatschappij, die die Stirn besaßen, ohne Registrierung als Bauunternehmen aufzutreten, und begegnete einmal Marinas Blick.

Einem angenehmen, geschäftigen Blick. Der sehr gut zu den Biergläsern passte, die sie gerade auf den Tisch stellen wollte, jeweils drei ineinandergestapelt in jeder Hand, der aber auch zu der Frage in ihren Augen passte.

Gustaaf?

Irgendwann später würde sie ihn in genau so einer häuslichen Inszenierung einfach fragen: Was wollen wir machen? Worauf hast du Lust? Sollen wir nach dem Essen den Babysitter anrufen und ins Kino gehen? Und er würde ihren Blick erwidern, lächeln und es für eine ausgezeichnete Idee halten.

Hauste diese zweite Person bereits in ihm? Treu und fürsorglich, im Grunde genau wie die erste, lediglich in ein Leben mit einer anderen Frau und in einem anderen Haus versetzt? Es würde etwas strenger möbliert sein als dieses, mit einem Bouviermischling vor dem Kamin und einem Töchterchen im Gitterbett oben. Wie oft wäre ihm danach, einfach loszuheulen, weil, wie sich zeigte, die Sehnsucht nach Atie ihn dafür schrecklich anfällig machte? Oder spüren, wie sich seine Kehle vor Wut verkrampfte?

Oft, und in den verrücktesten Momenten.

Marina hatte sich bereits wieder abgewandt. Sie stellte die Gläser neben die Teller.

Die Familie bestand an diesem Abend aus dreien der vier Söhne, aus Gustaaf, der noch nicht von den zwei Personen zerrissen wurde, die in ihm lebten, aus Marina und aus Atie, der trotz ihres Aberglaubens bewusst wurde, dass für das lebensfähige Kind, mittlerweile im siebten Monat, endlich eine vollständige Babyausstattung angeschafft werden durfte und sogar musste und dass jetzt auch ein Name ausgesucht werden durfte.

Mit letzterem begann sie, gleich am nächsten Tag.

»Oh, und wenn es ein Mädchen ist?! …«

Marina sah aus dem Fenster.

In derselben Woche, Mitte November, wenn man spürt, dass sogar der Herbst sich davonmacht, kam Atie mit einer vollen Einkaufstasche in die Mathenesserlaan und sah in der Ferne, vor ihrem Haus, ein Taxi stehen. Kofferraum geöffnet. Türen ebenfalls. Auch die Haustür. Der hilfsbereite Fahrer kam gerade mit dem letzten Koffer heraus, gefolgt von seinem Fahrgast mit der letzten Tasche. Atie stand reglos da, tat gar nichts. Sie begriff eher, als dass sie es sah, dass Marina das Haus abschloss und den Schlüssel durch den Briefkastenschlitz warf.

Du blickst nicht ohne Trauer auf den Sarg, in dem die verstorbene Liebste von deinen vier Söhnen wie in einer Reisewiege durch eine obskure Gasse auf dich zugetragen wird. Du bemerkst, dass die vier Träger ein Gesicht machen, als schleppten sie die Tote nicht zu einer letzten Begegnung, sondern an Händen und Füßen zu einem Gefangenentransporter, und der Verstand sagt dir, dass dieses Schauspiel ganz offenkundig das einzige ist, was den Jungen übrigbleibt. Gustaaf Doesburg starrt entsetzt auf die auf ihn zukommende Marche funèbre. Was er da sieht, ist viel zu groß für Trauer, viel zu groß für Liebe und ganz gewiss zu groß für den Verstand, der von all unseren Sinnesorganen das stumpfste und trägste ist. Bleibt ihm nur dieser Moment. Ein nach innen gekehrtes Stückchen Zeit, das, mag man es fassen können oder nicht, existiert. Ganz außer der Reihe, zeigt er nicht einmal die Neigung, normal, wie es sich für einen Moment gehört, zu verstreichen. In sich versunken sieht er einen plötzlich an. Du erwiderst den Blick. Da kommen deine vier Söhne. Große Männer, konstatierst du, noch stattlicher als du selbst. *Eine* Schulter hochgezogen, erledigen sie eine gottverdammte Aufgabe. Auch sie halten sich nicht an das, was man als normales Tempo erwarten darf. Deine Familie scheint nicht besonders schnell voranzukommen. Gustaaf starrt auf den intimen, eigens für ihn formierten Leichenzug, sich wohlbewusst, dass zu der Familie auch noch ein Mädchen gehört, und sogar, dass ihr Persönchen in diesem

Augenblick keineswegs ohne Belang ist. Dittie mit den dünnen Armen und Beinen gehört hier nicht weniger dazu als ihre sich abschleppenden Halbbrüder.

Vielleicht sogar am meisten von allen.

Es hatte geschneit während der Nacht und am Morgen ihrer Geburt. Januar, Monat ohne Firlefanz, aber wunderschön weiß in jenem Jahr. Ganz wie errechnet, klingelte nachts gegen drei im Hause Doesburg das Telefon, von Atie entgegengenommen, während Gustaaf, bereits neben dem Bett, nach seinen Socken tastete. Keine Viertelstunde später klingelte er an Marinas Haus, einer von ihm bezahlten Erdgeschosswohnung mit kleinem Garten im Stadtteil West. Ihre Schwester öffnete die Tür.

»Hierher bitte«, hörte er leise aus dem Halbdunkel.

Im Schlafzimmer, das er zum erstenmal betrat, erwartete ihn ein Schauspiel, das in ihm den Gedanken aufblitzen ließ: Ich befinde mich im achtzehnten oder neunzehnten Jahrhundert. Sehr spärliche Beleuchtung. Ein Bett, ein Tisch, Wäschestapel, ein dampfender Kessel, eine Waschschüssel. Und vier Frauen, die darüber walteten, die Schwester, die Wochenpflegerin, die Hebamme und Marina, die ihm vom Bett aus mit einer Armbewegung zu verstehen gab, dass sie sein Kommen bemerkt hatte.

Die Schwester zog ihn am Ärmel: »Setzen Sie sich.«

Er sank nach einem leichten Schubs in einen bequemen Sessel. Dann, in einem Raum, der ganz von Jammern und Stöhnen erfüllt war, immer wieder schlagartig von Stille unterbrochen, die alle vier Frauen zum Lachen und Schwatzen nutzten, als erlebten sie gemeinsam etwas Schönes und Irrwitziges, war Gustaaf zum erstenmal in seinem Leben Augenzeuge bei einer Geburt. Nie zuvor hatte er das gewagt oder gewollt, diesmal musste er. Nach der traurigen Woche von Marinas Auszug, in der Atie schließlich begriff, dass sie sie zwar anrufen durfte, aber besser nicht besuchen sollte, hatte Atie Gustaaf zu ihr geschickt. Sehr besorgt. Und bei seiner Rückkehr nicht wenig erleichtert, als sie hörte, dass die finanzielle Regelung, die sie und Gustaaf sich am Abend zuvor überlegt hatten, von Marina ruhig, wie selbstverständlich akzeptiert worden war. Bald darauf stellte sich heraus, dass sie, Marina, es normal und angenehm fände, wenn der Vater ihres Kindes sich von Zeit zu Zeit bei ihr blicken ließe. Und du wirst doch mit dabei sein, wenn es soweit ist, oder? fragte sie ihn. Gustaaf, der bei den ersten Schmerzsignalen Aties immer am liebsten auf die Straße gerannt wäre, um dem Erstbesten Hilfe! Hilfe! Kommen Sie sofort mit! zuzuschreien, sagte ja.

So dass er also heute, merkwürdigerweise ohne die geringste Beklemmung, die Geburt mitverfolgte, eine Entbindung à la achtzehntes oder neunzehntes Jahrhundert, wie er es empfand. Die Hebamme, Anhängerin des Prinzips, wonach Kinder im Dunklen geboren werden möchten, setzte mal ein hölzernes Rohr auf Marinas Bauch, um ihr Ohr daranzulegen und zu horchen, und tauchte dann wieder zwischen die hochgezogenen Beine – beim Schein einer kleinen Leuchte, die wie eine Bergarbeiterlampe mit einem Riemen an ihrer Stirn befestigt war –, um etwas zu verrichten, von dem er nicht die leiseste Ahnung hatte.

Der Sessel, in dem er saß, war weich und bequem. Und das ruhige Dunkel auch für ihn gar nicht verkehrt. Komme ich vielleicht noch rechtzeitig, nachher, um den Bos Kalis Eastminster Dredging-Vertrag zu unterzeichnen? fragte er sich im Laufe der Stunden das eine oder andere Mal.

Das würde er, sofern jedenfalls alles weiter so gut verlief wie bis jetzt. Als Gustaaf im Morgengrauen aus dem Haus trat, blickte er nicht sofort auf seine Uhr. Er atmete die Kälte ein und machte ein Gesicht, als wüsste er bereits, wie er das Kleine, den zornigen, kahlköpfigen Schreihals, den man ihm in die Arme gelegt hatte, das ganze Leben lang vor dem Schneeschauer beschützen würde, der im Westwind fast waagrecht durch die Straße fegte.

Im Halbdunkel kommen sie auf ihn zu. Sie sind kaum weiter als bis zur Hälfte der Gasse, die die Häuserreihe mit den Höfen dahinter verbindet. Gustaafs Blick gleitet über seine Söhne, als zählte er sie, vier, so wie jemand, der nicht in den Schlaf finden kann, die Schläge einer loyalen Kirchturmuhr in der Nähe zählt. Kaspar und Wijnand tragen den Sarg, wo er am breitesten ist. Jan und Luuk gehen vorne. Sie bringen sie also mit den Füßen voran zu mir. Von seinem Posten am Tor kann Gustaaf, selbst wenn er wollte, die Tote noch nicht sehen, obgleich die Jungen den Sarg nicht zugedeckt haben, kein Deckel, kein Tuch, was sie im Hinblick auf die tiefhängenden Wolken sicherheitshalber besser hätten tun sollen. Aber es ist zu dunkel, um sie zu sehen. Und ihm fehlt der Mut.

Währenddessen gehen sie weiter, die Doesburgsöhne. Ihre Mienen sind jetzt so bedrückt, als trügen sie zehn Aties.

Das Verbot ihrer Mutter nicht missachtet, aber doch umgangen.

Aties Wille, von der Art, bei der man nie weiß, wie er vielleicht doch, irgendwann, ein Ende haben kann. (Unter tiefhängenden Regenwolken, in einer Gasse neben einer blinden Mauer, November.)

Ob sie selbst gewusst hat, wie diese ihre Willenserklärung

im tiefsten Grunde, einem Grund zwischen Geist und Materie, vor sieben Jahren zustande kam?

Als Gustaaf Doesburg an jenem Morgen gegen halb acht vor seinem Haus parkte, wusste er bereits genau, was er tun würde. Erst Atie die großartige Nachricht überbringen, dann Kaffee kochen und Brot toasten für die Familie, danach sich rasieren, ein ordentliches Jackett anziehen und ins Auto springen, um Punkt neun im Büro von Bos Kalis in Maassluis den für die Firma so wichtigen Vertrag zu unterzeichnen.

Er ging unverzüglich ins Haus, die Tür hatte einen Spaltbreit offen gestanden. Unten war Atie nicht, er stieg die Treppe hinauf. Sie stand vollständig angekleidet im Erker des Schlafzimmers und schaute hinaus, drehte sich aber sofort um, als er hereinkam. Er erzählte ihr, dass er eine Tochter bekommen habe.

»Eine Tochter«, flüsterte sie.

Auf ihrem Gesicht erschien ein seltsamer Ausdruck. Augen wie bei einer Verrückten, Mund geöffnet wie für einen Schrei, ein herzzerreißendes Heulen, wie sie es noch nie in ihrem Leben ausgestoßen hatte. Er dachte, es sei Freude.

Er rieb sich über sein stoppliges Kinn.

Atie breitete die Arme aus, als wolle sie sich in seine Umarmung stürzen. Er lächelte breit. Wollte ihr gerade erzählen, wie wohlgenährt die Kleine ausgesehen hatte, wie böse, wie aus einem wohligen Schlaf aufgeschreckt, alles bis in die kleinsten Einzelheiten, um den schreienden Wurm gleichsam von seinen Armen in ihre zu legen.

Statt dessen sagte er: »Ah, Kaffee! Komm in die Küche. Ich erzähle dir alles!«

Sie ließ eine Weile auf sich warten. Als Atie nach unten kam, hatte Gustaaf seinen Kaffee bereits getrunken und drei Brote gegessen. Während er ihre Brotscheibe aus dem Toaster springen ließ, begann er, von seinen Erlebnissen dieser Nacht zu erzählen. So traf Luuk seine Eltern kurze Zeit später an, seine am Küchentisch sitzende Mutter, die interessiert die üblichen Fragen stellte, seinen Vater, der, mit einem Geschirrtuch auf der Schulter herumgehend, darauf antwortete und dann auf seine Uhr schaute.

»Ein Mädchen also«, teilte Atie ihrem Sohn mit, nachdem Gustaaf hinaufgegangen war, um sich zu rasieren.

Luuk, der das bereits verstanden hatte, nickte. Wie das so geht, imitierte er unbewusst den Gesichtsausdruck seiner Mutter, und der war ruhig und ernst, was merkwürdigerweise auch so bleiben würde, wie er binnen weniger Minuten merken sollte, als sie am ganzen Körper zuckend am Telefon stand. Und ihre Stimme würde auch da einfach freundlich bleiben.

Gustaaf kam eilig wieder in die Küche und beugte sich von hinten ein Stück weit über Atie. Nie würde er es versäumen, ihr seinen, wie sie das nannten, Rasierkuss zu geben, seine morgendliche Ehrenerweisung.

Sie wandte ihr Gesicht bereits seinem Aftershaveduft zu.

»Ich denke, ich rufe sie mal eben an«, sagte sie.

»Ja, mach das!«

Und fort war er.

Das Telefon hing unten auf dem Flur. Darunter stand ein Regal, auf dessen oberster Ablage Telefonbücher und Schreibutensilien lagen. Von der Küche aus hörte Luuk seine Mutter sprechen. Und als er auf den Flur hinausging, sah er sie. Luuk hätte den Gesprächsgegenstand bereits mitbekommen können, sofern er gewollt hätte. Er war jetzt gut fünfzehn, im letzten Jahr ein Stück in die Höhe geschossen, trug andere Kleidung, war gut in der Schule und interessierte sich nicht im geringsten für die Einzelheiten einer Geburt.

Sie zitterte. Und nicht bloß wie Espenlaub. Luuk, eine Umhängetasche mit Schulbüchern über der Schulter, sah, wie sich die Knie seiner Mutter schnell hin und her bewegten. Ihre Schultern gingen zuckend hoch und runter, ein Ellbogen schlug seitlich an ihren Körper, die Füße schleiften über den Fliesenboden wie bei einem Schwimmer, der Wasser wegtreten will. Die Schulbücher fielen zu Boden. Mit zwei Sätzen war Luuk bei ihr und schlang die Arme um den schlotternden, fast peitschenden Körper, kleiner als der seine, in der festen Absicht, ihn sofort zur Ruhe zu bringen. Von ganz nah blickte er seiner Mutter ins Gesicht.

»Wirklich, erst acht Zentimeter geöffnet?« hörte er sie sagen, in absurd normalem Ton. »Ach ja, die letzten Zentimeter!«

Es gelang ihr, Ohr und Mund in der Nähe des schlenkernden Telefonhörers zu halten.

Luuk umklammerte sie noch fester. Später, sehr viel später, als er in seinem eigenen Leben schon alles mögliche erlebt hatte, meinte er, er hätte sie wie ein Kind in den Armen gehalten und sie innerlich so intensiv gespürt, dass er wusste, sie, ein kleines Mädchen, war dabei, mit einer gewaltigen Willensanstrengung zwei wütende Riesen zu trennen.

Er sah, wie ihre bleichen Augen durch ihn hindurchstarrten, während sie konzentriert dem lauschte, was ihr am anderen Ende der Leitung erzählt wurde.

»Was? Was haben Sie gesagt? Ich habe Sie gerade nicht richtig verstanden.«

Sie sprach also nicht mit Marina selbst.

»Ja, das macht man dann, nicht wahr …«

Verständnisvolle Stimme, ruhiges Gesicht. Und ein Ellbogen, der in höchster Raserei die Telefonbücher, den Notizblock, die Kugelschreiber und ein paar 25-Cent-Münzen vom Regal fegte.

Schließlich: »Nein, nein, stören Sie sie nicht. Lassen Sie sie schön schlafen und richten Sie ihr meine Glückwünsche aus.« Luuk hörte den Summton einer freien Leitung. Er nahm ihr den Hörer aus der Hand und legte ihn auf. Als er spürte, dass ihr Körper ruhiger wurde, ließ er ihn vorsichtig los. Sie sahen sich an. Luuk sehr erschrocken. Und Atie? Luuk hätte ihren Blick in dem Moment möglicherweise als bestürzt bezeichnet oder als müde oder vielleicht sogar: als bis ins Innerste ihrer Seele verzweifelt. Doch ihr plötzlich zur Ruhe gekommener Körper drückte aus: Och, so was kann schon mal passieren.

Auch die Biegung nach links zum Tor des Innenhofs hin ist nicht so einfach. Einen Moment lang kann der Sarg, diagonal in der Öffnung, weder vor noch zurück. Gustaaf ist etwas weiter auf die Gasse getreten, um seinen Söhnen mehr Manövrierraum zu lassen. Er sieht, wie sie vorsichtig schieben und ziehen, hört ein leises Knarren, wie er annimmt von diesem altersschwachen Türrahmen, und weigert sich noch immer, die Augen auf das zu richten, dessentwegen er gekommen ist. Wie ein freigekommenes kleines Schiff schießt der Sarg jetzt mitsamt der Besatzung wieder auf die Gasse.

»Jetzt geh schon, Papa«, keucht Luuk. »Geh du zuerst.« Seine Stimme klingt böse.

Er gehorcht. Gustaaf betritt den Innenhof und postiert sich erneut in der Ecke am Fenster, hinter dem nach wie vor dieses spärliche bläuliche Licht brennt. Dann gelingt es den vieren, von der richtigen Ecke her herumzukommen. Ohne ihn zu beachten, gehen sie dicht an ihm vorbei. Dort steht der Küchentisch, nass, wie frisch lackiert, aus dem gleichen hellen Holz wie der Sarg, der jetzt ohne Probleme darauf abgesetzt wird. Aties Söhne treten mit sichtlicher Erleichterung beiseite. Gustaaf geht zum Tisch, um sie anzuschauen. Wer liegt hier eigentlich? denkt er, sich der bösartigen, alles und jedes verfälschenden Zeit plötzlich bewusst.

7

Sie schlug die Augen auf und streckte die Hände in die Höhe. Sie hatte tief geschlafen. Ihre Hände waren klein und muskulös, das war gut zu erkennen, denn Gustaaf hatte, als er nach unten ging, die Vorhänge ein Stück weit geöffnet, nicht zufällig, das wusste sie sehr wohl. Er fand, sie solle nicht so blödsinnig lange im Bett liegenbleiben, wenn sie keine Kopfschmerzen hatte. Sie gähnte, bewegte die Finger, wie es ihre Angewohnheit war, und blickte durch deren Zwischenräume ins Zimmer, das ihr so vertraut war wie ein von einer bestimmten Art angenehmen Heimwehs erfüllter Traum. Stühle, Kommode, Frisiertisch, Papierkorb, alles stand hier beinahe genau so angeordnet wie in dem Dorf ihrer schönsten Ehejahre, in Hoek van Holland. Wenn sie gewollt hätte, hätte sie gut das ferne Pfeifen des Bahnhofsvorstehers hören können.

Sie stieg aus dem Bett, zog ihr weißes Nachthemd an den Achseln über den Kopf, ließ es zu Boden fallen, lockerte auf dem Weg ins Badezimmer ihr Haar, drehte die Dusche auf, band das Haar jetzt zusammen und steckte es mit ein paar Klammern oben auf dem Kopf fest. Während das Wasser über sie rauschte, ging ihr alles mögliche durch den Sinn, flüchtige, undefinierbare Dinge, die trotzdem alle auf einen Gedanken hinausliefen: Warum tun wir es in letzter Zeit nicht mehr? Ist die Liebe etwa etwas, was man nach Belieben, nach dem Belieben der Umstände, auf ein fast verlöschtes Flämmchen herunterdrehen kann? Nur vorübergehend vermutlich?

Sie trocknete sich ab, stellte sich kurz auf die Waage und betrachtete sich im Spiegel. Atie Doesburg-Maas war eine kleine, hübsche Frau von fast Fünfzig, schon sehr lange verheiratet mit einem Mann, den sie noch immer begehrte. Der dahinplätschernden Plauderei in ihrem Kopf kaum lauschend, inspizierte sie ihre Figur, auch die blaue Ader an der linken Wade. Wenn man schon so lange verheiratet ist, dann wird's doch wohl eine Weile ohne eine Nummer nachts gehen? Oder ohne dieses herrliche halbe Stündchen Sex am Sonntagmorgen, wenn man mit einem schweren männlichen Arm auf sich erwacht? Wir sind die Felsen und das Wasser des Golfs von Biskaya, zu dieser Formulierung hatte Atie sich einmal hinreißen lassen, in Löffelstellung mit ihrem Mann, der seinerseits, wie er ihr in den Nacken murmelte, dann lieber an die Bucht von Antibes dachte. Er und sie waren natürlich schon lange daran gewöhnt, ohne den anderen verführen zu müssen, zum häuslich-direkten, arglosen Beischlaf überzugehen. Und Zungenküsse geben sich die meisten nach dreißig Jahren doch auch nicht mehr, oder?

Sie, Atie, schon, und demzufolge Gustaaf ebenfalls.

»Wie kommt es, dass dein Atem sogar morgens gut, ich meine ganz annehmbar riecht?« konnte sie zum Beispiel fragen, wenn sie, wie Gustaaf sagte, auf eine nur ihr und keiner anderen Frau eigene Art und Weise mit der Zungenspitze über seine Lippen strich.

»Und dabei rauchst du ja sogar.«

»Und ich trinke.«

Zur Zeit aber krochen sie in Schlafanzug und Nachthemd ins Bett, schliefen wie die Murmeltiere und standen morgens wieder auf.

Währenddessen hatte Atie Marinas Baby noch nicht ein einziges Mal gesehen.

Und Marina hielt nicht nur sie, sondern jetzt auch Gustaaf auf Distanz.

Und Atie hatte noch einmal, einfach beim Einkaufen auf dem Markt, auf die gleiche Weise, als gehöre es wie etwas Natürliches zu ihrem Körper, nicht aber zu ihrem Geist, am ganzen Leib zu zittern begonnen.

Sie stand nackt vor den Kleidern im Schrank. Was soll ich anziehen? Es war inzwischen Juni geworden, Anfang Juni. Atie wählte eine Hose und ein gestreiftes T-Shirt, die sie am selben Abend, nach einem Blitzgespräch mit Gustaaf, gegen ein granatrotes, tailliertes Kleid mit angeschnittenen Ärmeln tauschen würde. Für alle Fälle würde sie einen Kaschmirschal mitnehmen.

Keiner der Söhne war an diesem Tag daheim, auch Luuk begann aushäusig zu werden. Am frühen Abend sagte Gustaaf zu Atie: »Tja, was wollen wir machen?« In einem Ton, als wären sie schon seit einer ganzen Weile am Überlegen.

Atie, die keine Frage gestellt hatte, nickte leicht. Sie wusste nicht gleich, was er meinte.

»Worauf hast du Lust?« hakte er nach.

An den Türrahmen im Wohnzimmer gelehnt, folgte sie ihm mit dem Blick, als er mit einer gequälten Miene, die besagte: Ich schlage vor, was trinken zu gehen!, das sonnige Zimmer durchquerte.

Plötzlich schossen ihre Augenbrauen in die Höhe. »Zum Italiener!« rief sie. »Ich hab einen wahnsinnigen Hunger!«

Sie bekamen zum Glück gleich ein Taxi. Auf dem Weg zum Taxistand kam ihnen schon in der Kurve ein langsam fahrender Wagen entgegen, der neben ihnen anhielt, als wäre Gustaafs Handbewegung gar nicht nötig gewesen. Atie durfte als erste hineinschlüpfen und sich auf den Rücksitz fallen lassen. Ein feiner weicher Popelinerock rutscht dann automatisch ein ganzes Stück über die Knie hoch. Als hätte sie es bestellt, so kam es ihr kurz darauf vor, ertönte aus dem Autoradio »The man I love«, eines ihrer Lieblingslieder aus einer schon eine Weile zurückliegenden Zeit. Gustaaf lehnte sich entspannt an sie. Er führte sie in ein sizilianisches Lokal an den Osthäfen auf der anderen Seite der Willemsbrug aus. Schon da war ihr sehr nach Tuscheln und großen geflüsterten Dingen an seinem Ohr.

»Du bedeutest mir alles.«

»Tut mir leid, ich muss es noch mal sagen: Du bedeutest mir alles …«

Das kleine Lokal ging nach Westen. Das Panorama bestand ganz aus Wasser, auf dem die Sonne schon fast lag. Sie begannen mit nur ganz leicht moussierendem Weißwein. Ein Glas, nicht mehr, danach würden sie auf Roten umsteigen, was am besten zu Ossobuco mit schwarzen Trüffeln passt, doch auch dann würden sie sich zurückhalten, denn an diesem Abend, das war bereits sonnenklar, würden sie Sex haben, ungehemmt, ohne auch nur irgendeinen störenden Nebengedanken. Atie stieß ihr Wasserglas um. Sie ließ auch ihr in Knoblauchöl und Meersalz getunktes Brotstück zu Boden fallen. Gustaaf hob es auf, roch daran und steckte es sich in den Mund. Nachdenklich aß er es auf.

»Köstlich.«

Atie stiegen Tränen in die Augen. Sie fühlten sich an wie Augentropfen, erst brannten sie, doch wenn man kurz blinzelte, waren sie weg.

Die Stadt blieb ihnen an diesem Abend gewogen. Rotterdam wimmelt von kleinen Kinos und kleinen Bars, deren Tür, wenn man Glück hat, hinter einem Samtvorhang oder einem provisorischen Vorraum freundlich offensteht. Nach dem Essen ließen sie das Taxi auf gut Glück in der Aert van Nesstraat halten, bogen ein paarmal nach links, betraten die Eingangshalle des Cinema Luxor und starrten schon bald in einem dunklen Saal auf Filmbilder, deren tintenschwarze Tragik völlig an ihnen abprallte und nur das Licht, die Stimmen, die Musik und ein vages Gefühl der Sicherheit durchließ. Gustaaf schob behaglich seine Hand in ihren Ausschnitt, streichelte mit den Fingerspitzen ihr Schlüsselbein, sie legte den Kopf an seine Schulter und richtete ihn wieder auf, als er sich eine Bastos anzündete.

Die Klappe des Aschenbechers klickte. Wollen wir gehen?

Die Peperstraat, so stellte sich heraus, bestand aus einer Reihe alter Wohnhäuser, unterbrochen von mehreren Kneipen. Das Café Janis war ein gut besuchtes Lokal mit einer Decke, an der Segelschiffe hingen, einem mit Sand bestreuten Fußboden und einer Jukebox gegenüber der Theke.

»Was sollen wir spielen?« fragte sie unschlüssig.

Sie standen ganz ernsthaft über die Liste der Stücke gebeugt. Atie, die möglicherweise wegen des ersten Liedes, das sie an diesem Abend gehört hatte, noch ein wenig in amerikanischer Stimmung war, entschied sich für »Fly me to the moon«.

»Ja? Hast du einen Viertelgulden?«

Bevor Gustaaf seine Taschen alle durchsucht hatte, schob ihm schon von irgendwo her eine hilfsbereite, tierisch behaarte Pranke mit abgebröckelten Nägeln eine Münze unter die Nase.

»Danke.«

Atie nahm sie ihm ab, warf sie in den Schlitz und drückte anmutig auf den falschen Knopf. Die blinkende Maschine begann, »Wenn du lachst, dann bist du reich«, einen Song des jüdischen Urrotterdamers Louis Davids, zu spielen.

Sie blieben nicht sehr lange in dieser Kneipe, aber doch lang genug, um hinten im Raum im Foxtrott-Takt des Liedes kurz zu tanzen, Hüften an Hüften, sich gegenseitig sanft schiebend, manchmal auch etwas nachdrücklicher, sich gleichsam schon ein wenig einspielend, und an einem eigens für sie frei gebliebenen Tisch an der Wand ein paar Biere zu trinken, sie Tulpen, er Seidel. Atie wusste – so etwas spürt jede Frau –, dass sie im Licht zweier Pergamentlampenschirme sehr jung und hübsch aussah und dass ihr Bauernhundehaar seidenweich, mit rötlichem Ton, glänzte.

Liebe, Flirt, Geturtel in einer freundlich gesinnten Stadt, in der es gegen Mitternacht deutlich frischer wurde.

Als sie zu Hause ankamen, gingen sie durch das dunkle Haus sofort ins Schlafzimmer, knipsten eine Lampe an, suchten nacheinander kurz das Badezimmer auf, schmiegten sich nackt im Bett aneinander und fingen an, sich zu lieben. Atie, der doch ein wenig kalt geworden war, brauchte etwas Zeit, um in Schwung zu kommen, aber was machte das schon? Alles lief schon bald, wie es immer gelaufen war, angenehm selbstverständlich, nichts Besonderes, es sei denn, dass ein alter Gedanke von ihr, einer aus weiter Ferne, bei allem, was sie taten, ein wenig mitspielte: Er ist der erste und einzige Mann, mit dem ich es zeit meines Lebens habe tun wollen. Etwas später legte sie ihre Hand so, dass seine Hoden hineinpassten, und nickte, den Kopf unter seinem Kinn, kurz ein. Viel gesagt hatten sie nicht. Keine Liebesworte oder etwas in der Art. Warum auch?

So mochten vielleicht zehn Minuten verstrichen sein, höchstens, als sie, Atie, dann doch das Gespräch eröffnete. Sie saß in dem Moment auf der Bettkante, sah sich im dämmrigen Raum um und stieß Gustaaf an.

»Was soll das Ding da?«

Er richtete sich auf dem Ellbogen auf.

»Was denn?«

»Die Figur da.«

Sie deutete auf den kleinen alabasternen Diskuswerfer auf dem Frisiertisch, an dessen linken Arm sie immer ihre Gummihaarbänder hängte.

Er hustete schläfrig.

Sie drehte ihr Gesicht in seine Richtung.

»Warum ist es hier so dunkel?« klagte sie. »Mach ein bisschen mehr Licht, bitte.«

Sie stemmte sich auf den Fäusten hoch und ging ein paar Schritte.

Als die Deckenlampe aufleuchtete, stand Atie fassungslos im Zimmer und sah sich um, als verlangte sie vom Mobiliar, einem Teil nach dem anderen, Rechenschaft. Was für Stühle und Schränke sind das um Himmels willen? Wo kommen diese Bilder her? Schon war Gustaaf bei ihr, wollte sie an den Armen packen, doch sie wehrte ihn ab.

»Was hast du?« fragte er. Und dann, flehend: »Mein Herz?«

»Wo sind wir?« entgegnete sie.

Er dachte: Das ist nicht normal.

»Zu Hause«, sagte er.

Da kam ein Lächeln. Natürlich, zu Hause ist immer gut. Vor allem wenn man kurzzeitig nicht mehr weiß, wo das ist, muss alles, was sich dort je abgespielt hat, paradiesisch erscheinen. Aber sie wollte noch immer diesen kleinen Abstand zwischen ihm und sich.

Dann sagte sie unvermittelt: »Wir sind ja ganz nackt.« Ihr

Blick glitt an ihrem eigenen Leib hinunter und kroch dann an seinem wieder hinauf. Sie sah ihn mit einer Miene an, die besagte: Wieso?

So blieben sie kurz stehen, jeder in seiner eigenen Verwirrung, ein Menschenpaar, das unter dem nicht gerade gefälligen Licht der Deckenleuchte eigentlich lieber ein Kleidungsstück um die Schultern gehabt hätte.

Ihre Morgenmäntel hingen an der Tür. Gustaaf schlüpfte in den rauhen, dicken Baumwollstoff und half danach Atie. Er steckte ihre Arme in die Ärmel, stellte den Kragen an ihrem Hals auf, schlug die Vorderteile übereinander, knotete den Gürtel zu, nicht allzu fest. Als sie wieder auf der Bettkante saßen, versuchte er, ihr zu erzählen, wer sie waren (gut, das immerhin wusste sie!), wo sie an diesem Abend gewesen waren und was sie gemacht hatten. Nachdem sie ihn verwundert, aber ohne große Emotion ein paarmal unterbrochen hatte: »Also, dann sind wir essen gegangen?« »Danach ins Kino?« »Und dann ins Café Janis?« griff Gustaaf zum Telefon.

Kurz darauf fuhren sie wieder durch die Stadt. Gustaaf, durch seine tödliche Beunruhigung erfinderisch geworden, wählte eine Route über stille Uferstraßen und dann an einem Baugebiet vorbei, auf dem in schrecklichen Staubwolken ein kleines Heer grün aufleuchtender Schattengestalten mit Presslufthämmern dem Boden zu Leibe rückte. Atie, in Hose und Pullover neben ihm, sah sich das andächtig wie ein Kind an. So erreichten sie die Ambulanz des Bethesda Krankenhauses, in der es vor nächtlichen Unglücksvögeln nur so wimmelte. Sie saßen fünfzig Minuten im Warteraum und auch danach noch eine ganze Weile im Sprechzimmer, bevor der von einem Kollegen hinzugerufene Arzt, sich eilig die Hände abtrocknend, eintrat.

Gustaaf erklärte, was passiert war. Atie lauschte den beiden Männern. Sie hörte, dass die Symptome kurz nach dem Beischlaf aufgetreten waren. Sie hörte, dass es, nein, im Gegenteil, gerade sehr sanft zugegangen war. Sie nahm auf der Untersuchungsliege Platz, die Beine im luftleeren Raum baumelnd. Ihre Knie wurden beklopft, ihre Fußsohlen. Wie heißen Sie? Wann ist Ihr Geburtstag? Welches Jahr haben wir jetzt? Lediglich bei der letzten Frage begann sie ein wenig zu schwitzen, zweifelte und blickte zu ihrem Mann. Dieser erwiderte ihren Blick gelassen. »Neunzehnhunderteinundsechzig«, sagte er.

»Neunzehnhunderteinundsechzig«, sagte Atie und glitt auf eine Geste des Arztes hin von der Liege.

Der neurologische Assistenzarzt, herauszufinden bestrebt, wie es um die Nervenbahnen dieser Frau bestellt war, bat sie nun, auf gerader Linie von der einen Wand des Raums zur anderen zu gehen.

»Von hier nach dort, Atie«, sagte Gustaaf, als sie zunächst wie ein bockiges Tier stehenblieb. Und dann kamen noch ein paar dieser allersimpelsten Aufgaben, die Gustaaf Atie alle übersetzte und die sie alle einwandfrei ausführte.

»Mach die Augen zu und fass mit dem rechten Zeigefinger an deine Nasenspitze.«

»Jetzt mit dem linken Zeigefinger.«

»Auch wieder mit geschlossenen Augen?«

»Ja, mein Herz.«

Nicht lange danach saßen sie wieder im Auto. Der Arzt hatte seine vorläufige Diagnose gestellt, *transient global amnesia*, was bedeutete, so hatte er erklärt, dass die Dame an einer Form von Gedächtnisverlust litt, die in den meisten Fällen vorübergehender Natur sei. Sie dauere selten länger als einen Tag, aber die Lücke, das Ereignis, das der Störung unmittelbar vorausging und möglicherweise der geheime Anlass dazu war, kehre nie mehr ins Gedächtnis zurück.

»Komm«, sagte Gustaaf. Aufgemuntert durch den selbstsicheren jungen Arzt, zog er Atie an sich und legte den Arm um sie. So fuhren sie durch die still gewordene Stadt in der Nacht nach Hause zurück. Gustaaf mit *einer* Hand lenkend, Atie von Zeit zu Zeit seufzend, als wäre ihr klar, dass ein Tag, ein Tag voller Glück, im All fehlte. Ausgelöscht, bei näherer Betrachtung, von irgendeiner Instanz mit langem, weitreichendem Arm.

Schlichtweg nicht dagewesen.

8

Wer sie gut kannte, und das waren in erster Linie ihre Söhne und anfangs auch noch ihr Mann, spürte in der darauffolgenden Zeit, was ihr zuwider war. Augen, die schauten, waren ihr zuwider. Wenn in ihrer Umgebung schon unbedingt geschaut werden musste, gut, dann würde sie das übernehmen. Atie, immer schon eine Meisterin des ersten Blicks, der blitzschnellen Aufforderung, des Diktats, wie der Blick erwidert werden soll, war Mitleid zutiefst zuwider. Sieh mich nicht an, funkte sie sofort nach einem Blitzanfall von Blindheit in die Runde, denn ich schaue wütend zurück! Man muss sagen, sie nahm das Phänomen wie eine Heldin hin. Ihr ganzes Gesichtsfeld, einfach während sie die Morgenzeitung las, von einer Art himmlischem Licht in Beschlag genommen! Matt, mit sensationell flammenden Goldrändern. Fehlte nur noch der Engelsgesang. Sie war selbst zum Telefon getappt. Zeigefinger in den Löchern der Wählscheibe. Erste Tastübung für den noch ungeübten Blinden. Gerade als sie in den Rettungswagen geschoben wurde, kam Luuk angeradelt, der ein paar Stunden frei hatte, und er durfte mit. Es war derselbe junge, vielbeschäftigte Arzt von vor einem knappen Jahr, der wieder von der vorübergehenden Natur der Dinge sprach.

»Doppelseitige Verlangsamung der Impulse des Nervus opticus«, sagte er, nachdem eine sofort vorgenommene Augenuntersuchung nichts ergeben hatte. »Ein Symptom, das sich sehr oft wieder fast vollständig normalisiert.«

Sehr oft … nicht immer … meist … nicht selten … Wie beschwichtigend doch, diese zaudernde ätherische Physis der Zeit! Atie, die es sofort glaubte, streckte den Arm aus, ließ sich von Luuk aufhelfen und danach durch den Krankenhausflur zur Drehtür lotsen.

»Ich sollte mir besser einen anderen Körper zulegen und in einem Aufwasch auch gleich eine andere Seele«, spöttelte sie im Taxi nach Hause. Sie schob ihr Gesicht an das Ohr ihres Sohnes.

»Tauschst du sie für mich um?«

Und dann lachte sie, mit leicht maliziösem Mund.

Luuk, wehrlos gegenüber den Launen seiner Mutter, ihren gemeinen Kopfschmerzen (von ihrem Gedächtnisverlust hatte er nie etwas gewusst, der war nach einem Tag bereits vorbei gewesen), ihren Zitteranfällen und nun dieser plötzlichen Blindheit, auf die sie reagierte, als fände sie, das sei einfach wieder mal was anderes, blickte an ihr vorbei durch die Windschutzscheibe. Das Taxi fuhr zufällig gerade an einem monumentalen dunkelgrauen Gebäude vorbei, dem Erasmusgymnasium, wo zu diesem Zeitpunkt, wie er wusste, sich jetzt aber unmöglich vergegenwärtigen konnte, seine Griechischstunde begann.

»Ich weiß nicht, du, es war, als würde es sie ein bisschen amüsieren«, sagte er abends zu seinem Vater, der den ganzen Tag an Bord eines seiner Fahrzeuge verbracht hatte.

Amüsieren? Im Schlafzimmer wurde Gustaaf unter der Decke hervor giftig zugeknurrt, der Arzt, ja genau, der Arzt, der beim vorigen Mal auch recht gehabt hatte, sei sich hundertprozentig sicher gewesen, dass es wieder vergehen würde. Dann wurde die Decke ein Stückchen zurückgeschlagen, aber nicht sehr weit. Er sah nur ein in einem Wust fahlblonden Haars gefangenes Ohr, himmelschreiend weiß.

Ob er so freundlich wäre und das Licht ausknipsen würde. Dann sähen sie beide gleich viel.

Die Doesburg bv erlebte in dieser Zeit eine Blütephase. Atie legte ein heftigeres Interesse denn je an der gigantischen Plackerei in Schlamm, Wasser und Beton an den Tag. Je mehr ihr von Phantomen heimgesuchter Körper sie ärgerte, um so intensiver fragte sie ihren Mann über seine Arbeit aus. Über die realen alltäglichen Dinge, aber auch, noch begieriger, über die Ideen, die bereits in gezeichneter Form existierten, ein riesiges Stück Land, eine komplette Ebene, aus der Nordsee aufsteigen zu lassen, indem man dort einfach Erde aufspülte. Ha! Und dann einen Traum von petrochemischem Industriegebiet darauf anzulegen …

»Der Löffelbagger?« erkundigte sie sich, den Kopf zur Frühstücksdecke geneigt, eine Wange auf die Hand gestützt, gleich am nächsten Morgen.

Und Gustaaf gehorchte ihrer Regie. Schien voller Verständnis. Schob ihr, als machten sie das schon seit Jahren so, einen Cracker mit Pflaumenmarmelade zwischen die Finger und erzählte ihr, wie sein eigentlich schon ausrangierter Löffelbagger einen Damm in der Mündung des Waterweg weggeputzt hatte, der für die in Kürze anzulegenden riesigen Dämme Platz machen musste …

»Ich sag dir, Atie«, erzählte er – er goss Kaffee ein, sie nahm den Becher entgegen, lieb, fügsam, den Blick jedoch konstant nach unten gerichtet, was ihr doch etwas Abweisendes verlieh – »du hättest die Gesichter dieser Direktoren sehen müssen! Sie kamen zu dritt in einem dicken Mercedes auf die Mole gefahren, ließen sich übersetzen, stiegen an Bord eines ihrer Schwimmkräne, die da schon eine Weile rackern und schuften, und starrten unter einem Ausleger hervor, so einem Ding, musst du dir vorstellen, das mit Leichtigkeit fünfzig Meter Meer überspannt, zu dem hinüber, was wir da machten. Schon vor einer Weile war ein kräftiger Wind aufgekommen. Irgendwann sahen wir uns an, die drei und ich, und hinter mir, lauter als der Wind und das Meer, das gegen die Piere klatschte, das triumphierende Knarzen meines alten Knaben. Die haben gestrahlt, Atie, als ob sie gerade Opa geworden wären, die großen Herren vom Baukonsortium Havenmond Hoek!«

»Baukonsortium Havenmond Hoek«, wisperte sie, den Blick auf das blauweiß karierte Tischtuch gerichtet, als läse sie die Pläne für die phantastische Zweite Maasvlakte in der Nordsee blind davon ab.

9

Atie konnte schon wieder ganz gut sehen, als mit der Verlegung der alten Küstenlinie bei Hoek van Holland begonnen wurde, wobei die Doesburg bv als kleiner Subunternehmer auftrat, aber dafür kämpfte sie mit allen möglichen anderen Problemen. Allmähliche Lähmungserscheinungen, wechselnde Stimmungen, darunter sehr üble. Im Erdgeschoss konnte sie sich noch aus eigener Kraft bewegen, ein Treppenlift brachte sie in die erste Etage, doch für Spaziergänge nach draußen funktionierten ihre Muskeln nicht mehr gut genug. Also erwartete sie in der Diele der Rollstuhl, den sie verachtete.

»Ein wertloses Ding, hässlich, absolut lachhaftes Design, für ein anderes wertloses Ding, das defekt ist«, konstatierte sie. Sie wechselte die Sitzposition, zog ein fröhlicheres Gesicht und fragte ihren Mann nach dem Nord- und dem Süddamm, die den Schiffsverkehr zum größten Hafen der Welt kilometerweit draußen sicher umfangen würden.

Es war die Jahreszeit der frühen Herbststürme. Wenn Gustaaf, oft genug mit einer unheilvollen Vorahnung, nach Hause kam, konnte Atie ihn mit ihrer energiegeladenen Stimmung manchmal richtig überraschen. Voller Sachkenntnis begann sie ihm Fragen zu stellen.

»Wo holt ihr den Sand her?«

Was will sie wirklich von mir wissen? fragte sein gesunder Verstand sich, und er antwortete: »Im Briesle Gat kann man mit ein paar Saugschiffen mindestens vierzig Millionen Kubikmeter raufholen.«

»Mit ein paar superstarken Sandpumpen?«

»Ja, jede mit mindestens 3000 Kilowatt.«

Gustaaf hatte sich da schon längst angewöhnt, sie nie mit dem Ausdruck Wie-geht-es-dir-denn anzusehen. Wie es ihr ging, war offensichtlich. Atie, die einst so solvente Firma, war im Begriff, bankrott zu gehen (ihre Wildlederschuhe verstaubt im Schrank, ihr Fahrrad von drei oder vier anderen im Schuppen an die Wand gedrängt). Immerhin war es ihm mehrmals gelungen, sie zum Rollstuhl zu überreden und durch den Kralingse Bos zu schieben. Fest ausschreitend ragte er dann über ihrem kleinen Kopf auf (wohl wissend, dass sie ihr prächtiges Haar jetzt in zwei unordentlichen, viel zu fest geflochtenen Zöpfen über Schultern und Brust trug).

Ob sie das Eichhörnchen da sehe.

Der kleine Kopf nickte. Sie sah es.

Einmal prustete sie los. »Mein Gott! Du glaubst doch nicht, dass es nicht irgendwann mal passiert, so ein 200000-Tonner mit großem Tiefgang verpasst mit brüllender Maschine die Mündung des Waterweg, stürmt am Varkenskanaal vorbei und schießt wieder in die Nordsee?«

Er wollte mit ihr lachen. Wollte sagen: ja, und geistert bis in alle Ewigkeit auf den Meeren herum. Hatte vor, gemeinsam mit ihr die Kalamität wie eine Oper zu inszenieren, doch sie lehnte sich plötzlich zurück und bewegte in einer Art Angriffsreflex ihren Oberkörper auf ihn zu. Sie saßen in der Sitzecke am Kamin. Das Feuer brannte, es war November. In seinem Herzen dachte er, was er fast immer dachte: armer Liebling.

Ihr Atem stieß gegen sein Trommelfell.

»Irgendwann setz ich dich vor die Tür«, zischte sie in sein Ohr.

Er schob sie von sich.

»Spinnst du?« sagte er, von ihrem giftigen Ton verblüfft.

Wie fixiert blieb sie, nur eine Armlänge entfernt, zu ihm gewandt sitzen.

»Dann kannst du bei Marina einziehen.«

(Marina und die Kleine sah er in dieser Zeit zwar wieder, aber nicht sehr oft.)

Sie blickten einander unverwandt ins Gesicht, bis er aufstand. Eine zerknautschte Zigarette auf dem Daumennagel wieder in Form klopfend, ging Gustaaf ans Fenster. Die Spannung im Raum war fast greifbar. Erst zwölf Tage später, als er einmal wirklich optimistisch nach Hause kam, sollte er begreifen, was er heute, in einem ganzen Spektrum von Nuancen, in ihrem Gesicht gesehen hatte.

Es stimmt, als es zu diesem scheußlichen Vorfall kam, hatte Atie nachts besonders schlecht geschlafen und fieberte wahrscheinlich auch leicht. Es geschah an einem Montag. Sie war nicht zur Tagestherapie gegangen, sondern hatte allein zu Hause bleiben wollen. Höflich wimmelte sie noch immer den Vorschlag ihres besorgten Mannes ab, eine Pflegerin einzustellen, die ihr morgens beim Duschen und beim Toilettengang helfen und auch abends noch kurz kommen konnte. Danke schön, ließ sie ihn wissen, er sei ein Engel, sie wisse die Sorgenfalte zwischen seinen Augen zu schätzen, aber vorerst wasche sie sich Möse und Hintern noch selbst. Als Gustaaf an jenem Montag gegen vier nach Hause kam, hatte sie einen schlechten Tag hinter sich und er einen ungewöhnlich guten.

Das hättest du sehen müssen, Atie! lag es ihm auf der Zunge, als er den Schlüssel ins Haustürschloss steckte. Wir sind mit den Plänen am Außendamm entlanggefahren, und was man sah, trotz des Nebels und trotz der See, die in den Waterweg rollte, war der zukünftige Europahafen!

Er rief. Sah den Lift unten am Treppengeländer hängen. Dennoch konnte er sie in den Erdgeschossräumen nicht finden. Er trat wieder in die Diele. Auf halber Höhe der Treppe standen ihre Tigerpantoffeln.

Sie selbst lag auf dem Boden oben im Flur, der an Marinas ehemaligem Zimmer vorbei zur Dachgeschosstreppe führte. Zu ihm aufblickend, mit jämmerlicher Stimme: »Was für ein Glück, dass du da bist! Ich muss so schrecklich dringend!« Sie juckelte mit dem Unterleib.

Nie würde er erfahren, warum sie, ohne den Lift zu benutzen, nach oben gegangen war, die erste Treppe hinauf und danach auch noch die Zwischentreppe zu dem Flur, den man mit dem Lift nicht erreichen konnte, und auch nicht, warum sie nicht im Sitzen die fünf Stufen dieser Zwischentreppe wieder hinuntergerutscht war, sich durch den Gang zum WC neben dem Badezimmer geschleppt und an der Toilettenschüssel hochgezogen hatte. Er wusste, das alles hatte sie schon einmal getan.

Und er wusste, was sie jetzt von ihm verlangte.

Es war warm im Haus. Er zog sein Jackett aus und warf es auf den Boden. Dann packte er sie an den Handgelenken, zog ihren Körper wie einen Sack Zement hoch, wobei er sich mit einem kleinen Aufwärtsschwung aus den Knien heraus umdrehte und seine Hände schnell zu ihren Ellbogen gleiten ließ.

»Geht's?« fragte er noch.

Keine Antwort. Worauf er mit dem Bewusstsein großer Gefahr reagierte. Einen Augenblick später hing sie, den Kopf an seinem Hals, über seinem Rücken. Mit dem Gefühl, am Rand einer Fallgrube zu stehen, postierte er sich oben an der Treppe und versuchte, das Gleichgewicht zu halten. Er hatte noch keine zwei Schritte gemacht, da ließ sie ihr Wasser laufen und biss zu.

Sie biss ihn, ja, und nicht nur leicht, nicht wie ein Kätzchen, sondern mit fest zuschnappenden Kiefern. Sein erstes Gefühl war nicht Schmerz, sondern Ungläubigkeit. Was ist das? Was ist denn jetzt los, verdammt?! Sie hatte die Zähne dicht über dem verschobenen Kragen seines Hemdes in den Nackenmuskel geschlagen und ließ trotz seines Protestschreis nicht los. Er ging weiter abwärts, es blieb ihm auch nichts anderes übrig, er stieg die Stufen hinunter, blutend, aber noch immer ohne nennenswerte Schmerzen. Sie knurrte mit vollem Mund. Ihr Gesicht konnte er in dieser Position nicht sehen, doch woran er sich später immer erinnern würde, war, wie sie ihn bei jener Attacke vor zwölf Tagen angeschaut hatte: traurig und begehrlich, hasserfüllt und verliebt, versöhnlich und rachsüchtig, ratlos, weil sie ihn so oder so verlieren würde, wütend auf ihn, wütend auf sich selbst, diesen kümmerlichen Inbegriff des Verfalls, vor allem jedoch wütend auf das, was sich ohne Erlaubnis von außen in ihr eingenistet hatte. Sie hätte ihr Haus zumauern können, so dicht sie wollte, es wäre hereingekommen, weiß der Himmel von wo, eine heimische Schlange auf der Jagd, die sich zusammengerollt hatte und blieb …

Er hatte gesehen, wie sie die Augen halb zukniff, bleicher denn je, kalt vor Wut.

10

Er hatte den Wecker gestellt, das Ding klingelte auch prompt um sieben. Manche Dinge *bleiben* einfach im Leben eines Menschen. Auch wenn sich der Prospekt der ganzen Bühne verschoben hat, du bist noch da, das sowieso, du liegst sogar recht bequem im Bett, zwar nicht im eigenen, aber immerhin. Auch der Schlaf, gerade der Schlaf, überlegst du dir jetzt, tief und gegen Morgen voller Träume, die, wie du hoffst, noch ein wenig verweilen werden, gehört zu den treuesten Sekundanten deiner Person, egal auf welcher Bühne, egal in welcher Welt. Noch einen Moment, dann stehst du auf, Zähne putzen, rasieren, Butterbrote und eine Tasse Kaffee: feste Stützpfeiler des Lebens. Danach steigst du in dein Auto, den unverwüstlichen Sechszylinder, und fährst in die Firma, deren Direktor du noch immer bist. Auch Doesburg bv steht da, als wäre nichts geschehen.

Gustaaf Doesburg wachte im Dunkel der möblierten Zweizimmerwohnung auf, in der er seit seinem Auszug wohnte. Er tastete, noch mit geschlossenen Augen, unter dem Bett. Etwas Neues, das ihm bereits zur Gewohnheit geworden war. Das Geschöpf, das da mit geschärften Sinnen lag und wartete, verstand sofort. Es kroch, den Rücken geschickt duckend, unter dem Bett hervor. Gustaaf knipste das Licht an, hob den Kopf und sah ein Tier mit schwarzbraunem Fell, das ihn, eine Armlänge entfernt, vor Erwartung zitternd anstarrte. Was um Himmels willen sollte er mit diesem Unglückstreffer, den er

72

am Abend seines Auszugs angefahren hatte? Aus der Dunkelheit der gepflegten Allee war ein Köter hervorgeschossen, der jaulend und mit den Pfoten schlagend vor die Scheinwerfer seines schräg auf der Straße zum Halten gekommenen Wagens geraten war. Er hatte gespürt, wie der Körper gegen das Blech knallte.

Er zündete sich eine Zigarette an. Neuerdings der Zeitpunkt für die erste des Tages. Er blickte in das dämmrige Zimmer – nicht ein Schatten seiner süßen, sanftfarbenen Träume war ihm geblieben – und wusste, dass er sich miserabel fühlen musste. Er hatte Atie seit seinem Auszug nicht mehr gesehen. Welche Qual, welcher Kummer, Herrgott, ja, wie schrecklich!, aber versuch das mal zu verstehen. Kummer ist so trügerisch. Was suchte er hier zwischen den blitzsauberen Laken seiner Vermieterin? Wozu lag er hier in einem ansonsten ordentlichen, standesgemäßen Raum, in dem es nach Tabakrauch und Hund stank, Typ Mülltonnenbouvier? Tieftraurig nahm er einen Zug aus seiner Zigarette, blickte zur Seite, sah den Hund, dachte: In einer fremden Welt ist man am besten unter Fremden, man versteht einander so viel besser, und blickte wieder ins Nichts. Die Realität ist diese, keine andere.

Er begann, an die andere zu denken.

Wahnsinn und Nicht-Wahnsinn hatten sich umeinander gedreht wie Zwillingsschwestern, einander zugewandt und voneinander abgekehrt. Sie auseinanderzuhalten war unmöglich. Sie in den Griff zu bekommen ebenso. Wahnsinn ist höchst ansteckend (Nicht-Wahnsinn übrigens auch). Der Morgen, an dem er in die Eikenbroucklaan zog, war ein schöner, stiller Wintermorgen mit einer sehr zärtlichen Atie gewesen. Er selbst war ergeben, abgestumpft bis auf die Knochen. Beide hatten sie sich, das steht für ihn fest, in einem Zustand völliger geistiger Verwirrung befunden.

Sie hatte mit einem Stapel Kissen im Rücken im Bett gesessen, neben ihr einen seiner Koffer, sie packte ihn gerade.

»Wirf's mir einfach zu«, sagte sie.

Unterhosen und Schlafanzüge hatte sie bereits zu kleinen Stapeln zusammengelegt, jetzt faltete sie die Oberhemden, die er von den Kleiderbügeln nahm, schob seine Krawatten an die Seitenwände des Koffers und öffnete den Reißverschluss des oberen Fachs.

»Dein Morgenmantel«, sagte sie und sah auf, sehr wohl wissend, dass sie sein Alles war, seine Welt.

Dies war sichtlich einer ihrer guten Tage. Ein sehr guter sogar, wenn er an die schrecklichen Dezemberfeiertage zurückdachte, die eine Abfolge von Kopfschmerzen und ein paar Krampfanfällen gewesen waren, die stark an Epilepsie erinnerten, es aber laut einer sofort vorgenommenen Untersuchung nicht waren. Das Haus war ungemütlich voll gewesen. Alle Söhne am ersten Weihnachtstag da, Kaspar und Wijnand mit ihren festen Freundinnen. Er, Gustaaf, hatte sich zusammen mit Luuk und einer der zukünftigen Schwiegertöchter um das Weihnachtsessen gekümmert.

Und Atie. Wieder daheim nach zwei Tagen Krankenhaus. Höchst überflüssigerweise hatte sie ihm zum drittenmal vorgehalten, was ihr neuer Arzt, ein As, an den sie glaubte, einfach, schlicht und einfach *glaubte* – Gustaaf, ist das denn so schwer zu kapieren? … ist es so schwer, ganz kurz, und sei es nur für eine Sekunde, die Wahrheit zu kapieren? – ihr verordnet hatte.

Absolute Ruhe und Stille.

»Absolut?« hatte er bissig wiederholt, weil ihm sofort klar war, worauf es hinauslief.

Jetzt war er also tatsächlich dabei, seine Sachen zu packen, assistiert von einer unglaublich sorgsamen Atie, die tat, als würde sie, die Ehefrau, die Liebste, nun für immer dieses Lied singen, das in ihrer Lütticher Familie sehr bekannte, tief empfundene, herzzerreißende Kriegslied »J'attendrai …« Sehr schön, ja. Aber *wer* hatte gestern bei dieser Studentenfirma angerufen, die prompt, keine Stunde später, mit teuflischem Eifer seinen Stuhl zur neuen Adresse transportierte?

»Willst du das mitnehmen?«

Sie wieder. Sie deutete zur Seite, nach rechts, und sah ihn an. Warum so naiv neugierig? Warum, als würde sie ihn nicht durch und durch kennen?

Diese Miene damals, im Licht der Bettlampen, dachte er.

Sie hatte auf eines der Fotos an der Wand gedeutet (Schießbude auf dem Jahrmarkt, ihre Gesichter dicht beieinander, Ewigkeiten her, er schießt, sie strahlt).

Er hatte einen kurzen Blick darauf geworfen, nicht geantwortet, sondern ein letztes Hemd vom Bügel gezogen und ihr zugeworfen, ruhig, absichtlich ins Gesicht. Sie drückte es sich an Nase und Mund, schnupperte ausgiebig und legte es zusammen.

Während er den Koffer nach unten schleppte, glitt sie in ihrem Lift neben ihm hinunter.

»Noch schnell einen Kaffee?«

Sie. Im Ton von: Alles wird wieder gut zwischen uns, bestimmt.

Als er vom Küchentisch aufstand, wollte sie, dass er ihr den Persianermantel von der Garderobe holte. Sie rollte hinter ihm her in den Flur.

Draußen vor der offenen Haustür schaute sie zu, wie er sein Gepäck einlud. Zwei Koffer, ein paar Kartons. Sie winkte überschwenglich, als er den Kofferraumdeckel zuwarf, und noch einmal, schwach, als er sich hinter dem Lenkrad bei bereits laufendem Motor zum Seitenfenster beugte, um zu schauen, ob sie da noch immer saß, zusammengekauert unter ihrem Persianer, blass in der morgendlichen Kälte … Götterfigur, Götzenfigur … Etwas trieb ihn dazu, Vollgas zu geben.

Abends, an der verlassenen Ecke Brandtlaan/Eikenbrouck-laan, nach einem Besuch im Kroeg van Tina, aber keineswegs beeinträchtigt, jedenfalls nicht vom Alkohol, fuhr er den Hund an. Im Scheinwerferlicht hatten das Tier und er einander in die Augen geschaut, jeder der eigenen Natur entsprechend zu Tode erschrocken. Er kniete auf der Straße, der Hund lag auf dem Rücken und machte mit aller Kraft Rabatz, womit er aber sofort aufhörte, als Gustaaf ihn auf die Rückbank legte.

»Wie konntest du nur so dumm sein«, hatte er gemurmelt, erst im allgemeinen, dann zum Hund, der ihm alt erschien, ein erfahrener Stadtstreicher, der doch wirklich hätte wissen können, wie solche Situationen zu vermeiden waren. Zu Hause beziehungsweise in dem Durcheinander seiner neuen Behausung hatte er die Verletzungen untersucht.

»Tut mir leid, Kumpel, aber ich habe hier kein Jod.«

Es schien weniger schlimm als befürchtet.

11

Diesmal erwartete ihn, als er nach Hause kam, außer der normalen Post noch ein anderer Brief auf dem Tischchen im Flur. Er jagte den Hund, den er wie immer zur Arbeit mitgenommen hatte, die Treppe hinauf und folgte ihm wütend, felsenfest entschlossen, diesen einen Brief nie zu lesen. Überall auf der Welt erkennt man den Umschlag eines Anwalts.

Der kleine Kühlschrank in der Küchenecke schien wie zugeklebt. Er musste Kraft anwenden, bevor die Tür mit einem saugenden Schmatzen aufflog. Ich kann mich noch immer besaufen, dachte er kläglich nach einem Blick auf die Geneverflasche, und nahm dann doch nur ein Bier. Der Hund stand nachdrücklich hechelnd neben ihm, er gab ihm Wasser, schielte zu den Briefen auf dem Tisch, lauschte dem Geschlabber, schaute hinaus, Tannen, Atie mochte ihre Ewigkeit nicht, und zuckte mit den Achseln.

Jeder kennt seine Post so ungefähr. Die Post öffnen heißt, seine Selbsterkenntnis öffnen. Kontoauszüge, Steuerbescheide, Strafzettel, Rechnungen, er goss sich das Glas voll und sah befriedigt, dass sich unter den Rechnungen wieder zwei hohe Honorarforderungen von Fachärzten befanden. Derzeit der einzige verbliebene Kontakt zu Atie. Er las sie interessiert wie Zeitungsmeldungen, wie Berichte. Wo sie gewesen war. Was man bei ihr gemacht hatte. Wen sie konsultiert hatte und zu welchem gepfefferten Honorar, das häufig nicht von der Versicherung erstattet wurde. Dass sie bereits begonnen hatte, ihn zu ruinieren, schleichend und mit seinem achtlosen Einverständnis, dessen war er sich in dieser Phase seiner Selbsterkenntnis noch nicht bewusst.

Er bürstete gerade den Hund, als das Telefon klingelte. Es war Marina. Er hörte es bereits, bevor sie sprach, an ihrem Atem. Marinas Telefonatem klang, als wäre sie gerade nach Hause gekommen und, noch im Mantel, zum Apparat geeilt.

»Marina hier!«

»Hallo, Marina.«

»Wie fandst du denn die Fotos?!«

Gestern hatte in der Post ein Brief mit zwei verdammt süßen Aufnahmen eines kleinen Mädchens mit kurzen goldenen Locken gelegen, Dittie, im Standesamt bekannt unter dem Namen Edith Carolien Doesburg. Vorige Woche war sie zwei geworden. Gustaaf hatte ihr mit einem in hellblaues Papier verpackten Teddybär gratuliert und dabei zum x-tenmal über die Kinderleichtigkeit seines kleinen Nachkömmlings gestaunt, das Federgewicht auf seinem Arm, das weite karierte Kleidchen, ihr ernsthaftes Gefummel an den Kugelschreibern in seiner Brusttasche, Fingerchen wie Pinzetten, natürlich nannte sie ihn Papa.

»*Sehr* hübsch.«

»Und – was meinst du?«

In dem Brief hatte Marina vorgeschlagen (oder angeboten, die Nuance blieb offen), sie könnten sich nächste Woche, wenn ihre Schwester zu Besuch kam, mal wieder an einem ruhigen Ort treffen und reden.

»Gustaaf?«

»Ja, ja, ich höre …«

Er versuchte sich vorzustellen, worüber sie während des Essens wohl mit ihm sprechen wollte. Über die Unterhaltszahlungen, die Wohnung? Sie hatte Interesse an dem Hund bekundet (man darf ein Kind nicht ohne Hund aufwachsen lassen).

»Wie geht es Atie?« fragte Marina jetzt unvermittelt, und er spürte, wie es sich zwischen ihnen aufklärte, aufhellte. Natürlich. Atie war der Umstand, der sie verband, der Boden, der Sumpf, aus dem er und sie als Duo herausgewachsen waren und bis heute weitervegetierten.

Er blickte auf die Post auf dem Tisch.

»Sie will sich scheiden lassen«, sagte er.

»Oh …«

»Ja.«

»Ach herrje …«

In der darauffolgenden kurzen Pause dachte er, während er Marinas Telefonatem lauschte, an den Faktor, den Lebensumstand, der für sie beide Atie hieß, eine gelähmte Frau, die mit einem Gesicht voll ratloser, tollkühner Hoffnung zwischen Krankenhäusern und Rechtsanwälten hin und her eilte. Er tastete nach seiner Brusttasche. Doch seine Zigaretten lagen unerreichbar auf dem Tisch. Er dachte an die Geneverflasche im Kühlschrank, beschloss, gleich ein mittelgroßes Glas mit flachem Boden zu nehmen, eigentlich für Whisky gedacht, schauderte, lächelte und dachte an jenes Mal, das es nie gegeben hatte, nicht, soweit er wusste, als er seine Hand auf Marinas gebogene Wirbelsäule gelegt und die Finger unter den Spitzensaum ihres Höschens hatte gleiten lassen.

»Warum nicht heute abend«, kam ihre Stimme, als könne sie Gedanken lesen. Und, mit der praktischen Ruhe, die Frauen noch unter den pikantesten Umständen bewahren können: »Ich bitte die Nachbarin, ob sie mal kurz aufpassen kann.«

Seine Augen schweiften ab zum Hund.

»Mal kurz …« wiederholte er nachdenklich und empfand eine nicht einmal so unangenehme Verwandtschaft mit dem Racker, dem Faulenzer, der mit einem Blick im Sinne von: Mann, hab *ich* ein Schwein gehabt in meinem Leben! wie ein Lumpen auf dem Teppich lag, alle viere von sich gestreckt.

Im Hörer plätscherte es fröhlich.

»Oh, die bleibt schon auf dem Posten, bis wir sie ablösen!«

12

Etwas Gewaltigem, das einen von allen Seiten her zermalmt, wie kann man dem anders begegnen, als indem man ihm seinerseits gewaltig eins draufgibt?

Sie ließ nicht locker. Wie sie und er es im folgenden schafften, ihr Leben völlig auf den Kopf zu stellen, ohne wie seit eh und je gemeinsam zu beratschlagen (sie gewöhnlich beiläufig, aber fordernd, er den Knoten durchhauend), mag wie ein Wunder erscheinen, ist es aber nicht. Die Ehe von Gustaaf Doesburg und Atie Maas wurde am 4. Juli 1963 vom Amtsrichter in Rotterdam geschieden. Alles deutet darauf hin, dass während ihres vollkommen ungerührten letzten Gesprächs, das von zwei Rechtsanwälten geleitet wurde, die Ehegatten sich über die finanzielle Abwicklung ihrer Scheidung völlig einig waren. Das große Haus an der Mathenesserlaan wurde verkauft, die Hypothek abgelöst. Sie, Atie, konnte danach die merkwürdige kleine Wohnung kaufen, die sie sich unbegreiflicherweise in den Kopf gesetzt hatte. Gustaaf, der mit zwei Unterhaltszahlungen finanziell schwer belastet war, durfte über den Rest des Erlöses verfügen.

Ob sie da schon wusste, dass er, der Ex, diesen als Mitgift für sie anlegen würde?

Kurz vor Weihnachten zogen er, Marina, Dittie und der Hund in eine Mietwohnung im ersten und zweiten Stock im Zeeheldenkwartier, einem Viertel mit sanierten Bruchbuden, Betonbalkonen und Hintergärten. Gar nicht so schlecht. Zu diesem Zeitpunkt war bereits klar, dass Atie vollkommen damit einverstanden war, dass ihre Söhne die gute Beziehung zu ihrem Vater intakt halten wollten. Barmherzig von ihr und liebevoll den Söhnen gegenüber, schon wahr, dagegen lässt sich nichts einwenden. Außer vielleicht, dass die Jungen sich mit *einer* eisernen Bedingung einverstanden erklären mussten, die ihn, Gustaaf, betraf.

Ob sie denn überhaupt eine Vorstellung habe, fragte er sie in Gedanken, von dem idiotischen Gesprächston, den er und die Jungs entwickeln mussten, damit das, was sie verboten hatte, sich mit dem, womit sie einverstanden war, unter einen Hut bringen ließ? Examensfeiern, Geburtstage, sie trafen sich auch in der Kneipe: Über dich, Atie, wurde nur verklausuliert gesprochen! Drei der Jungs, auf dem Weg, die vorzüglichen Akademiker zu werden, die sie mittlerweile auch sind, schienen damit kaum Probleme zu haben. Wir liefern Papa keine Fakten. Nur Luuk konnte ihn manchmal sehr merkwürdig anstarren. Eine Zeitlang war er der Schweiger unter den vier Brüdern.

»Wie geht es Mama?« begann Gustaaf ihn zu fragen.

»Im Moment wieder etwas besser«, begann Luuk zu antworten.

Da war das Zimmer bereits blau vor Rauch. Da waren Luuk und Marina bereits dabei, die Flaschen und Gläser in die Küche zu bringen, die Aschenbecher zu leeren und die Stühle wieder an ihren Platz zu stellen, während er aus dem Fenster blickte.

Sein fünfundfünfzigster Geburtstag. Alle Söhne waren mit Anhang gekommen, Luuk, als einziger noch ohne feste Freundin, war mit Wissen seiner Brüder noch für ein kleines Gespräch mit Papa geblieben.

»Ich mach's mal kurz auf, ja?«

Marina langte an ihm vorbei, um das Fenster zu den nacht-
frischen Hintergärten zu öffnen.

»Ja, wie geht es ihr?« fragte sie dann, als er und Luuk sich
doch noch mal mit einem kalten Bier hingesetzt hatten.

Er sah Luuk voller Interesse an, der nicht sofort antwortete.

Marina: »Geht sie noch immer zu diesem Arzt in Baden-
Baden?«

Sie war entspannt ihnen gegenüber aufs Sofa geschlüpft
und schlug die schlanken Knöchel übereinander.

Auch jetzt waren es wieder angenehme Stunden gewesen,
in denen es allenfalls etwas stärker als sonst diesen Unterton,
dieses andauernde Brummen einer Spannung gegeben hatte,
das einen fast unmerklich verrückt machen kann. Denn im
Mittelpunkt ihrer Geselligkeit hatte sich, wie immer, ein reg-
loses, intensiv schweigendes und intensiv krankes Persönchen
befunden.

Marina, munter: »Für diese Kur?«

Gustaaf starrte jetzt über sie hinweg auf die Wand. Ganz
richtig. Sollte sie nur wieder das Wort führen. Er wusste schon
lange, dass es Luuk am leichtesten fiel, auf dem Umweg über
sie mit ihm über Atie zu sprechen.

»Ja«, antwortete Luuk, wechselte die Sitzposition und gewann dadurch gleichsam etwas mehr Lockerheit. Gustaaf
bekam einen begeisterten Bericht über den äußerst seltenen
Stoff zu hören, der Atie in diesem Moment in einer Baden-
Badener Klinik intravenös verabreicht wurde. Als gehörte er
nicht dazu, nicht zu diesen beiden, lauschte er beifällig.

Marina: »Muss sie da lange bleiben?«

»Eine ganze Weile, aber das macht nichts, ich war bei ihr,
und …«

Wie schön Geld doch sein kann, wie wunderbar ein ausreichender Kontostand! sinnierte derweil Gustaaf, während er vernahm, dass die Klinik dort mit Aussicht auf den Westhang des Berges Merkur erbaut worden war. Zufrieden dem Gespräch zwischen Marina und Luuk lauschend, blickte er über sie hinweg. Aus dem Schattenspiel an der Wand tauchte die Gestalt Aties auf, wie sie in einem hohen Bett mit Blick auf schneeweiße Bergkämme lag und hartnäckig beabsichtigte, zu genesen.

»Ich gebe dir recht«, sinnierte er weiter, in ihr Ohr flüsternd. »Ich bin unter dem finanziellen Aspekt hundertprozentig damit einverstanden. Ein anderer Aspekt ist nicht relevant, so hat das Schicksal es bestimmt, darüber sprechen wir also gar nicht erst. Gott sei Dank gibt es auf dieser Welt noch immer das flexible, freundliche, gutgläubige Geld. Nach unserer Häusertransaktion habe ich den übriggebliebenen Betrag wirklich sehr klug für dich angelegt. Geld kann sein, was es will. In unserem Fall, Atie: eine phantastische, aber äußerst solide Realität zwischen dir und mir, wenn du mit deiner Pflegerin ins Flugzeug steigst, um bei einem Neurologen in Los Angeles, einem Quacksalber in New York oder einem ayurvedischen Schwätzer in Indien Heilung zu finden. Überall, überall, Atie, bin ich bei dir mit meinen Überweisungen!«

»Wie kommen sie da ran?« hörte er Marina fragen.

»An das Zeug?«

»Ja.«

Er verlagerte seinen Blick von der Wand zum Hund, der griesgrämig in einer Zimmerecke lag, mittlerweile sehr alt. Interessiert vernahm er, dass man diese Unsummen verschlingende experimentelle Medizin aus dem gereinigten Blut von Spendern destillierte. Er erfuhr, dass das Zeug manchmal wundersame Nebenwirkungen verursachte.

»Zum Beispiel?« fragte Marina.

»Heftige Anfälle von Freude«, sagte Luuk, worauf beide erleichtert, mit zurückgeworfenem Kopf, loslachten.

Er jedoch wandte den Kopf ab, um sich in einen solchen Moment puren Glücks hineinzudenken, einen solchen Supermoment, von dem man gar nicht wusste, dass es ihn in diesem Leben geben konnte. Ah, Atie hat endlich alles im Griff, eine medizinische Perspektive, Liebe für all ihre Liebsten, einschließlich seiner Person! Ihre tiefe, stockende Stimme ist auf einmal wieder flott, ihr Bett ist ein Luftschiff und saust aus dem Fenster zu einem schneeweißen Gebirge, danach in die bläuliche Ferne darüber.

Es wurde frisch im Zimmer. Als Marina aufstand, um das Fenster zu schließen, sah er ihr dösig nach, verliebt in die Frau mit dem schönsten bauernhundblonden Haar, den unbekümmertsten Augen, dem glücklichsten Lachen der Welt.

13

Er weiß nicht, wie er die vor ihm liegenden Meter überwin-
den soll. Der Sarg ist aus Kiefernholz, wie der Tisch, auf dem
er steht. Ein sauber gehobeltes und lackiertes Ensemble auf
einem verregneten Hinterhof. Weil der Himmel sich wieder
völlig bezogen hat, ging einer seiner Söhne eine Butangaslampe holen und hat sie neben das Kopfende gestellt, die
Flamme voll aufgedreht. Der rasende weiße Fächer wirft einen
grellen Lichtkreis. Ohne genau hinzuschauen, merkt er doch,
dass der Sarg innen mit einer Art Brautjungfersatin ausgeklei-
det ist, silberweiß. Sein Herz schlägt wild gegen seine Luftröhre. Er kann sich nicht vorstellen, dass sie es ist, die da steif
wie ein Gegenstand vor ihm liegt, zur Ansicht bereit.

Er geht um den Sarg herum. Mit dem Rücken zu den Söhnen streckt er einen Arm aus. Seine Finger berühren die grau
gewordenen Haare, die ordentlich gekämmt und bis knapp
unterhalb des Kinns abgeschnitten sind. Wer hat sie schön-
gemacht für ihren Tod? Die Frauen der vier nachgiebigen jungen Männer, die sich jetzt ganz in den Schatten des Innenhofs
zurückgezogen haben? Um ihn allein zu lassen mit ihr, während sie sie aber doch verschämt noch ein bisschen bewachen?
Die Frauen haben sie in eine elegante Hose und Bluse gesteckt
und ihr ein großgeblümtes Tuch über Schultern und Arme gelegt. In äußerster Verwirrung blickt er ihr jetzt ins Gesicht.
Stirn, Nase, Augenbrauen, Wangen, Lippen. Er müsste dieses
Gesicht kennen. Kannte er sie nicht alle, wirklich alle seit ihrer

ersten Begegnung? Er könnte sie … ja, was nicht alles … könnte sie zeichnen. Welches deiner Gesichter, Atie, ist dieses wohl?!

Die Butangaslampe zischt böse.

»Sie hat immer noch geschaut, Papa«, hat Luuk ihm gestern erzählt. »Sie behielt einfach die Augen weiter offen.«

Wenn er die zarten Lider jetzt vorsichtig hochschöbe, würden ihre weiß-hellgrünen Augäpfel ihn dann nicht direkt wie immer ansehen? Ihn fragen, was hier um Himmels willen los sei? Doch irgendwie ungehalten wegen des merkwürdigen Tamtams?

Er lehnt sich leicht an den Tisch, minutenlang, ewig lang. Der Abend umfängt ihn. Der Abend, der zu dem Häuschen gehört, in dem sie allein wohnen wollte. Sein Herz schlägt wieder normal. Sogar anormal normal. Er ist hier, und er hat alle Zeit der Welt. Zeit genug, einfach nicht zu glauben, dass Atie vor Jahren hier angerückt ist. Sich dies hier, diesen verregneten kleinen Hof, diese unsichtbare Katze, diese jämmerliche Lampe hinter der Scheibe ihres Schlafzimmerfensters in den Kopf gesetzt hat! Es gibt Dinge, die glaubt man nicht, aus verdammt guten Gründen, obwohl man doch aus erster Hand weiß: Sie kam im Krankenwagen hierher. Und zehn zu eins mit dieser unterkühlten Miene, mit der sie Situationen immer so schön herunterspielen konnte. Ist ja gut, lieber Gott, alles furchtbar, aber die Welt geht davon nicht unter … Atie hatte es fertiggebracht, bereits im selben Monat umzuziehen, in dem ihre Ehe vom Amtsrichter in Rotterdam geschieden wurde. Anfang Juli also. Seine Söhne berichteten ihm, es sei ihr die ganze Woche sehr schlecht gegangen, doch bei der Ankunft in ihrem neuen Zuhause habe sie sehr zufrieden gewirkt.

So ein langer Frühsommertag. Söhne und Schwiegertöchter haben den spärlichen Hausrat, für den Platz in der kleinen Wohnung war, in einen Lieferwagen geladen. In Gesellschaft der Pflegerin, die ihr schon damals auf Abruf zur Verfügung stand, hat Atie in dem immer hohler klingenden herrschaftlichen Haus bis zum Abend gewartet. Dann ist Kaspar mit der Nachricht gekommen, in der neuen Wohnung sei alles bereit. Beim Licht der ersten Laternen sind die Nachbarn aus ihren Häusern gelaufen, um die Ankunft der neuen Bewohnerin mitzuerleben. Deren noch immer dichtes Haar lag ausgebreitet neben ihrem Kopf (das wusste er genau, auch im Bett schlief sie nicht gern auf dieser dicken Mähne), die Enden flossen über die Ränder der Trage. Zwei Krankenpfleger. Der kleine Körper lag deutlich zuckend unter einer weißen Decke und war zusätzlich mit ein paar Riemen festgeschnallt. Während sie hochschaute zum Abendhimmel, an dem bereits ein paar Sterne blinkten, muss sie sich gesagt haben: prima. Hier bleibe ich für den Rest meines Lebens. In einer Lichtpfütze an der Tür hat die Familie auf sie gewartet, man konnte den Kaffee schon riechen …

Wie ist es möglich.

Gustaaf blickt auf das völlig faltenlose Gesicht, das seine Schwiegertöchter ohne auch nur einen Hauch Schminke ganz weiß gelassen haben. Fanden sie, das passe zu ihr? Es heißt manchmal, dass man immer derjenige sei, der man mal werden wird. Woran er überhaupt nicht glaubt. Von allen Personen, die in einem Menschen wohnen, treten nur einige wenige ins Rampenlicht, schlicht und einfach aufgrund mangelnden Raums und mangelnder Zeit im Leben, und welche es sind, weiß man vorher nie. Als du deinen Söhnen eindringlich versichert hast, Atie, weiterhin zu ihnen zu gehören, aber nicht, nicht einmal durch einen Schritt, durch einen kleinen Bericht, zu mir, warst du da auch so schneeweiß, so kreidebleich und dazu so … ja, so nett, ein bisschen verlegen?

Gustaaf blickt fassungslos auf eine erstarrte, milde Atie, mild in einer Version, die er nicht an ihr kennt.

Dicke Regentropfen klatschen jetzt ohne einleitendes Geniesel herab. Damit einher gehen Windstöße. Der Abend scheint wild werden zu wollen. Auf den Nachbargrundstücken fallen Gegenstände um oder rollen davon. Es regnet bereits in voller Stärke. Kaspar, Wijnand, Jan und Luuk sind herbeigestürzt. Hastig schieben sie den Sarg an den Tischrand und fassen die Tragegriffe.

»Es wird gleich regnen, Papa«, haben sie vorhin schon gesagt, aber Gustaaf hatte nicht auf sie gehört. Völlig gedankenverloren hatte er unverwandt auf eine Atie gestarrt, die er nicht kannte. Dass eine Verstorbene während der ersten vierundzwanzig Stunden ihres Todes alle Gesichter annehmen kann, die sie während ihres Lebens und direkt danach besessen hat, ist eine bekannte Tatsache, doch er weiß es nicht. Im Moment schaut sie lieb, heute nacht kann sie mit einem hässlichen Grinsen wütend daliegen.

»Papa, es kann jeden Augenblick wieder losgehen!«

Eine ärgerliche Hand auf seiner Schulter. Er kümmert sich nicht darum. Lass es nur regnen, lass es nur schütten! Du bist tot, Atie, und ich lebe. Das ist das Problem, ob wir nun beide patschnass werden oder nicht. Im Licht der Gaslampe lassen Kaspar, Jan, Wijnand und Luuk den Sarg sinken, greifen um, bis sie ihn wieder richtig zu fassen bekommen, und gehen davon.

Wieder das Herumlaborieren am Tor.

»Bisschen nach links.«

»Verdammter Mist!«

»Jetzt mach schon. Immer du!«

Dann ist der Trauerzug durch. Unter einem sich bös gebärdenden Himmel wird Atie jetzt mit dem Kopf voran im Laufschritt durch die Gasse ins Haus zurückgebracht. Ihr Kopf und Oberkörper sind von Gustaafs Regenjacke und Jackett bedeckt, der, halb rückwärts gewandt, vorneweg läuft. An der Haustür heißt es auf einmal halt!, und ein vielsagender Blick wird zwischen Vater und Söhnen gewechselt.

Zwischen dem Goudsesingel und dem Anfang des noch aus der Vorkriegszeit stammenden kleinen Viertels gibt es ein Stück nutzlosen Bürgersteig. Dort steht neben einem Laternenpfahl eine Bank. Während der Regen in Kübeln vom Himmel herabstürzt, sitzt dort ein Mann in Hemdsärmeln und malt sich aus, wie er mit seiner Frau auf einer anderen Bank sitzt, an einem anderen Ort, und nicht im Regen, sondern in der Sonne. Stell dir vor, Atie, argumentiert er: halb zehn, ein Sommerabend in Hoek. Wir sitzen vor unserem Haus und schauen auf den Waterweg, der vom Licht der über dem Meer untergehenden Sonne überflutet wird. Dieses Licht ist überall um uns herum und ist sogar in die Gehwegplatten der zur Straße abfallenden Böschung gezogen. Vom Bahnhof auf der anderen Seite kommt das Pfeifen eines abfahrenden Zugs. Er fährt über Maassluis nach Rotterdam. Wie gut, dass wir hier geblieben sind. Du mochtest es immer, morgens durch das Schlafzimmerfenster den Schiffen zuzuschauen. Du liebtest es auch, am Strand spazierenzugehen und in die Bunker des Atlantikwalls hinunterzusteigen. Ich denke an die simpelsten Dinge, das Brot in deiner Hand, deine Röcke, deine Blusen. Du weißt, dass ich nicht metaphysisch veranlagt bin. Trotz-

dem würde ich gern wissen, was du mir gerade, kaum tot, fast
noch lebend, so lieb, heimlich von jenseits der Grenze hast zu-
funken wollen.

Es wird die ganze Nacht über weiterregnen. Den Mann
stört es nicht. Es ist bereits nach drei, als aus einem schräg gegenüber liegenden kleinen Haus ein junger Mann die Straße
überquert und sich neben ihn setzt.

II

Sein jämmerliches Weibsstück

1

Dann schlafe ich ein. Und kurz davor, auf der Schwelle, weiß ich es oft für einen Moment. Ich bin nicht normal. Mein Geist ist der Geist einer Verrückten. Hilfe! Denn das Problem beim Verrücktsein ist, dass man es ist, dass es der Kern deiner Persönlichkeit ist, für dich so selbstverständlich wie der gesunde Menschenverstand für einen nichtpsychopathischen Mitmenschen. Lieber Gott, steh mir bei! lautet daher das Stoßgebet, das ich aus tiefster Seele nach oben schicke, wenn ich todmüde ins Bett falle und fast im selben Moment das Bewusstsein verliere. Ich schlafe, sobald ich mein Kopfkissen spüre. Ich träume nie. Dennoch verstreicht eine beträchtliche Zeit. Das weiß ich, wenn ich in aller Friedlichkeit morgens erwache und sofort den vertrauten Drang verspüre, die Tyrannei, die sich meiner Meinung nach kaum von der Tyrannei unterscheidet, die den Konzertpianisten zu seinem Flügel treibt, den Topsportler zu seinem Rennrad, den Spieler ins Kasino. Hellwach bleibe ich noch ein wenig liegen und betrachte die Vorhänge, hinter denen die Sonne aufgeht, und spüre – gleichzeitig mit der Frage, die wie eine Feder in meinem Körper steckt –, wie eine gewaltige Lebenslust sich in mir regt.

Wo ist er in diesem Moment? Wo kann ich ihn finden?

Und ich stehe auf, um meinen Tag zu beginnen. Ganz normal, wie jeder arbeitende Mensch zu dieser Stunde in dieser Stadt. Ich bin eine Frau, die funktioniert, kein Krankheitsfall. Ich bin Junggesellin, kurz vor Vierzig, qualifizierte Teil-zeitlehrkraft für klassische Sprachen mit intaktem Gebiss, dickem haselnussbraunem Haar, seitlich gescheitelt, kleinen Händen und Füßen, kleinem Busen, und ich messe eins acht-undsechzig.

Ich war immer gehemmt und schüchtern.

Ihn schätze ich auf eins fünfundneunzig. Ein kräftiger Mann, den ich zum erstenmal in dem Café gesehen habe, des-sen Name vom Volumen her gut zu ihm passt, an der Ecke Prins Hendrikkade und Nieuwezijds Voorburgwal. Das halb abgesackte Etablissement, in dem sie noch Sand auf den Fuß-boden streuen, hieß früher Het Visje, wurde nach dem Krieg aber in De Bootwerker umgetauft.

Bevor ich es vergesse, er ist verheiratet und Vater zweier Kin-der. Sein Name: Luuk Doesburg.

Wie es anfing? Wie es anfangen *konnte*, verdammt noch mal, patschbumm! ein Mann und eine Frau, gefangen in einer tragischen Liebesbeziehung? Auf jeden Fall mit drei Tagen Sturm. Das waren die atmosphärischen Begleitumstände. Ein harter Südwestwind, den ich schon seit dem Freitag davor er-freut hatte toben hören. In dieser Stadt weigert man sich, ent-sprechende Kleidung zu tragen. Die Menschen, die ich von meinem Zimmer im zweiten Stock hatte vorbeigehen sehen, kamen mir ernster vor als gewöhnlich, realistischer und auch ein ganzes Stück tiefsinniger. Sie sahen aus, als dächten sie über ihre Memoiren nach. Ich arbeitete zu dem Zeitpunkt an einer Studie über die Hölle und den Himmel. Merkwürdig, wie die Seele, dieses prekäre Ding, mich schon seit Tagen an meinen Schreibtisch zu binden verstand. Ich betrachtete es – in meinem Geist lag es wie ein zerzaustes Häufchen Feder-

vieh auf einer schweren geeichten Waage –, dachte mir das
Meine und schrieb es nieder. Ich hatte vor, noch zu promovieren.

An jenem Montag wollte ich also hinaus. Genug drinnen
gehockt. Ich begann bereits, auf meine Kinder einzureden,
die Schätzchen aus der 1 B, deren geachtete und beliebte Men-
torin ich bin. Stellt euch mal vor, Kinder, murmelte ich vor
mich hin, wie es wäre, wenn euer ganzes Schicksal von einem
grässlichen kleinen, aber teuflisch schweren Männchen bestimmt wird, das euren Namen trägt und es vom Gewicht
her mit einem anderen schweren Kerlchen aufnehmen muss.
Wenn eures schwerer ist als sein Gegenspieler, dann siegt
dieser, und ihr geht zugrunde, ihr geht ein für allemal zum
Teufel, da hilft kein Jammern und kein Klagen, und wenn
ihr noch so brav und lieb wart. Euer Unglücksmännchen war
schwerer, das ist das Kriterium, und nichts anderes! Faszinie-
rend, nicht wahr?

Ich stand auf und schob meinen Stuhl an den Tisch, Sitz-
fläche darunter, das hat immer etwas Endgültiges. Als ich ins
Freie trat, hatte der Wind sich gerade kurz gelegt, aber die
tief hängenden Wolken machten auch mein Inneres auf einen
Schlag interessanter, zu allem fähig. Oh, dieser Himmel! Bereit, aufzubrechen und den Südwestwind wieder auf die Stadt
loszulassen, feucht und salzgesättigt! Im Bewusstsein, alles
mögliche in meinem Leben nachholen zu müssen, steuerte ich
das Café De Bootwerker an. Ein ruhiger Ort mitten im Stadt-
trubel, den ich oft aufsuche. Ein uraltes Stück Innenstadt in
der Nähe der Häfen und des Bahnhofs, das sich kaum verändert hat, seit man hier vor Hunderten von Jahren die halben
Zwiebelringe der hochmütigsten Stadterweiterung anzulegen
begann, die es in Europa je gegeben hat, wurde doch auf dem

Basismoor gebaut, anhand dessen man jetzt, sofern man nur tief genug gräbt, statistisch errechnen kann, wann der rasch steigende Meeresspiegel diese Stadt vollständig in Wasser und Schlamm wird ertrinken lassen.

Soll ich erklären, weshalb ich von diesen geologischen Fakten erzähle?

Ich erzähle von ihnen, weil sie etwas mit dem kräftig gebauten Mann zu tun haben, der mich von seinem Tisch aus ungehobelt anglotzte, als ich das Café betrat. Ich erzähle von ihnen, weil ich, als ich das bemerkte, kurz erschauerte.

Stämmig, handfest also. Er hatte hellblaue Augen, weizenfarbenes, hinter die Ohren gekämmtes Haar, und er hatte, wie ich bald merken sollte, eine schleppende, vornehme Stimme, die etwas Gutherziges in mir freisetzte, das mich ungewöhnlich sanft mir selbst gegenüber stimmte. Hellblaue Augen sagen an sich nicht viel. Diese, etwas vorstehend, sollten in den folgenden Jahren durch ihren Ausdruck, wehrlos wie bei einem kleinen Jungen, eine mit einer unbestimmten Art Mütterlichkeit gemischte Rührung in mir auslösen, in Momenten, in denen er müde war und sich somit seiner selbst nicht bewusst. Ich erzähle das nicht aus Schwärmerei.

Es war voll in dem Lokal, voll, aber nicht, was man turbulent nennt. Im Dunst von feuchter Kleidung, Kaffee und Zigaretten schwatzten die Gäste oder lasen Zeitung. Natürlich lief das Radio, Radio Stad, dessen beiläufigen Ton ich erst bemerkt hätte, wenn es ihn mal *nicht* gegeben hätte und die gesamte Kundschaft hier zum Lauschen mit dem ganzen Ohr verurteilt gewesen wäre. Das halbe Ohr arbeitet oft so viel feiner. Während ich schnurstracks auf ihn zuging, wurden mir zwei wichtige Dinge bewusst. Erstens, wie ich aussah in meinem Regenmantel, in flachen Schuhen, das Haar in allen Windrichtungen, und zweitens, dass er mein Hereinkommen überhaupt nicht bemerkt hatte, sondern lediglich in Gedanken versunken vor sich hin geschaut hatte.

Dennoch nahm ich ihm gegenüber Platz, es war keine Rede davon, das nicht zu tun. Ist es nicht so, dass jede eigene Tat, wenn sie, wie zaghaft auch immer, einmal in Gang gekommen ist, ihre weitere Entwicklung bereits in sich trägt? Instinktiv weiß man das. Lässt man ihr freien Lauf, dann geschieht etwas mit einem, was man noch nicht kannte, was aber doch zu einem gehört. Ich zog den Stuhl unter meinen Hintern, als wäre ich mein eigener aufmerksamer Ober, und sah ihn an. Zum erstenmal in meinem Leben erlebte ich das Glück einer Frau, die einen Mann ohne Umschweife belästigt.

»Sie sehen niedergeschlagen aus«, begann ich.

Doch er reagierte ohne eine Spur von Verwunderung.

»Heute ist nicht mein Tag«, sagte er.

»Der Wind?« fragte ich vorsichtig.

Was er natürlich verneinte. Er setzte sich anders hin und warf einen Blick nach draußen, wobei ich, von Anfang an darauf aus, dasselbe zu sehen wie er, seinem Blick folgte. Parallel zum Nieuwezijds Voorburgwal läuft die Spuistraat, die zu einem Platz mit ein paar Kneipen führt, und mitten darauf, unter den Ulmen, die im Pflaster verankerten Gemeindebänke, die momentan einer Gruppe Obdachloser als Wohnzimmer dienen.

Als er mir die Sache mit dem Hund zu erzählen begann, sah ich also recht gut vor mir, wovon er sprach. Er war auf dem Weg ins Reisebüro gewesen. Unter den Ulmen auf dem Platz hatte er einen absolut erbarmungswürdigen Hund liegen sehen, etwas abseits von den Obdachlosen, die sich nicht um das Tier kümmerten, zwei von ihnen hatten im übrigen einen eigenen.

Schwermütiger, auf mich gerichteter Männerblick.

Ich kniff die Augen leicht zu, als verstünde ich das alles sehr gut, und winkte kurz in Richtung Theke. »Kaffee!« signalisierte ich dem Wirt.

»Ausgehungert, völlig erschöpft«, fuhr er fort. »Offenkundig ein Tier, das sein Herrchen oder Frauchen überlebt hat, aber doch noch mit einer gesunden feuchten Schnauze. Als ich ihn hinter den Ohren kraulte, versuchte er vergeblich, aufzustehen, und drückte dann nur die Nase an meinen Schuh. Ich lief schnell ins Luxembourg, wobei ich noch nicht mal wusste, ob ich ein paar Kroketten für ihn kaufen oder die Tierambulanz rufen sollte. Ich habe beides getan. Die Ambulanz war überraschend schnell da. Zwei Mädels hatten das Tier im Handumdrehen auf die Gummiunterlage der Ladefläche gelegt und wollten gerade losfahren, als ich ans Fenster klopfte. Sorgt gut für ihn, sagte ich, nachdem das Mädel am Lenkrad die Scheibe heruntergekurbelt hatte, fummelte in meiner Innentasche einen Hunderter aus dem Bündel, das ich gerade bei der Bank abgehoben hatte, und steckte ihn ihr durch das offene Fenster zu.«

Stille.

Tja.

Er und ich sahen einander wortlos an. Ich war nicht so plump, in tröstendem Ton zu ihm zu sagen: Also, das war aber doch wirklich eine gute Tat.

»Durch das offene Fenster«, wiederholte er verärgert. »So im Stil von: da, nimm!«

Der Kaffee wurde mir hingestellt. Er zündete sich eine Zigarette an. Zwischen uns herrschte eine Atmosphäre der Bestürzung, gemeinsamer Bestürzung, jawohl, und es entzückte mich, dass es so war, dass es bereits möglich war, aber es war nicht dieselbe. Meine ... Na schön, die konnte doch wirklich noch nicht die Bestürzung ob der unglaublichen Tatsache sein, dass hier in heiserem, ruhig-nachdrücklichem Ton der Mann zu mir sprach, von dem ich immer vermutet hatte, dass er irgendwo hier auf der Erde herumlief. Der eine also, bei dem man sicher weiß, hundertprozentig sicher, dass man ihn das ganze Leben lang nicht mehr gehen lassen wird, sollte man ihm – was mit an Sicherheit grenzender Wahrscheinlichkeit natürlich nie geschehen würde – begegnen. Um so etwas zuzulassen, so einen Schlag der Verzauberung, braucht das Herz mehr Zeit als nur ein paar Augenblicke.

Und seine Bestürzung? Das einzige, was ich in dieser Hinsicht spürte, war, dass seine Geschichte noch nicht zu Ende war.

»Sie sind also ins Reisebüro gegangen?« fragte ich hilfsbereit.

»Ja«, sagte er und erzählte mir, dass er in der nächsten Woche, wenn die Herbstferien begannen, mit seiner Frau und dem älteren seiner beiden Kinder eine kleine Reise nach London machen würde. Ich hatte seinen Ehering natürlich schon bemerkt. Noch während er erzählte, fischte er ein paar Münzen aus seiner Tasche und machte Anstalten, aufzustehen.

»Und die haben Sie vorhin gebucht?«

»Das werde ich jetzt gleich tun.«

Ich spürte, es reichte ihm mit mir. Dennoch war ich, als ergäbe es sich zufällig so, als erste auf den Beinen und versperrte ihm arglos den Weg zwischen den Tischen, bis auch ich das Geld für den Kaffee hingelegt hatte.

»Na, dann kommt es doch noch in Ordnung mit Ihrem Tag,

oder?« sagte ich über die Schulter zu ihm. Ich schob die Portiere zur Seite und öffnete die Tür. Es stürmte wieder, wie ich schon während unserer kleinen Plauderei gemerkt hatte. Das lebenspendende Klima unserer Begegnung würde ein Tiefdruckgebiet sein, das Sturm anzog, jetzt wieder heftig.

Doch wie hatte meine Bemerkung ihn irritiert! Und wie spürte ich, als würde ich das schon lange bei ihm kennen, dass er ein Mann der Emotionen war, die, einmal aufgekommen, ihm schwer zu schaffen machten.

Er sah mich ungehalten an. Ohne zu merken, dass er inzwischen mit mir den Nieuwezijds entlangging, fing er wieder, fast schreiend, um den Wind zu übertönen, von dem Hund an. Dass das Tier ihm voll vertraut habe. Dass es sich kurz erhoben habe und dann wieder zusammengebrochen sei. Dass er es mit nach Hause hätte nehmen müssen. Dass das, was seine Frau anbelange, wahrscheinlich möglich gewesen wäre, und was die Kinder anging, sowieso. Ich hörte zu, kameradschaftlich bis in meine Art zu gehen, den Kopf seitlich zu ihm gewandt. Schrie erst etwas zurück, als wir keine hundert Meter weiter vor dem Reisebüro standen.

»Dann holen Sie ihn heute abend doch einfach im Tierheim ab!«

Ein unglaubliches Staunen überzog sein Gesicht. Wie dieses Gesicht aufklaren konnte! Er schenkte mir ein Lächeln, das, ich sage nicht, glückselig war, dem aber immerhin sehr nahe kam. Während er sich mit einem Gruß auf den Lippen bereits zur Tür des Reisebüros wandte, beugte ich mich zu ihm vor und trompetete ihm ins Ohr: »Haben Sie was dagegen, wenn ich Sie noch einen Moment begleite? Ich denke auch gerade an einen Kurztrip!«

So kam es, dass uns kurz darauf wie einem Ehepaar ein paar

einladende Prospekte vorgelegt wurden, wir auf der einen Seite des Tresens, der Städtereisenverkäufer auf der anderen. Dieser, ein junger Mann, der sehr gut wusste, dass es bei dieser Art unbedeutender Reisen auf die Details ankommt und dass es immer die Frau ist, die dabei entscheidet, sah mich öfter an als meinen Gefährten, dessen Namen ich noch immer nicht kannte.

»Drei- oder Viersternehotel?« fragte der junge Mann.

Wir entschieden uns für vier Sterne.

»Zwei Betten, Queen- oder Kingsize?«

Wir nahmen ein Queensize.

»Ihr kleiner Sohn von äh …?« – acht Jahren, erfuhr ich von der Seite her – »bei Ihnen im Zimmer? Ein Zusatzbett?«

Neben mir Zögern.

»Ja, aber ja«, sagte ich. Ich wandte ihm das Gesicht zu in der Absicht, er solle mich ernsthaft ansehen, was auch geschah. »Das ist doch viel gemütlicher, nicht?«

Er platzte los, belustigt über die Situation, die, wie ich haargenau fühlte, schlichtweg unsere gemeinsame war. Der Kurztrip für mich selbst, den ich vorhin erwähnt hatte, war genau, was ich gesagt hatte, ein Gedanke, nicht mehr. Wir schienen das einmütig zu verstehen.

Er leistete mehrere Unterschriften, und wir gingen. Draußen wechselten wir noch ein paar Bemerkungen über den Wind, klar doch, dass wir uns dabei duzten. Denn erwartete uns nicht im Herzen von London auf eine Weise, die sich nur als poetisch bezeichnen lässt, deshalb aber noch nicht unrealistisch ist (im Gegenteil, meine ich), ein schönes Hotelzimmer, ausgestattet mit allem Komfort? Eine Bustour durch die City? Das grünliche Sonnenlicht unter den Bäumen des Hyde Park, über das wir zusammen im Queensize-Bett plaudern können, während im Bett neben der Tür ein braver kleiner Junge schläft?

»Ich heiße Cindy«, rief ich, als wir im Begriff waren, ohne irgendeine Verabredung auseinanderzugehen.

Er drückte meine ausgestreckte Hand.

»Luuk!«

2

Wie soll ich die Empfindung behaglicher Gemütlichkeit beschreiben, als ich danach in der Straßenbahnlinie 2 und dann in der 10 die folgende Strecke zusammen mit ihm zurücklegte? Wir stiegen am Palast ein, er beim Fahrer, ich beim Stempelautomaten hinten. Wir fuhren am Spui vorbei (wo die Obdachlosen saßen), an der Stelle, an der bis vierzehnhundertfünfundzwanzig das Binnengewässer, das die Südgrenze der Stadt bildete, in den Sumpf abgelassen wurde. Ich erzähle das, weil es eine Rolle spielt. In der engen Leidsestraat fuhren wir so dicht an den Schaufenstern vorbei, dass ich mühelos mitbekam, auch ich würde im kommenden Winter ein Röckchen aus weicher Wolle, eine hautenge Strumpfhose, Wildlederstiefel und einen riesigen Schal, so ein trügerisch keusches, bis zum Kinn reichendes Ding, tragen müssen. Auf halber Strecke blieben wir wieder einmal wegen der Radfahrer stecken, die, ohne auch nur einen Fingerbreit zu weichen und mit dem Wind im Rücken, schnurstracks auf den öffentlichen Nahverkehr zurasten. Das ist in dieser Stadt üblich. Neben mir ein teurer Laden. Wie gut ihm ein Hut stehen würde! Ja, wie schrecklich schade, dass Männer keine Kopfbedeckungen mehr tragen. Ich schaute in die Auslage und dann wieder vor mich hin. Er (er hatte eine Brille aufgesetzt und las, in sich zusammengesunken, irgend etwas) und ich. Er, von dem ich bereits eine Menge persönlicher Dinge wusste, und ich, die für ihn lediglich eine Frau im Regenmantel war.

Ja, also. Ich, die Frau im Regenmantel. Ohne dass irgend jemand um mich herum etwas davon wusste, saß hier doch, vermummt in ein abgetragenes graues Lieblingsstück, das einzige Kind eines Vaters, der sie, sein kleines Mädchen, nach dem frühen Tod der Mutter auf Händen getragen hatte. Unter diesem wasserdichten Terlenka sind Massen von Liebe gespeichert. Und kein Mensch in dieser Straßenbahn weiß das. Liebe und eine Ansammlung wahnsinnig schöner Bilder, Traumbilder, die in vollem Ernst etwas von dieser Liebe erzählen. Segelboote, Fahnen, Drachen, die an einer Schnur im blauen Raum feststeckten! Mein Vater und ich verbrachten die ganzen Sommerferien im Kurhaus direkt am Scheveninger Strand. Ich war noch ein Kind. Wenn sich eine seiner Freundinnen neben uns im Sand niederließ, dann betete ich sie an, das leugne ich nicht. Dann betete ich die nackten Arme an, das kameradschaftliche Lächeln, das mir galt, den Duft, das Haar, die Ohrringe, alle diese Dinge, die ihr als Frau selbstverständlich zur Verfügung standen. Boh, wie schön! Wie schön sie war in diesem weißen Bikini! Dennoch war es mir lieb, dass mein Vater, ohne auch nur irgend etwas an seiner faulen Haltung zu verändern, lang ausgestreckt, Hände unter dem Kopf verschränkt, das Erscheinen dieses Wunders mit den Worten abtat: »Ausgeschlafen? Schön gefrühstückt?« 1965 ging er mit seinen drei Ziegeleien an der Westerschelde bankrott.

Wir fuhren wieder. Am Leidseplein stiegen wir zusammen mit einer ganzen Meute in die 10 um. Er, also Luuk, mit dem Finger zwischen den Seiten eines dünnen Buchs, ich unsichtbar, obwohl ich mich gefährlich verhielt. Ich wusste schon als Kind, dass man, wenn man nicht gesehen werden will, auf keinen Fall selbst schauen darf. An der Haltestelle Weteringcircuit stiegen wieder massenweise Leute aus und ein. Auch hier, schräg vor der Poffertjesbude Henriette, toleriert unsere gastfreie Stadt ein Obdachlosenwohnzimmer. Ich hatte reichlich Zeit, mir die frische Grünanlage anzuschauen, in der sich, sobald der Wind ein wenig abgeflaut wäre, eine Gruppe schwerer Alkoholiker niederlassen würde. Ich weiß, es ist nicht möglich, dieser Typ Mensch wählt eine andere Verlockung als ein langes Leben, aber jedesmal, wenn ich hier vorbeikomme, meine ich, jemanden von früher zu kennen. Zu Beginn meiner Studentenzeit habe ich mich selbst ziemlich herumgetrieben. Alle naslang ein anderes Zimmer, alle naslang neue Lebensgewohnheiten, nur um sie mal auszuprobieren, macht man sich selber weis. Wie es sich anfühlt, barfuß und bei jedem Wind und Wetter durch die Stadt zu streunen, ist etwas, was man dann ein für allemal weiß. Schön, und es schadet kein bisschen.

Sich etwas anzugewöhnen ist meist ein schleichender Prozess. Man findet sich zurecht, indem man, Kopf nach unten, wie eine Kuh herumläuft. An jenem Tag gab ich zum erstenmal meiner Neigung nach, einem Mann zu folgen, der sich eines Hundes wegen enorm schuldig fühlte.

Inzwischen wurde ich doch neugierig. Über die verschwundenen, geschleiften Stadtmauern unter der Weteringschans fuhren wir jetzt direkt auf die Amstelbrug zu, eine Strecke, die für den, der Bescheid weiß, unter der Erde sehr viel interessanter ist als darüber. Wo wird er wohl aussteigen? Und was wird er wohl denken, wenn ich gleich vielleicht doch noch vor ihm stehe? Haltestelle Wibautstraat. Er stand auf, ich auch. Im Schutz einer Horde hereindrängender Fahrgäste stiegen wir wieder in den Sturm hinaus.

Ich wiederhole: Von Natur aus bin ich schüchtern, scheu.

Und trotzdem einem Mann nachgehen? Aus eigener Erfahrung kann ich sagen, das ist möglich. Sehr gut sogar. Mit der Selbstverständlichkeit, mit der ich dreimal pro Woche morgens nach einer Tasse Tee und einem Zwieback mit Marmelade zum Unterricht radle, überquerte ich im Kielwasser dieses Mannes, um genauer zu sein: dieses Geschenks, das einer Frau nur einmal im Leben zuteil wird, die Wibautstraat und bog nach ungefähr zehn Metern in eine Seitenstraße und dann in die nächste. Abgesackte Häuser, schäbige Gewerbegebäude, Autos ohne Räder halb auf dem Gehweg, kein verkehrtes Ambiente. Am Ende der Straße überquerte er, Luuk, noch einmal die Fahrbahn. Er fummelte kurz an der Klinke eines Tors, drückte mit dem Knie gegen das Holz und war aus meinem Blickfeld verschwunden.

»Was soll das heißen?« fragte ich gleich darauf einen jungen Mann, der dort offenbar auch hineinwollte, meiner Meinung nach Gymnasiast oder Werkstudent mit einer karierten Einkaufstasche.

Er folgte bereitwillig meinem Blick.

ABFALLSAMMELSTELLE OOST-WATERGRAAFSMEER stand in gekalkten Lettern über dem Tor.

»Die sind umgezogen«, sagte er. »Jetzt sitzt hier der Archäologische Dienst.«

»Ach?!«

Ich sah ihn mit so viel Sachkenntnis an, dass er es ganz normal zu finden schien, dass ich mich gleichzeitig mit ihm zum Tor wandte, ihn die Klinke hochschieben ließ und nach ihm einen großen, offenen, hubbelig gepflasterten Innenhof betrat, wo es nach fauligem Hausmüll stank und Stützbalken aus den Mauern ragten. Der junge Mann nahm irgendeinen Eingang. Ich suchte die Hauswände ab. Viele Fenster. Mehr ließ sich dazu nicht sagen. Was jetzt? Zwischen schwarzen Schlammpfützen ließ ich mich noch eine Weile durchpusten, begann zu frieren und fragte mich plötzlich, warum ich das eigentlich tat.

3

Kinder, habe ich am Freitag darauf gefragt, was wiegt eurer Meinung nach schwerer, der Tod oder das Glück?

Darauf gab es einiges Gemurmel und Geflüster. Ein paar Finger gingen hoch.

»Der Tod.«

Okay. Ich nickte und nahm einen anderen dran.

»Der Tod.«

Keines meiner Kinder hatte sich über meine Frage gewundert. Die kann man Dreizehnjährigen ohne weiteres stellen. Die Literatur arbeitet so viel adäquater als die Wissenschaft! Schneller, und wesentlich einleuchtender. Die Jungen und Mädchen gaben denn auch alle die richtige Antwort. Wussten sehr gut, sowohl im philosophischen als auch im physikalischen Sinn, was es mit Schwere und Leichtigkeit auf sich hat. Es war am Ende der Unterrichtsstunde, die Herbstferien standen vor der Tür. In den zurückliegenden Wochen hatten wir eine Geschichte gelesen, die wir alle wunderbar gefunden hatten: Unrecht, Blut, Machtbegierde. Jetzt warteten wir auf die Klingel, ich nicht weniger als sie. Dennoch gab es eine Sekunde später, im Durcheinander des Tascheneinpackens, einen Jungen, der mir einen Blick zuwarf, als habe er mich durchschaut. Denn in dieser Geschichte war von Glück keine Rede gewesen, Glück gab es in jener alten Zeit noch gar nicht, nicht in dem Sinn, wie wir heute darüber denken.

Doch mich zerriss es schier.

Zwei Tage nach unserer Begegnung war ich wieder zu der Stelle gegangen, an der ich nach unserer Straßenbahnfahrt gestrandet war. Mein Jagdinstinkt, noch in lieblichen Kinderschuhen, begann sich zu regen. Diesmal war es windstill. Der Innenhof lag in der Herbstsonne, der Geruch des Hausmülls war stärker. Munter schritt ich durch eine x-beliebige Tür.

»Wo sitzt Luuk?« fragte ich den Mann, der gerade das Wandbrett absuchte, das ich ebenfalls mit dem Blick überflog.

»Luuk … Luuk …« antwortete er. Sein Finger fuhr bereits die Namensliste entlang.

L. Doesburg. Zimmer 16.

»Aber es kann sein, dass er heute nicht da ist.«

»Wieso?« fragte ich.

»Nun ja, also, die Ausgrabung …«

»Ach ja, natürlich …« Im Nu stellte ich mir die Karte der alten Innenstadt vor. »Die am Rokin?« fragte ich.

»Im Waalsteeg«, erklärte mir der Mann.

Danach ging ich einen Flur entlang, dann noch einen und fand mühelos Zimmer 16.

Zimmer? In einer riesigen Halle, in der dank eines Glasaufbaus exzellentes Tageslicht herrschte, standen an langen Tischen mehrere junge Frauen und Männer und arbeiteten. Ich sah es sofort. Luuk Doesburg war nicht da. Auch in dem halboffenen Kabuff an einer der Seitenwände, das gerade mal Platz bot für einen Schreibtisch, einen Stuhl und ein Regal mit Ordnern und anderem Kram, saß niemand, der hier das Sagen hatte. Ich sah, dass die jungen Leute Sand siebten, Scherben wuschen und sich dann und wann zur Seite beugten, um etwas aufzuschreiben. Es sah nett, vertraut häuslich aus, aber auch – das hat man, wenn der Himmel mit ein paar blendend weißen Wolken durch die Decke sichtbar ist – zeitlos, ohne Gedächtnis.

Einer winkte mir zu. Ich erkannte den jungen Mann. Ich ging zu ihm, und wir führten ein kurzes Gespräch, das sich folgendermaßen zusammenfassen lässt. Ein Archäologe ist ein mäßig verdienender, hochgescheiter Narr, ein konzentrierter Mensch, der sein Leben dem liebevollen Ausgraben von Scherben und Knochen widmet, sie säubert, etikettiert, mit einer Karteikarte versieht, einer Karteinummer, und sie schließlich an einem sicheren Ort unterbringt, um sie für immer zu bewahren.

»Wo denn?« fragte ich den jungen Mann.

»Das hier kommt alles ins Magazin im Beemster«, sagte er ernst, lachte aber mit, als ich losplatzte. Der Beemster ist ein trockengelegtes Stück Binnenmeer, im Goldenen Jahrhundert eingepoldert, dessen Grundwasserspiegel zur Zeit jeden Morgen von der obersten Straßen- und Wasserbaubehörde gemessen wird.

Unnötig zu sagen, dass ich mich danach sofort zum Waalsteeg begab. Ich möchte mich auf die Mitteilung beschränken, dass ich ihn auch da, in der schlammigen Tiefe neben einem abgebrannten Haus, nicht antraf, dass ich eine scheußliche Nacht von Mittwoch auf Donnerstag durchmachte und morgens, mich auf die Unterlippe beißend, in den Spiegel schaute.

Ich bin keine unerfahrene Frau in Liebesdingen. Ich gehöre zu den Frauen, der Mehrheit also, die sich nicht vor, sondern erst nach der ersten Liebesnacht oder dem ersten Liebestag erotisch angezogen fühlen. Also … was war das dann, am Donnerstagmorgen, was sollte dieses Feuer in meinem Körper, das sagte: Wo *ist* er? Wo steckt er nur? Und dass mein Herz einen Freudensprung machte, wirklich einen Satz gegen meine Kehle machte, als ich ihn am frühen Nachmittag mit seinem Hund die Herengracht entlanggehen sah?

4

»*Oh, wie nett!*«

»Ja, wirklich, *riesig* nett!«

»Du *hast* ihn also abgeholt!«

»Ja, *sofort*. Noch am selben Abend!«

Verlegen wegen all dieser Betonungen und Ausrufezeichen wandten wir uns dem Hund zu, der ruhig, wie eine Art Unterpfand, vor sich hin schaute. Ich bückte mich und wühlte in seinem dichten Nackenhaar. Ich spürte den harten Schädel eines Wolfshundes, wie ich meinte. Ruhepause für meine Aufgedrehtheit. Und heimliche Freude. Denn es bestand kein Zweifel daran, Luuk Doesburg freute sich, dass ich ihm hinterhergetrabt war.

»Das hier ist kein Hund, sondern ein Wolf«, sagte ich über die Schulter.

Er lachte, wie ich fand bereits stolz auf sein Tier.

Ich richtete mich wieder auf und fragte: »Wie um Himmels willen konntest du am Montag feststellen, dass er ausgehungert war?«

Ich sah, dass gleich wieder Besorgnis in sein Gesicht trat. Was für ein lieber Mann. Er versicherte mir, man könne sehr wohl auch durch ein dickes Fell hindurch erkennen, ob ein Hund gefressen hat oder nicht. Ganz behaglich standen wir nun voreinander. Herbstsonne. Funkeln auf den Dachgesimsen einer Häuserreihe, die sich, voneinander getrennt und einzeln hingestellt, als Paläste entpuppen würden. Worüber sollten wir reden? Wenn man so steht, dicht voreinander, so gilt es diese Frage zu lösen, spaziert man hingegen ein Stück weit nebeneinander her, dann ist Schweigen kein Problem, es könnte kilometerweit anhalten. Ungefähr fünfzig Meter weiter gab es am Anfang einer Seitengasse eine Kneipe.

Wir entschieden uns für die Ecke gleich hinter der offenstehenden Tür. Der Hund legte sich breit zwischen unsere Füße unter den Tisch, als kenne er es schon seit Jahren nicht anders. Ich bestellte ein besonderes Getränk, einen Kräuterschnaps mit Gewürznelkenaroma, vierzig Prozent, ich tat es aus purem Glück. Luuk nahm ein Pils. Alles deutete darauf hin, dass während dieser paar Tage beiderseitiger Abwesenheit unsere Begegnung vom Montag ganz gut fortgewirkt hatte. Wir saßen so vertraut da.

»Wo warst du denn gestern?« fragte ich mit einem entrüsteten Unterton. Ich war aus den Schuhen geschlüpft, meine Füße ruhten auf dem Rücken des Hundes.

Er sah mich reumütig an, wusste aber sichtlich nicht, worauf ich hinauswollte.

Also fing ich von dem Durcheinander im Waalsteeg an. Die Öffnung in der Häuserreihe, wo ich auf einmal in die Tiefe hatte blicken können. Kubikmeter Hohlraum bis zum Grundwasser unserer Stadt, freigelegte Wände, wie mit einer Tortenschaufel schnurgerade abgestochene Jahrhunderte. In einem Ton, als hätte ich Grund, böse auf ihn zu sein, sagte ich: »Daran konnte man, Schicht um Schicht, den Kalender der Stadt ablesen. Erst bräunlich, dann grünlich, dann gelblich, bis zu dem rußigen Schwarz ganz oben bei dem Laden, diesem superschönen Juweliergeschäft, das letzten Monat bis zu den Grundmauern abgebrannt ist!«

Er starrte mich interessiert an. Hörte mir in vollem Ernst weiter zu, als ich von den beiden Männern erzählte, die damit beschäftigt gewesen waren, eine Mauer freizuschaufeln, Arbeiter, die er, wie mir natürlich klar war, mit Vor- und Nachnamen kennen musste.

»Man konnte sogar schon den unteren Teil von ein paar tadellos erhaltenen Planken sehen, Planken oder Balken«, erzählte ich ihm.

Dass er darauf nickte und sagte: »Die Balkenkonstruktion des Fundaments ... Holzreste eines Schiffs ...« war höflich, nett. Er trug das Seine zu dem bei, was ich gesehen hatte. Aber es war auch, vor allem, eine perfekt passende Phrase in der galanten Unterhaltung, die der Moment von uns verlangte. Der Moment, ja, dass man wirklich nicht immer selbst Regie führt, weiß ich schon lange. Währenddessen kraulte ich mit meinen Füßen den Hund. Wir bestellten noch eine Runde.

Ungefähr zehn Minuten später sah ich ihm nach. Sah ihm nach, wie ich das eigentlich noch immer tue. Da gibt es kaum einen Unterschied. Ich sehe, wie er mit dem angeleinten Hund an den Mauern, Treppen und riskant tiefen Bediensteteneingängen der Grachtenhäuser entlanggeht. Der Hund hat es ein wenig eilig, dem ist bestimmt nach Fressen. Sein Herrchen passt sich ihm an und lässt sich mitziehen. Wir hatten uns mit einem Händedruck verabschiedet. Tschüs. Ja, geh nur. Ich stellte fest, dass ich keineswegs traurig war. Ich war zufrieden. Die ganze nächste Woche über würde ich genau wissen, wo er sich befand. Ich würde die Aussicht seines Zimmers kennen, die Position des großen und des kleinen Bettes zueinander, die Farbe der Überdecken und der Vorhänge, die Nachttische, das schwere schwarze Telefon auf dem einen, die Lämpchen mit dem rosa Schirm, das Badezimmer, und darin, neben dem Spiegel über dem Doppelwaschtisch, auch noch den ausziehbaren Schminkspiegel und den Fön.

5

In dieser Woche hielten mich die Papiere auf meinem Tisch völlig gefangen. Was für ein nachdenkenswertes Thema! Wir armen Geschöpfe werden gewogen und für zu schwer befunden. Ich muss und will alles darüber wissen. Wie immer blickte ich während des Denkens abwechselnd auf die Passanten unten auf der Straße und auf meine Notizen. Alles, was du brauchst, befindet sich in Reichweite, steht dir aber nicht unbedingt zur Verfügung. Du stöberst in deinem Kopf. Hoffst, dass die Dinge so freundlich sein mögen und sich von allein ordnen. Ägypter, Juden und Christen kennen das moralische Argument, sie wiegen das Herz, nicht die Seele, dieses autonome Ding. Dein Kopf ist ein philosophisches Blätterwerk. Du schwelgst in den verschiedenen Theorien wie in sich überschneidenden Klatschgeschichten. Neugierig wendest du dich einem Individuum zu, das nicht mehr lebt, aber vor sehr langer Zeit gelebt hat.

Nehmen wir mal an, du bist tot. Man bringt dich in einen Saal, in dem irgendein Gott, aber immerhin doch ein Hauptgott, in Gesellschaft von vierundzwanzig Dämonen auf dich wartet. Plötzlich merkst du, dein Herz ist weg. Schrecken, Angst. Ratlos blickst du dich um, du entdeckst die Waage und siehst dein braves Herz auf einer der beiden Waagschalen liegen, noch ganz leise schlagend. Du fängst an zu jammern. Nein, nein und noch mal nein: Diese Sünde, diese eine, unverzeihliche Sünde hast du nicht begangen, hundertprozentig nicht! Aber es hat keinen Sinn. Einer der Dämonen, er ist gar nicht so übel, ist bereit, kurz aufzustehen, um auf die andere Waagschale ein kleines Gegengewicht zu legen, nur ein ganz leichtes, kleines Ding, aber ach: die Wahrheit!

Das Wetter war sehr schön in jener Woche der Herbstferien, und ich war besonders gut gelaunt und diszipliniert. Ich blätterte im Buch der Geheimnisse. Willkürliche Seiten öffneten sich mit leisem Seufzer, ich legte die Hände darauf und drückte sie flach. Gottesurteil, Schicksal und Zufall hängen wie drei Kirschen an *einem* Stiel. Wen soll man verehren, Kinder? Den Gott des richtigen Augenblicks? Die überschallschnelle Instanz, die sich übrigens wie die meisten ihrer Kollegen der doppelten Waage bedient? Dieser Moment nicht, jener wohl. Und ein passender Lebenslauf gesellt sich feixend zu deinem Schicksal.

Was mich betrifft, nun also – er? Dieser eine Mann, in den ich noch nicht verliebt war, den ich aber bereits liebte, was etwas viel Egoistischeres ist? Jemanden zu lieben ist schließlich eine äußerst habsüchtige Angelegenheit.

Mich in dem suhlend, was ich bereits von ihm besaß – Name, Londoner Urlaubsadresse, eine Straßenbahnfahrt, ein Spaziergang entlang der Gracht und, nicht zu vergessen, ein Hund –, kaute ich, intensiv nachdenkend, an meinem Stift. Ich blickte auf den Gegenstand auf dem Fensterbrett, ein Produkt meines Geistes, aber gerade deshalb so präsent. Auf jeder der beiden Waagschalen stand ein Figürchen, das, je länger ich es betrachtete, um so kleiner wurde. Leichtigkeit, Kinder, ist *das* Element der Tugend. Talent, angeborene Mühelosigkeit, darauf kommt es an. Ja, ja, die Griechen. Die hatten so ihre eigenen Ansichten zu den Dingen. Die Tugend hat nichts mit so was wie dem Gewissen zu tun, sondern mit dem, was

du kannst. Freitag abend, ziemlich spät, gab es einen sehr ver-
führerischen Moment, als ich an den wuchtigen Telefonappa-
rat neben seinem Hotelbett denken musste. Ich stellte mir vor,
wie er den Arm ausstrecken und den altmodisch schweren
Hörer, wie es ihn nur noch in England gibt, ans Ohr führen
würde.

»Doesburg.«

Es war möglich. Ich konnte es tun, ich konnte mir das, wenn
ich wollte, erlauben. Jetzt ging es noch, morgen nicht mehr.
Ich wusste, dass die kleine Familie am Samstagmorgen um
10.20 Uhr mit Flug KL 162 nach Hause fliegen würde.

Die schändliche Neigung kam und ging. Es sollte mir gelin-
gen, sie sehr lange zu unterdrücken.

6

Ich bin lieb. Ich tue schlimme Dinge. Ich bin recht nett. Ich tue Dinge, die sich nicht gehören, unmögliche Dinge, die dennoch ruhig vonstatten gehen. Weshalb ich meine Sanftheit meist auch vor mir selbst verberge, weiß ich nicht. Ich weine manchmal, weil ich keine Kinder habe, aber ich passe trotzdem gut auf. Denn je mehr du um sie weinst, um so dichter umringen sie dich, die armen Kleinen, die dich nicht froh, sondern im Gegenteil ratlos machen, weil du sie nicht an dich drücken kannst, sie nicht, wenn sie sich die Knie bös aufgeschlagen haben, mit einem Freudenschauer in die Arme nehmen kannst. Ein großer Mangel.

Was für ein Glück also, wenn die Kräfteverhältnisse in deinem Wesen auf einmal einen Schubs bekommen, einfach so, und ein sympathischer Zug, der wirklich dein eigener ist, ans Licht tritt, und nicht nur das, sondern auch die Oberhand gewinnt! Meine Verliebtheit begann mit Sanftmut, einer Sanftmut wie in einer früheren Zeit, die ich zwar noch kannte, aber doch ein bisschen vergessen hatte.

Es war in der Woche nach London. Als an allen Schulen wieder Unterricht war. Und nur eine gewisse Dozentin für klassische Sprachen, die montags frei hatte, mitten in der Stadt stand und in eine Grube blickte, als besuchte sie ein Theater.

O mein Gott, wie tapfer er sich hielt!

Und dass niemand das *sah*, keiner der anderen drei Männer, die da mit kleinen Werkzeugen den Schlamm von irgend etwas abkratzten, während sie sich selbst begeistert anspornten!

Die Stadtarchäologen waren offenbar irgend etwas auf der Spur. Inmitten einer kleinen Gruppe von Zuschauern blickte ich von der Straße aus zu Luuk hinunter, der sich nichts von seiner Verletzung anmerken ließ. Bei diesem schönen Herbstwetter trug er keinen Mantel. Einen Moment zuvor hatte er die Leiter an einem schlickigen Abhang hinuntersteigen wollen, hatte einen falschen Schritt gemacht, war ausgerutscht und hatte während der Rutschpartie den auf der Suche nach Halt ausgestreckten linken Arm von unten bis oben an der Schraube aufgerissen, die ein Stück Bretterwand provisorisch festhielt. Trotzdem: bravo. Er war sauber auf den Füßen im Grundwasser gelandet. Jetzt ging er, sich den Arm reibend, auf den Gewölbeteil zu, der den drei anderen Grund zur Aufregung gab. Die Männer hatten einen Bogen aus kopfsteinartigen Steinen freigelegt, die zu der Abtei aus dem vierzehnten Jahrhundert gehören konnten, die, wie ein alter Bühnenautor behauptete, hier gestanden haben sollte. Er, der Bühnenautor, hatte die Abtei zum Schauplatz einer Liebestragödie gemacht, die in der Stadt noch sehr gegenwärtig war.

Ich sah, wie sie hierhin und dahin deuteten und miteinander sprachen, Luuk mit dem Rücken zu mir. Dann und wann rieb er sich mit hochgezogener Schulter über den Ärmel seines Hemdes, eine Art Arbeitskittel aus kariertem Stoff, durch den ich das Blut erst etwas später, auf dem Weg zum Taxi, sickern sah. Als er sich etwas abseits auf den einzigen Hocker in der Grabungsstätte setzte, hingen die anderen weiter ihren Wunschträumen über ein kleines Stück Literatur nach, das sich tatsächlich hätte ereignet haben können. Als Luuk zur

Straße hochschaute und mich erblickte, waren sie noch immer damit beschäftigt.

Komm! winkte ich.

Er gehorchte und kletterte herauf. »Lass dein Rad besser stehen«, sagte ich, als ich ihn suchend umherblicken sah.

Es war kurz nach Mittag und noch ruhig auf der Straße. Wir gingen zur Geldersekade, in der Hoffnung, am Taxistand einen Wagen zu finden. Tatsächlich wartete dort ein schickes Fahrzeug auf uns. In dem Moment, als er nach mir hineinschlüpfte, bekam meine Besorgnis etwas Strahlendes, ich spürte das sehr wohl und weiß es bis heute. Die Rückbank war weich und federnd wie ein altmodisches Bett. Der Fahrer sah uns im Rückspiegel abwartend an. Von der Seite her leitete ich seinen Blick zu Luuk weiter. Er nannte seine Adresse: ein Haus am Amsteldijk also. Wir waren noch nicht losgefahren, da nahm ich schon seinen Arm und begann, ihn vorsichtig zu strecken.

»Jetzt lass mal«, sagte er.

»Nein, zeig her!«

Er spähte am Fahrer vorbei durch die Windschutzscheibe. »Ich seh mir das zu Hause an«, sagte er. Wandte sich mir aber doch so zu, dass ich seine Hand fassen und die Manschette aufknöpfen konnte.

Vorsichtig krempelte ich den Ärmel mit den Blutflecken hoch. »Oh!« flüsterte ich. »Bist du verrückt? Damit müssen wir sofort in die Ambulanz.«

Über die gesamte Innenseite seines Arms, der so weiß und rund war wie der einer Frau, lief eine fransige Blutspur, tiefrot, wo die Wunde offen war, wässrig an der Grenze zur Haut. Verstört durch eine neue, unerwartete Art von Glück, beugte ich mich darüber und betrachtete die Verheerung sekundenlang,

Sekunden, die sich durch meine Emotionen noch zusätzlich dehnten. Armer Arm. Du Armer. Äußerst zärtlich leckte ich aus seiner Armbeuge ein Blutströpfchen weg.

Das Taxi bremste abrupt vor einem Radfahrer. Mit der freien Hand stemmten wir uns beide gegen die Vorderbank. Luuk wandte sich jetzt an den Fahrer, um ihm eine andere Adresse zu nennen. Die einer Apotheke, wie sich bald zeigte. In die Ambulanz habe ich ihn, sosehr ich auch drängte, nicht kriegen können. Als wir irgendwo in Amsterdam-Zuid ausstiegen, verstand ich es: Die Apotheke war so eine, wo man im Ambiente eines Geschäfts Heilung kaufen kann. QUID PRO QUO stand auf dem Giebelstein über der Tür.

Man erhält etwas, also ist man etwas schuldig.

Damit ging ich konform. Und damit würde ich im Laufe der kommenden Zeit weiterhin aus tiefstem Herzen konform gehen!

Luuk drückte mit der Schulter die Tür auf und eilte sofort an der Kundschaft vorbei durch den schönen, von Mahagonischränken eingerahmten Verkaufsraum nach hinten. Ich folgte ihm. Da stand er schon in der Tür eines Nebenraums und wechselte mit dem Apotheker im weißen Kittel einen Händedruck. Es folgte eine effiziente Wundversorgung. Zwei Männer auf Hockern einander gegenüber, der Arm in der Mitte. Von einem Stuhl in der Ecke aus sah ich wachsam zu, vom Säubern und Desinfizieren bis zum Abdecken der Wunde mit einer sterilen quadratischen Mullauflage und darüber der blütenweiße Verband.

Wir fuhren wieder gemeinsam auf der Rückbank eines Taxis, jetzt also zum Amsteldijk.

Warum, um Himmels willen, sah er mich so betreten an? Warum sagte er: »Tut mir leid«?

In einer plötzlichen Anwandlung ging ich mit dem Gesicht ganz nah an seines heran. Ich sah ihn aus so großer Nähe, wie man normalerweise nur einen Liebhaber sieht. Seine Augen wirkten müde. Der Geruch, der ihn umgab, brachte mich ein wenig durcheinander. Es war nicht Äther oder Jod oder etwas dergleichen, das roch ich nicht. Es war, unverkennbar, der Geruch der Grube im Waalsteeg, aus der er vor einer Stunde zu mir heraufgeklettert war. Der Urgeruch von Moor, Abwasser und Steinen, mit dem alle anderen Gerüche der Erde verwandt sind.

Was ich nun sagte, war unerhört und hinreißend einfach.

»Schau nicht so reumütig, Liebster.«

Und er ließ sich das sagen. Lächelte. Nicht amüsiert oder ironisch, um uns beiden weiszumachen, ich hätte das letzte Wort nicht gesagt oder zumindest nicht so gemeint, nein, er lächelte verdammt ernst. Als fühlte er sich freigesprochen, Gott sei Dank, nach *dem* ganzen Trara. Freigesprochen in bezug auf mich?

Es war immer noch Mittag in Amsterdam. Wenn man glücklich ist, dann wirkt sich das auf alles aus, was man sieht. Was ich an jenem Mittag am schönsten fand an unserer warmen, zufriedenen Stadt, waren die Katzen, die auf den Gassen mitten auf der Fahrbahn schliefen und unseren Taxifahrer, ihren Diener, zwangen, diesen Umstand durch umständliches Manövrieren zu respektieren. Während der ganzen Fahrt zu Luuks Haus verstand ich alle meine Gefühle und billigte sie. Neben mir saß ein leichtverletzter Mann, den ich selbst, auf eigene Initiative, vor ein paar Wochen gefunden hatte. Was er in mir aufrührte, stimmte mich zufrieden, sanftmütig.

Das Taxi hielt vor einem Haus auf halber Strecke des Deichs. Luuk tat sich ein wenig schwer beim Bezahlen, gehandicapt wie er war. In der Absicht, die Zeit etwas in die Länge zu ziehen, ließ ich ihn ruhig machen. Zu dieser Stunde des Tages liegen die Häuser auf der Westseite der Amstel im Schatten, aber trotzdem sah ich die Frau, die auf das typische Geräusch eines Autos hin, das mit laufendem Motor vor dem Haus steht, ans Fenster getreten war. Auch danach sah ich sie noch kurz, nachdem Luuk mit einem herzlichen Gruß ausgestiegen war und auf die bereits offene Tür zuging.

Myrte Doesburg ist eine Frau mit einem schmalen, spitzen Gesicht, von einem dunklen Haarwust umrahmt. Sie hat hellbraune Augen, mit denen sie niemanden direkt ansieht, ausgenommen ihre Kinder. Bis auf eine andere Sache, ich komme noch darauf, hat Luuk mir nicht viel mehr Bedeutsames über seine Ehefrau erzählt, als dass sie einen nicht ansieht. An jenem Tag, dem Tag also, an dem er in die Ausgrabung dessen fiel, was sich hinterher doch nicht als das Kloster des Bühnenautors erweisen sollte, habe ich an ihr nur das schmale Gesichtchen unter diesem Haarwust bemerkt. Denn gerade weil sie die Tür so weit für ihn öffnete, verschwand sie selbst im Halbdunkel der Diele. Dass sie auf nichts anderes achtete als auf ihren Mann, dem irgendein Malheur zugestoßen war (er trug keine Armschlinge, das hatte der Apotheker unnötig und sogar unsinnig gefunden), war gut für mich. Von der Rückbank des Taxis aus konnte ich mir alles in Ruhe ansehen. Erst als sich die Tür hinter dem Ehepaar schloss, bat ich den Fahrer, mich nach Hause zu bringen.

»Hoogte Kadijk achtundzwanzig, bitte!« sagte ich.

7

In dem Jahr wurde es schon vor Weihnachten Winter. In meinem Klassenzimmer war es während des Unterrichts oft dämmrig, meine Schüler und ich mögen kein Neonlicht. Hinter den Fenstern lag dieses rosa Halbdunkel, das es sonst meist erst Ende Januar, Anfang Februar gibt. Während jener verschneiten, windstillen, erotischen Tage Mitte Dezember habe ich beim Unterrichten an nichts anderes als an Männer und Liebe gedacht, mal derb und obszön, mal lyrisch, mal ratlos. Denn warum blieb er so keusch? Nicht wegen seines Ehestands, mein diesbezüglich fein justierter Instinkt sollte später recht erhalten. Also fragte ich mich, ob vielleicht etwas Männliches dahinsteckte, das mir bis dahin unbekannt geblieben war. Falls ja, hatte ich Achtung davor.

Währenddessen mangelte es mir nicht an pädagogischer Hingabe. Unregelmäßige Verben kann man sich wie einen Ene-mene-mu-Abzählvers plärrend oder dröhnend gemeinsam eintrichtern. Überhaupt nicht langweilig. Das Gehirn pickt den Rhythmus auf und vergisst ihn sein Leben lang nicht mehr. Sum, es, est, sumus ... Mit Denken hat diese Tätigkeit nichts zu tun, zum Glück nicht. Nie war ich klarer im Kopf, als wenn ich die starrenden Blicke meiner Klasse auf mir fühlte und von den Tischreihen her Ordnung, Leere und Träumereien auf mich zuströmen sah. Sich zu verlieben, Kinder, ist etwas Großes in der Schöpfung. Höchstwahrscheinlich das

Größte und Wichtigste, was uns Menschen und Tiere angeht, die es sonst gar nicht mehr gäbe.

Er und ich waren uns nach dem Missgeschick mit dem Arm weiß Gott nicht aus dem Weg gegangen. Es gefällt mir, das so zu formulieren. Wer will beurteilen, dass ich es war und nicht er, der mehrmals dafür sorgte, zu einem uns wohlbekannten Zeitpunkt im Café De Bootwerker zu sein? Das erste Mal konnte ich ihn nicht davon abhalten, nach einem kurzen Gespräch über den Arm (»Mein was? Oh, der heilt bestens«) ziemlich abrupt aufzustehen und wegzugehen. »Ein Termin«, sagte er noch schnell, als Antwort auf meinen tief niedergeschlagenen Blick. Ich trug an jenem Tag eine wattierte, die Taille eng umschließende Jacke aus olivgrünem glänzendem Stoff, einen karierten Glockenrock und feste Pumps mit Fesselriemchen. Bei unserem sehr kurzen Gespräch ging es um die frische Luft.

»Ich liebe es, draußen an der Luft zu sein«, hatte er gesagt.

Und ich: »Oh, ich auch!«

Und beim zweiten Mal waren wir, weil es keine Rolle spielte, worüber wir sprachen, ohne Umschweife auf das Thema zurückgekommen. Das Café bot an jenem Tag einen vorzeitig winterlichen Anblick. In dieser Stadt lässt man sich mit Vergnügen pitschnass regnen oder von einem garstigen Wind bis auf die Knochen auskühlen, aber sobald es auch nur ein bisschen Nachtfrost gegeben hat … Hier und da sah man bereits eine grobgestrickte Mütze mit Bommel, das sagt wohl genug.

Wir, Luuk und ich, standen nach unseren einleitenden Worten über die frischeste Luft, die wir irgendwo auf der Welt kannten, die am Meer, schon nach einer Viertelstunde auf. Der Bahnhof ist hier nur fünf Minuten zu Fuß entfernt. Der Zug zur Küste steht immer auf einem Nebengleis bereit. Wir waren kaum eingestiegen, da fuhr er schon los, sauste am Kanal entlang durch eine halb schwimmende Landschaft aus Feldern, Scheunen und Zäunen, die sich gleichförmig bis zum Meer hinzog. An der Endstation braucht man nur noch über die Straße zu gehen, und man ist da.

Was lässt sich über diesen kleinen Ausflug berichten? Dass Luuk »Pass auf!« sagte, als ich mich noch kaum an diese Weite gewöhnt hatte, die von nichts anderem begrenzt wurde als von Himmel und Wasser? Einen völlig blauen Himmel? Ebbe? Das heißt, gewöhnt an einen Strand von hier bis da und eine Gruppe von fünf Reitern, die das in vollem Galopp ausnutzten? Er drückte mich an sich, keinen Daumenbreit weichend, als sie vorbeischossen, was auch am vernünftigsten war. Zum erstenmal befand ich mich in einer Position, in der ich seine Arme und seinen Bauch dicht an mir spürte, sein männliches Interesse wahrnahm, zweifellos, obwohl ich dessen Natur nicht genau einschätzen konnte.

»Magst du Pferde? Reitest du vielleicht selbst?« erkundigte ich mich. Denn er sah, mit mir in seinen Armen, den vier Männern und der Frau zu Pferde so aufmerksam nach, als müsste er ihnen Punkte verleihen. Währenddessen ahnte ich bereits, dass ich diesen Moment vielleicht nie würde vergessen können, und bekam darin auf der Stelle recht. Wir begannen uns zu küssen.

Oh. War es bei ihm auch so? Dass er zwar wusste, dass Liebe da war, bereits wuchs, dass sie aber noch nicht ihren unaufhaltsamen Lauf nahm, bevor wir Geliebte geworden waren? Von einem der Fenster eines Strandlokals aus blickte ich etwas später an jenem Vormittag auf den plattgewalzten Streifen Sand bis zum Wasser und dachte an das Wogen zweier nackter Körper auf einem aufgeschlagenen Bett. Unsere Küsse waren, weil er das so gewollt hatte, sehr zurückhaltend geblieben. Flüchtige Berührungen von Lippen auf Lippen oder, viel erregender, knapp über dem Lippenrand. Er mit einem klaren und abwesenden Blick.

8

Ja, ich möchte, dass ihr mir das glaubt. Dass, wenn ich ihn anrufe oder ihm aufdringlich folge oder, an einen Baum gelehnt, neben dem Radweg auf sein Haus starre, einmal sogar, als zusätzlicher, von mir wohlbewusst inszenierter Akzent, mit einer halb ausgetrunkenen Flasche zu meinen Füßen, in der Hand oder für einen pathetischen Schluck an meinem Mund, dass dieses lächerliche Fehlverhalten für mich in Wahrheit das Glück ist. Reales, wirkliches Glück. Ich kann gar nicht genug betonen, dass es existiert und dass ich es bis auf den heutigen Tag unter meinen Händen spüre, wo es sich verkrochen hat wie die schildlose Schildkröte bei Apuleius.

Man mag das verrückt finden, aber wenn ich in diesem Moment an den idyllischen Beginn unserer Geschichte zurückdenke, dann denke ich nicht gleich an unsere Brautnacht, zu der es noch kurz vor den Weihnachtstagen kam. Auch nicht unbedingt an die beiden Wochen unerhörten Glücks, von Anfang bis ungefähr Mitte Januar, bevor er beruflich für eine Weile verreisen musste. Ich denke an das, was der Herzrhythmus zwischen diesen beiden Glücksabschnitten gewesen sein muss: meine Spaziergänge im Schnee, oft spätabends, von meinem Haus zu seinem, die ich unglaublich genoss.

Wie oft im Leben kann man die Gegenwart für einen Moment anhalten, für eine Injektion, eine Impfung mit einer kleinen Dosis Ewigkeit?

Der Schnee ließ sich während der Festtage weiß Gott nicht

lumpen. Tagsüber blieb er liegen, ließ sich platttreten und füllte den Vorrat dann abends und nachts wieder mit einer neuen Schicht auf. Nicht zu nass, nicht zu trocken, genau richtig. Und wie unglaublich weiß! Sobald ich die Haustür hinter mir zuzog, atmete ich auf. Ich bog in die Uilenburgerstraat, überquerte den ausgestorbenen Jonas Daniël Meijerplein, stellte fest, dass eine Feiertagsperiode auch in dieser lärmenden Stadt abends nach elf verdammt still sein kann, und ging über die Blauwbrug zur anderen Amstelseite. So mit ihm zusammenzusein! Ganz allein! Und unsere Nacht, bis dahin die einzige, ohne die geringste Einmischung seinerseits unter meinem Mantel zu hüten, bis er wieder auftauchen würde. Denn ich wusste, ich konnte mir dessen sicher sein, das war das Schöne an seinem ernsten Kuss in meine Handfläche, zwei Nächte bevor die Weihnachtsferien begannen, nachdem er sich auf der Bettkante die Schuhe zugebunden und ich, im Bett liegend, zugeschaut hatte.

»Ich rufe dich an«, murmelte er über meinem Gesicht, schon im Mantel. Ich spürte, wie sein Nachhauseweg bereits um ihn hing, sehr gut spürte ich das. Kalt, dunkel, unangenehm. Nichts, dessen wir uns schämen müssten. Hier das Liebesbett, dort das Ehebett. Ich schob meine Hand unter seinen Mantel, tastete kurz, umfasste sein Ding und kniff leicht hinein. Das hatte etwas sehr Inniges.

»Bleib«, sagte ich, ohne es zu meinen, aber todernst. »Geh nicht weg.«

Er wusste das zu schätzen, erhob sich aber bereits zu seiner ganzen Größe und Breite und trat sofort einen Schritt zurück, zwangsläufig. Die Decke meines Schlafzimmers ist beim Fenster zwar fast drei Meter hoch, fällt aber sehr stark zu der Wand ab, an der das Bett steht.

Ich fragte: »Meinst du, du kannst den Lichtschalter finden?«

Er: »An der Treppe?«

»Ja«, sagte ich. »Er ist gleich links neben der Tür.«

Ich genoss diese intime Unterhaltung danach.

»Schlaf gut.«

»Ja, mein Engel, komm gut nach Hause.«

Nachdenklich, sanft, das Licht von draußen wie in einem französischen Film genau im richtigen Winkel auf meinem Gesicht und den nackten Schultern, hörte ich ihn die Treppen hinunterstapfen. Dann, wie die Haustür zufiel.

Was ist schöner, als durch fast jungfräulichen Schnee zu gehen? Und während man schaut, wohin man tritt, die frischen Spuren eines anderen zu bemerken, die oft genug von den Pfotenabdrücken eines Hundes begleitet werden?

Nein, *die* beiden erkannte ich nicht gleich. Die konnte ich anfangs noch nicht ohne weiteres herauspicken. Denn gerade an Familienfesttagen ist die Zeit nach dem Abendessen die Zeit von Herrchen und Hund oder die des erschöpften Frauchens mit ihrem Tier. Ich sah jede Menge dieser feinen Abdrücke der sich bei jedem Schritt so tapfer in den Schnee bohrenden Pfennigabsätze neben der Spur des Lieblingshausgenossen, der seine Notdurft verrichten musste. Und doch ging ich am Mittwoch (zwei Tage vor Silvester), wohlgemerkt schon eine ganze Weile, hinter ihm und seinem Hund her, bevor ich es merkte.

Dabei kannte ich ihre Fußspuren schon gut. Ich war ihnen mehrmals von der Blauwbrug bis zur bekannten Haustür am Amsteldijk gefolgt. Türstufen, Laternenpfähle, Freitreppen, gelbgepinkelte Stellen und, natürlich, überall Menschen hinter den Fenstern, die zusammen am Tisch saßen. Ich selbst hatte am ersten Weihnachtstag Fasan mit Sauerkraut bekommen; eine steinalte liebe Frau, eine meiner wenigen Verwandten, hofft jedes Jahr aufs neue, dass ich sie besuche, und oft tue ich das auch. Über sie kann ich in diesem Moment allerdings nicht mehr berichten, als dass ihr Wohnzimmer ruhig und von Geborgenheit erfüllt war, mit einem gestickten Deckchen im Brotkörbchen auf dem Tisch, denn … da sah ich die beiden! Jawohl, auf einmal sah ich sie die Straße überqueren, Luuk Doesburg und den Wolfshund, keine hundert Meter vor mir, und den Weg entlang den Hausbooten einschlagen.

Was macht man in einem solchen Fall? Ich nichts Besonderes. Ich ging auch hinüber, das war alles. Ist das zu verstehen? Nicht rufen, nicht rennen, nicht keuchend sagen, ach, ach, wie nett, dich zu sehen, hier bin ich! Da ging der Mann, der mir in der vergangenen Woche über ein paar steile Treppen in mein nach Norden, an der Rückseite des Hauses gelegenes Schlafzimmer gefolgt war, um mich am Fenster, von dem man auf eine Polarlandschaft blickte, sofort so heftig zu küssen, dass ich, selbst wenn ich gewollt hätte (was nicht der Fall war), nichts mehr tun konnte. Und den ließ ich jetzt einfach gehen?

Den ließ ich gehen. Entspannt, ihm in aller Gemütsruhe folgend, mit einer intimen Vorstellung im Kopf, die ich bereits Minute für Minute tatsächlich erlebt hatte, spazierte ich am Amstelufer entlang. Es hatte gerade wieder leicht zu schneien begonnen. Abgesehen vom Knallen einiger Feuerwerkskörper, weit weg, bei den düsteren Wohntürmen von De Omval, war es still. Ich achtete kaum darauf, ich achtete eigentlich auf gar nichts. Alles war in bester Ordnung. Die eingeschneiten Schuten links, rechts die Bäume, die die Verkehrsstraße vom Uferweg trennten, und dazwischen ein Mann, ruhig mit seinem Hund spazierengehend, der nicht wusste, dass eine seiner

Nächte hellwach hinter ihm her ging. Wir hatten in einem Restaurant hinter dem Schiffahrtshaus an der Prins Hendrikkade gegessen. Als wir ins Freie traten, wütete ein Schneesturm. Wir fanden den Weg nicht mehr. Plötzlich standen wir vor meiner Tür, erleichtert wie Polarreisende. Danach zwei Treppen, das bereits erwähnte Fenster, dahinter Dächer und Schornsteine, eisig weiß alles, und was uns anbelangt, wir beide auf unserer Seite der Schlucht: Eine Liebesstunde, die sein durfte und darf, das war, wie es war und wie es sich nie, bis in alle Ewigkeit nicht, ändern wird. Inklusive meines erst Monate später wiedergefundenen BHs (auf den Kleiderschrank geschleudert), der bis in alle Ewigkeit für mich, aber auch für ihn, ob er es will oder nicht, dieses hauchdünne Zeichen jener einen Nacht bleiben wird.

Wer hat mich als erstes bemerkt? Der Hund? Oder Luuk? Wenn dein Verlangen sehr stark ist, dann scheint es wie ein Köder zu wirken. Ich dachte gerade daran, wie ich am nächsten Morgen wach geworden war, als ich den Hund geduckt auf mich zurennen sah. Um ihn herum aufwirbelnder Schnee, er wirkte wie ein Projektil, das man ganz in Bodennähe abgeschossen hat. An jenem bewussten Morgen also war ich in Seitenlage wach geworden, die Arme um die eigenen Schultern geschlungen. Die Haut fühlte sich weich und warm an, die Achseln heiß. Mein Herz klopfte schneller als sonst. Ich spannte meine Armmuskeln noch etwas fester an und hütete mich davor, die Augen zu öffnen. So, in dieser Haltung, fand ich mich nach unserer Brautnacht wieder.

9

Feurige Liebe, und dazu noch völlig sorglos. Ich vermute, das geht nur ziemlich selten miteinander einher. Mehr als drei Wochen (mit Unterbrechung), mehr als drei komplette Wochen in meinem Leben, in denen ich wusste, was Glück ist! Es gibt Menschen, die da bis zu ihrem Tod nicht mitreden können. Als Luuk mich in jener Nacht mit dem Hund im Schnee herumtollend fand, war ich so sorglos in bezug auf uns, dass ich ihn gar nicht beachtete, sondern nur das ungestüme Tier, das von seiner eigenen Kraft nichts wusste.

»Wie heißt er eigentlich?« fragte ich, als ich keuchend wieder auf den Beinen stand.

Der Hund hieß Wolf. Hätte ich mir denken können.

Meinen Mantel abklopfend, bin ich neben ihm weitergegangen. Mir war alles recht, merkwürdig recht. Als wollte ich, was ich bereits hatte, bereits besaß, einfach noch ein Weilchen in Ruhe lassen, wie man es manchmal auch mit einem Geschenk macht, das man gerade bekommen hat. Um uns herum bot die Stadt einen bleichen, reglosen, tragischen Anblick. Unter der erstbesten Straßenlaterne packte er mich am Handgelenk, umklammerte es fest, legte seine Finger unter mein Kinn und schob mein Gesicht hoch. Ich sah seinen forschenden Blick, neugierig gemacht durch mein Schweigen, und offenbar fragte er sich, woran ich dachte, was ziemlich albern war, denn das konnte er wissen.

Ich dachte an jene Nacht, ich dachte daran, dass es das

Glück als feststehende Tatsache wirklich gibt, dass es das gibt, wie einen aus der Erde ausgegrabenen Topf, einen Gebrauchsgegenstand, der selten scheint, es aber nicht ist. Und nie war.

Das Knallen in der Ferne wurde lauter, doch das Paar unter der Straßenlaterne stand im Bühnenlicht. Die Schneeflocken, die Hausboote zur Linken, die brav dahinfließende Amstel, der Hund (seelenruhig mit dem Hinterteil auf dem eiskalten Boden, man wundert sich), alles um sie herum befand sich in derselben Umarmung wie sie. Aus der Lutmastraat hätte jeden Moment der Chor auftreten können.

»Dahinten ist ein Taxistand. Da gehen wir jetzt hin«, entschied Luuk, als wir nach einem weiten Bogen zu dem Punkt zurückkamen, an dem wir uns getroffen hatten.

Ich schüttelte den Kopf. Blieb stehen, wo ich stand. Er wartete.

»Nein«, murmelte ich, etwas abwesend, weil eines der Häuser schräg gegenüber meine Aufmerksamkeit fesselte. »Geh du jetzt mal rein.«

Dort war alles dunkel. Myrte lag natürlich längst im Bett. Hinter keinem der Fenster brannte mehr Licht, auch nicht hinter dem Gitterfenster in der Haustür, wofür man doch meistens sorgt, wenn nachts ein Hausgenosse noch draußen umherstreift. Ich sank auf die Knie, angeblich um den Hund noch einmal zu streicheln, in Wirklichkeit jedoch, um mir das dunkle Haus vorzustellen, über die Schulter zu dem Ort blickend, wo Myrte in dem großen Bett schlief, nachdem sie drinnen noch einmal nach allem geschaut und auch eine der Weihnachtsbaumkerzen losgedreht hatte.

»Ich finde es schön, jetzt ganz allein nach Hause zu gehen«, sagte ich und stand auf.

Gut, das akzeptierte er. Luuk, sollte ich noch merken, ist ein

Mann von großer innerer Entschiedenheit, der plötzlich, fast demütig, den Launen eines anderen (also meinen) völlige Priorität geben kann. Sein Gesicht bekommt dann den in sich gekehrten Ausdruck eines Wächters, er tritt einen Schritt zurück. Du da, ich hier. Sogar seine Atmung wird zurückhaltend. Sehr mysteriös. Diese Dinge konnte ich an jenem bewussten Abend natürlich nicht wahrnehmen, dafür war es zu dunkel. Er wandte sich mir brüsk zu, tastete nach dem obersten Knopf meines Mantels, schloss ihn, wickelte meinen Schal los, klopfte unsanft den Schnee heraus und legte ihn mir über Kopf, Ohren und um den Hals. Zum Schluss küsste er meine geballten Hände. Währenddessen gab es überhaupt keine Peinlichkeit zwischen uns wegen des Hauses auf der anderen Straßenseite, in dem er wenige Minuten später neben seiner Frau ins Bett kriechen würde.

»Schlaf gut«, sagten wir zueinander.

Er überquerte mit seinem Hund die Straße.

Nun ging ich über die Berlagebrug und gleich danach die in Schlaf gefallene Weesperzijde entlang, die Amstel jetzt also zu meiner Linken. Schon fast zu Hause, in der Zaksloot, sah ich eine kleine Kneipe, die noch offen war. Schon eine Weile lief ein Stadtstreicher neben mir her, ein gemütlicher Kerl mit glatt herabhängendem Haar unter einer roten Mütze, der mich, als das erleuchtete Kneipenfenster auftauchte, munter fragte: »Was wollen wir trinken?«

Wir gingen hinein. Und ich bestellte, an der Theke stehend, zwei Bier und danach zweimal Portwein. Was trödelte ich doch! Was hielt ich den Laden auf! Warum ging ich, eine in der Liebe glückliche Frau, nicht einfach ins Bett, um zu schlafen und mich zwischen meinen Träumen genüsslich umzudrehen? Es stimmt, ich wusste noch nicht, dass der größte Teil der schönsten Zeit meines Lebens, ein Liebesurlaub von nicht weniger als gut zwei Wochen (mehr als zwei!), noch vor mir lag. Dehnte ich Angsthase, was bereits war, doch lieber noch ein wenig aus, sicherheitshalber? Während ich meinen Kumpanen und mich im Spiegel hinter der Theke betrachtete, fühlte ich mich in höheren Sphären. Ich wandte mich dem Gesicht neben mir zu, einem mageren Gesicht voller Falten, schrecklich schmutzig, aber zum Lachen aufgelegt.

»Schläfst du im Bürgerhaus De Zon?« fragte ich.

»Ja, und ich dusche da auch.«

Ich betrachtete ihn schweigend.

»Muss sein«, erklärte er. »Vorschrift. Man zieht sich aus und bekommt ein schönes Stück Seife und ein großes, blitzsauberes Handtuch.«

Wie ich unser Gespräch auf das Glück brachte, weiß ich nicht mehr, und es spielt auch keine Rolle, jedenfalls war mein Freund diesbezüglich sofort äußerst dezidiert. Über Glück lasse sich nicht mit Worten reden.

Ich antwortete mit einem Blick: womit denn sonst?

Worauf er leicht verlegen reagierte. Augenbrauen hochgezogen, Blick gesenkt zu seinem Glas auf der Theke, im übrigen noch mehr als halbvoll, das er mit beiden Händen umfasste. Typisch arbeitslose Arbeitshände, sah ich, außer Betrieb gesetzte Dinger.

»Na?«

Und schmuddeliger noch als sein Gesicht. War er Steinkohlenschlepper gewesen? Mir fiel gerade die ledrige schwarze Schicht an der Innenseite seines rechten Daumens und Zeigefingers auf, als er sagte: »Mit einem Bleistift vielleicht, einem Pinsel, einem Stück Kreide …«

Er griff nach seinem Glas, trank es aus und grinste mich

kumpelhaft an. Es hätte mich nicht gewundert, wenn er jetzt einen Skizzenblock unter dem Mantel hervorgezogen hätte, um mir mit gebieterischem Finger alles mögliche Schöne, also Glückliche zu zeigen: Schau, das hier … oder hier, oder hier, schau!

Ich erwiderte sein Grinsen, innerlich jedoch nicht überzeugt. Denn von Glück, ich spreche natürlich von der Liebe, kann man doch in normalen Worten sagen, dass es ein Schauer ist? Eine Leichtigkeit in der Brust und der Luftröhre, die nichts Anatomisches mehr hat? Vielleicht wie ein Klumpen Speiseeis in der Kehle?

Aber ein tödlicher Schlag? Ein Beil? Eine Auswirkung, viel, viel zu groß für dein winziges Persönchen, die deinen ganzen Charakter deformiert und dich in eine Besessene verwandeln kann, die nicht recht bei Trost ist?

Doch ich greife vor, wie ihr wohl merkt. Ich laufe im Kreis herum wie eine Tigerin um ihre Jungen, um die paar Wochen zu verteidigen, von denen ich jetzt, nach Jahren, noch immer zehre. Sie stecken fest in mir. Sie benutzen mich mit ihrem törichten Glück, ihrem listigen Glück, das sich nur allzu rasch entsetzlich schlecht aufführen sollte, das aber doch in der richtigen Phase meiner Liebesgeschichte verortet werden muss.

Hier sind sie also, die Winternachmittage im gerade begonnenen Jahr 1987 in Amsterdam, wenn man sieht, wie die Tage schon wieder etwas heller und länger werden und eine gewisse Lehrerin, noch keineswegs in der Menopause, mit ihrem Geliebten und seinem Hund die Grachten entlangschlendert. Ja, tut mir leid, es war alles ganz alltäglich, ganz klein, mehr kann und muss ich auch nicht daraus machen. Einmütig blickten wir zum schönen Winterhimmel hinauf und verbanden ihn Stück für Stück mit unseren Gedanken, die, was mich betrifft und bestimmt auch ihn, alle auf nachher bei mir oben, im Bett, gerichtet waren. Aber Frauen sind anders als Männer. Und ganz gewiss ist eine Frau, die sich in der gewaltigen Aufregung darüber befindet, unter Millionen Männern den einen gefunden zu haben, ihren Supermann, ihren Auserwählten, anders als ein Mann des Typs, der jede Frau im Vorbeigehen einen Moment schwermütig taxiert.

»He du!« habe ich einmal zu ihm gesagt.

Und habe die Hand an seine Wange gelegt und sein Gesicht herumgedreht. »Wollen wir hier reingehen?«

In der Kneipe schlossen seine Knie mich unter dem Tisch ein.

Ja natürlich. Abgesehen von zwei ganzen Nächten waren es vor allem Nachmittage. Wir hatten schließlich beide unseren Beruf. Und was wir erlebten, fiel einfach zwischen die Banalität des Alltags – wir spielten im Vondelpark mit dem Hund, gingen einmal ins Kino, aßen im Restaurant Schiller am Rembrandtplein (ich reichlich dekolletiert), fanden an der Magere Brug eine tote Katze und begruben sie unter einem Mahnmal aus gefrorenen Kastanienblättern im Frederiksplantsoen – aber wie es zwischen uns funkte! Da ist was, da ist was! na und ob! versicherte ich mir selbst, wenn wir da saßen und uns durch eine Wolke Zigarettenrauch ansahen. Wann war das gleich noch mal? Wir hatten uns in der Kneipe bei der Bahnunterführung verabredet. Unser Gespräch hatte sich um uns selbst gedreht. Bei mir um meinen Vater, bei ihm um seinen achtjährigen Sohn, sein dreijähriges Töchterchen und um Myrte. Wie konnte ich nur geglaubt haben, sie spielten im Grunde keine Rolle? Nichts war weniger wahr. Nie würde er sie verlassen, das sollte ich noch merken und mehr oder weniger akzeptieren, und nie würde er Myrte weh tun wollen. Nie im Leben, nicht einmal das kleinste bisschen!

Heute denke ich, es kam durch das unerhörte Glück der Nacht zuvor. Glück?, ich bleibe noch ein wenig dabei, oh, das kann dermaßen drängeln. Hat so einen eisernen Willen, der Sache ein wenig Vorschub zu leisten, sie zu manipulieren, bis die Dinge so laufen, wie es sie haben will! Luuk war über Nacht geblieben. Die ganze Nacht, ja. Bis zum Morgen bei mir im Bett. Mir von Myrte geliehen, die darüber übrigens nicht explizit Bescheid wusste. Ihr Mann ist einer jener Männer, die öfter losziehen müssen, müssen oder es einfach tun. Sie scheinen das nicht bis ins Detail zu besprechen. Ich selbst habe alle diese Stunden nur gedöst, die ganze Zeit diesen großen Körper neben mir gewusst, der erschöpft auf dem Rücken lag, häuslich schnarchend, während meine Hand unter seiner Hand auf seiner Männlichkeit lag. Deren interessante Schönheit, deren Forschheit jetzt verschwunden war in einem weichen Stück Anatomie, rührend offen dalag, soviel verletzlicher als das, was wir Frauen in aller Privatheit für uns zu behalten gewöhnt sind. Mein Schlafzimmer liegt, ich habe es, glaube ich, schon erzählt, direkt unter dem Dach, das auf einer Seite steil abfällt. Es braucht nur ein wenig zu wehen, und man hat den Eindruck, man befinde sich in der geschützten Kajüte eines Schiffs.

Wieso hätte ich auf den Schlag gefasst sein müssen, der bald darauf fiel?

Vorläufig klingelte nur um sieben der Wecker, der uns einmütig hochschrecken ließ. Wunderbar. Genau wie das Sich-in-die-Quere-Kommen im kleinen Badezimmer. Und das Gähnen hinter vorgehaltener Hand, dem ebenfalls lächelnden anderen zulächelnd, dem deinen, der dir gegenüber am Küchentisch über dem dampfenden Kaffee sitzt. Was konnte mich denn schon erwarten? Nichts Schlimmeres, soweit ich sah, als mir nach der Schule eine Schürze umzubinden und mich an den Abwasch von gestern zu machen. Danach seinen freundlichen Anruf entgegenzunehmen, ein paar Worte, sie kamen am selben Nachmittag noch, ja.

Das Datum seiner Abreise war keine Überraschung für mich.

Luuk musste für einen Arbeitsbesuch oder eine Konferenz, ich weiß es nicht mehr genau, in eine Schwesterstadt, die auch kurz vor dem Versinken steht, Venedig.

»Ich bringe dich weg«, sagte ich.

Was ziemlicher Blödsinn war, man winkt heutzutage keinem Flugzeug mehr nach. Aber die Bahnfahrt nach Schiphol war sehr angenehm, und auch der gemeinsame Gang mit all den anderen Reisenden zur Abflughalle. Reisende sind ernste Menschen. Noch vor der Rolltreppe nach oben nahmen wir mit unbewegter Miene Abschied. Er sagte, er werde mich gleich nach seiner Ankunft anrufen.

Danach geschah viererlei.

Das erste ereignete sich fast sofort, als ich am unterirdischen Bahnsteig auf den Zug zurück nach Amsterdam wartete. Es betraf meine Dissertation, an der ich jetzt energisch weiterarbeiten wollte. Was, dachte ich verliebt, wenn ich das fatalistische heidnische Waagschalenmotiv gründlich auf seine Auswirkung im Christentum hin untersuchte? In dem du, Mensch, nicht unbedingt ein Held oder Champion, wenigstens etwas für deine Seele *tun* kannst? Ein Almosen, eine Barmherzigkeit, mal ordentlich beichten? Ich starrte auf die Mauer gegenüber von Gleis zwei. Wie eine Projektion tauchte vor meinen Augen die kolossale, fleischige Figur des Erzengels Michael auf, in der erhobenen Rechten die von den Heiden übernommene Waage.

Das zweite war, was ich erst nach einer Woche höllischer Geduld einsehen wollte.

Er rief nicht an.

10

So dass ich, drittens, eines Vormittags im Februar Myrthe an die Strippe bekam. Und ihr, viertens, auch noch leibhaftig begegnete, das war kurz darauf, ganz zufällig, an der Ecke Jozef Israëlkade/Van Wou.

Selbstverständlich hatte ich es erst beim Archäologischen Dienst im Gebäude der ehemaligen ABFALLSAMMELSTELLE OOST-WATERGRAAFSMEER versucht. »Kann ich Mijnheer Doesburg sprechen?« hatte ich das schüchterne Mädchen am Telefon gebeten.

Es hatte ratlos reagiert. »Mijnheer Doesburg?«

Mir sträubten sich die Nackenhaare. Mein Gott! Warum instruieren sie diese Aushilfskräfte doch nie, wirklich absolut nie, nicht einmal auf allerniedrigstem Niveau, ist das denn wirklich zuviel verlangt?!

»Mijnheer Doesburg, ja«, sagte ich sanft und danach, auf einmal wahnsinnig traurig: »Er sitzt in Zimmer sechzehn.«

»Zimmer sechzehn … Zimmer sechzehn …« hörte ich sie murmeln und danach noch einmal, verhauchend: »Zimmer sechzehn …«

Man könnte heulen vor Mitleid. Man könnte sagen (was ich dann auch tat): »Ach, Liebes, geh jetzt erst mal zum Automaten, hol dir einen Becher Kaffee, dafür hast du bestimmt noch keine Zeit gehabt.«

Nun hätte ich mich natürlich aufs Fahrrad schwingen können, um selbst diesen Mann in diesem Zimmer aufzustöbern.

Doch mein Gefühl sagte mir inzwischen: Nein, er ist nicht da.
Also suchte ich mir im Telefonbuch seine Privatnummer heraus, wählte und richtete den Blick auf die Dachrinnen auf der gegenüberliegenden Straßenseite.

»Myrte Doesburg.«

Freundlich, eine freundliche Stimme.

»Ich würde gern Mijnheer Doesburg sprechen«, sagte ich.

»Der ist nicht da«, sagte sie und fragte netterweise nicht, mit wem sie spreche. Nichts dergleichen, obwohl sie dazu alles Recht gehabt hätte. Sie erzählte mir, dass sie auch nicht genau wisse, wann er zurückkomme.

»Nächste Woche vielleicht?« meinte ich.

»Ja«, sagte sie. »Ja, das erwarte ich schon.«

Ich bedankte mich und legte auf.

Die rechtmäßige Frau von Luuk ist nett, dachte ich und dachte es wieder, als ich ihr fünf Tage später in die Arme lief, und wie! Welches Erschrecken wegen des Wolfshunds, den sie an der Leine hatte und der mit seinem muskulösen Körper voller Freude sofort an mir hochsprang, als ich um die Ecke Jozef Israëlskade kam! Weshalb ich bis ganz nach Amsterdam-Zuid gegangen war, um ein paar Sachen in der Parfümerie zu kaufen, weiß nur das Schicksal.

»Wolf!« ertönte es strafend, und ich muss zugeben, dass mich das schmerzte, diese Vertrautheit. Vor allem als das Tier seinem Frauchen auch noch gehorchte und sich gleich wieder auf allen vier Pfoten niederließ, obwohl er mir auch dann noch die Schnauze zwischen die Beine schob.

»Was hast du denn?« fragte Myrte lachend, während sie Wolf am Nacken streichelte, und zu mir sagte sie: »Bitte entschuldigen Sie. Das macht er sonst nie.«

Wir schauten einander an, das heißt, ich schaute, sie nicht.

Sie – erinnere ich mich auch vom zweiten Mal, über ein Jahr danach – starrte durch mich hindurch mit dem Blick eines Menschen, der bei einer Begegnung an etwas anderem interessiert ist als an den Gesichtszügen. Ich fand sie zart, auf eine bestimmte Weise hübsch, fein mit ihrer schmalen Nase und vor allem sehr unkompliziert und nett. Seine Frau oder nur seine Gattin? In erster Linie letzteres, das wusste ich damals noch nicht, sollte ich aber noch erfahren. Es wurde mir einmal so beiläufig von Luuk erzählt, dass ich mich nicht einmal mehr erinnere, wann er das tat oder warum.

Jetzt also dieser sonderbare Moment an einer Straßenecke in Amsterdam-Zuid. Komisch wie im Theater. Myrte, eine Frau, die seit der Geburt ihres Söhnchens kaum noch Interesse an Sex und seit der Ankunft ihres Töchterchens gar keines mehr hatte (abgesehen von seltenen »verblüffenden« Malen), und ich, ja, verdammt … die hungrige Cindy! Ist das nicht zum Lachen? Ja, ja, es stimmt wirklich, was Leute, die es wissen müssen, behaupten. Nur die Komödie hat manchmal noch etwas Vernünftiges darüber zu sagen, was all diese unmöglichen Begegnungen, schwer wie Elefanten, doch in unserem Leben zu suchen haben. Die Komödie oder vielleicht auch, fällt mir gerade ein, ein gutes Baseballmatch auf dem abgeschlossenen Gelände einer Irrenanstalt. Zufällig weiß ich, wovon ich spreche, vielleicht komme ich noch darauf zurück.

»Schönes Tier«, hatte ich mittlerweile gesagt.

»Mein Mann hat ihn aus dem Tierheim geholt«, sagte sie, auch wieder so freundlich gegenüber jemandem, der für sie im Prinzip niemand war.

Und schon entfernten wir uns wieder voneinander, wandten uns wieder voneinander ab nach so einem einmütigen Lächeln, das sich auf nichts bezieht. Sie und der Hund nahmen einen Weg, den ich als den meinigen betrachtete und noch immer betrachte. Da gingen die beiden, Myrte und der Wolfshund mit seinem tänzelnden Gang. Und ich trollte mich zur Haltestelle der Linie 24.

Mannomann, warum musste alles so theatralisch ablaufen, als wir einander dann doch wiedersahen! Ich weiß, dass unsere Stadt auf Pfählen erbaut ist, man liefert sie per Schiff aus Russland oder Skandinavien. Ich weiß, dass diese Pfähle nach ein paar hundert Jahren gelegentlich ausgetauscht werden müssen, und ich weiß sogar, dass man, während man mit dieser Arbeit beschäftigt ist, tunlichst nicht das Grundwasser auf der einen Seite des Fundaments abpumpen sollte, während man es auf der anderen stehenlässt. Die Mauern beginnen sich dann nämlich zu verschieben – ein paar Zentimeter reichen schon. Danach kann es verdammt schnell gehen.

Er war zusammen mit einem anderen Mann vor mir her geradelt. Ich entdeckte ihn am Anfang der Vijzelstraat, noch vor der Herengracht. Dienstagmorgen während der Stoßzeit. Er fuhr an der Außenseite, angeregt mit dem anderen Mann redend. Die Kolonne, zu der wir gehörten, ignorierte sämtliche rote Ampeln, eigentlich schade in diesem Fall. So war er nicht einzuholen. Zum Glück gelang es an der Kreuzung einem jungen Polizisten, der seinen Beruf offenbar auch erst lernen musste, ein gewaltiges Verkehrsgewühl zustande zu bringen, an dem ich mich auf dem Bürgersteig mühelos entlangschlängelte.

Ich stellte mich mit dem Fahrrad schräg vor die beiden.

»He!« rief Luuk, freudig überrascht, wie man sich in so einem Fall gibt. Auch der andere Mann zog eine fröhliche Miene.

Und in dem Moment verlor ich meinen Übermut. Wurde zu meinem Entsetzen voll von meinem früheren Ich überfallen, meiner eigentlichen Person, die sich vor diesen beiden mich anstarrenden Männern und der um diese Zeit natürlich verärgerten Horde Radfahrer am liebsten in Luft aufgelöst hätte. O Gott, ich spürte, dass ich erst blass und danach dunkelrot wurde!

»Warum hast du nichts von dir hören lassen …« stammelte ich.

Worauf wir alle drei fast überrollt wurden. Der Polizeilehrling hatte sich nach einem Blick auf seinen Ausbilder an die vorgeschriebene Armbewegung erinnert und sie auch ausgeführt. Wie konnte er auf seiner Pfeife blasen! In der nächsten Minute gelang es mir, meine Aufmerksamkeit ausschließlich darauf zu richten, meine Fahrtrichtung wiederzufinden und mich in das kollektive Tempo der Stadtbevölkerung einzufügen, die rechtzeitig bei der Arbeit sein musste. Luuk und sein Begleiter fuhren weit vor mir. Mich wie alle schüchternen Menschen in der Menge wohl fühlend, die immer weiß, was sie will, und immer sagt: na los, komm mit, fuhr ich hinter den beiden Männern her, noch völlig im Bann des soeben erlebten Moments. Ich hatte ihn mit feuerrotem Gesicht und fast in Tränen angeschaut. Und er hatte das gesehen.

Und *ich*, wurde mir jetzt bewusst, hatte gesehen, dass ihm das fürch-ter-lich zu schaffen machte. Dass sich seine Brauen zusammenzogen und seine Augen verdunkelten. Einen kurzen Moment lang zeigte er mir eines seiner intimsten Gesichter.

Mindestens so schuldbewusst wie damals mit dem Hund.

Bald schon kamen wir zur Prinsengracht und bogen nach rechts ab. Luuk, der andere Mann und, in einigem Abstand, ich. Dass sich meine Klasse in Kürze mit einer eiligst herbeigetrommelten Aufsicht würde begnügen müssen, stand in dem Moment bereits fest. Es interessierte mich nicht. Welches Wunder also, dass ich noch in derselben Viertelstunde dieses exzellente Alibi bekommen würde!

Auf einer Länge von hundert Metern war die Gracht gesperrt. Man war wieder einmal dabei, die Fundamente eines Gebäudes zu erneuern. Eine typische Aufgabe für die Bauaufsichtsbehörde, aber dabei kann man immer auch auf etwas Altes stoßen. Die beiden Archäologen, ich nahm an, dass der andere ebenfalls einer war, schlossen ihre Räder ab, stiegen über das Absperrband und krochen in das betreffende Souterrain, das zur Straße hin offenlag. Darüber das Kaufmannshaus, völlig intakt und bewohnt. Ich stieg ebenfalls schnell über das Band, bückte mich und spähte in den von einer Mauer zweigeteilten leeren Raum. Auf einer Seite freigepumpt – stinkende Erde und Steine –, auf der anderen das fahlblaue Grundwasser. »Steht aber hoch«, murmelte ich vor mich hin und erhielt, als ich mich wieder aufrichtete, einen überraschenden Kommentar.

»Was hattest du denn gedacht?«

Ein Männchen in einer zerschlissenen Lederjacke, das dort ebenfalls herumlungerte, sah mich pfiffig an.

»Wenn man will, kann man unter der gesamten Stadt durchschwimmen.«

Kurz darauf geschah es. Von der Stelle aus, an der ich stand, sah ich, wie ein Zittern durch die Fassade lief. Und wie fünf Männer, darunter Luuk, blitzartig aus dem Souterrain auf die Straße kletterten. Dort traten sie ein paar Schritte zurück, um trotz der drohenden Gefahr doch noch eben das Verhalten des Hauses zu beobachten. Hände am Kinn, Morgensonne im Rücken. Wie eine Gruppe auf einer dieser rotfigurigen Vasen.

Bis … bis einer dieser Männer in seinen direkt hinter ihnen an der Gracht geparkten Wagen stieg, um ihn – genau bevor die Giebelwand wegsackte und nach vorn kippte – doch besser ein Stück weiter entfernt abzustellen.

»Ja, Mijnheer«, würde ich gleich in einer Kneipe dem Rektor telefonisch berichten. Dabei würde ich aufgeregt keuchen. »Die ganze Giebelwand. Nach unten und nach vorn, ganze Mauerstücke auf einmal. Wenn man wollte, konnte man in drei, vier möblierte Etagen schauen, in denen noch ein paar Bewohner waren. Keine Toten, nein, keine Verletzten, das nicht direkt, aber ein Bild der Verwüstung, ich zittere noch am ganzen Leib …«

Wir hatten uns gegenübergesessen in der Kneipe. Um die Ecke Sirenen von Polizei und Feuerwehr, doch hier war es ruhig. Wir tranken Kaffee. Ich weinte. Und je besorgter er schaute, um so untröstlicher weinte ich. Es war, als hätte ich einen Kognak intus, dann kann ich auch auf einen Schlag so klar sein. So genau wissen, was mit mir los ist und wie ich es zum Ausdruck bringen muss.

Während ich seinen Blick auf mich gerichtet fühlte, dachte ich durchaus noch an den bizarren Anblick des Hauses ohne Fassade und daran, wie alle davongerannt waren. Diese Panikreaktion hatte ich schließlich gerade erst miterlebt. Während ich durch die Seitenstraße lief, hatte ich ihn durch ein Kneipenfenster gesehen, wo er im Stehen, eine Schulter an die Wand gelehnt, telefonierte. Kurz darauf saßen wir zusammen am Tisch. Ich legte die Arme darauf, Innenseiten nach oben. Meine Hände zitterten wirklich. Er ergriff meine Rechte. Begann sie zu streicheln, zärtlich wie ein Tierarzt, der einem unerwünschten Kätzchen leider doch eine Spritze geben muss. Was mich dann, vielleicht lächerlich, zum Weinen brachte.

»Luuk …« begann ich und sah, als er nickte, dass dieses ganze nach vorn weggekippte Stück Haus weder ihn noch mich auch nur im geringsten kümmerte. Gott, gönn diesem außerordentlich süßen Tränenausbruch bitte noch ein bisschen Zeit! Das habe ich wohl in meinem Herzen gedacht. Er war so lieb, so reumütig, wollte alles unverzüglich gutmachen. Ich sehe ihn noch in seinem Kalender blättern.

»Ich könnte … heute abend …«

Und ich schluckte und nickte durch meine Tränen hindurch »also gut«.

Und kurz darauf berichtete ich am Telefon, das direkt hinter uns an der Wand hing, dem Rektor, was mir gerade auf dem Weg zur Schule passiert war!, die Kehle noch dick vor Emotion.

Luuk hörte mit dem Rücken zu mir mein Telefongespräch mit an. Ich sehe seine Gestalt noch immer vor mir, gebeugte runde Schultern, gesenkter Kopf. Als wäre der Zustand dieses nackten Hauses ohne Vorderseite, ohne Wände und ohne Fenster ausschließlich seiner unglaublichen Dummheit zuzuschreiben, Esel, der er war! Als ich aufgehängt hatte und von hinten die Arme um ihn schlang, sehr innig, um ihm zu verzeihen, war ein starkes neues Element in unsere Beziehung getreten.

Wir schliefen wieder miteinander. Gingen aus. Redeten, lachten, rannten mit dem Hund herum oder radelten zur Fähre auf der Rückseite des Bahnhofs und überquerten das IJ nach Amsterdam-Noord. Kam der Moment des Abschiednehmens, dann machte ich immer ein leicht trauriges und er ein etwas schuldbewusstes Gesicht, wodurch unsere Umarmung eine zusätzliche Bedeutung gewann, wenn nicht für ihn, so doch auf jeden Fall für mich.

Diese zusätzliche Bedeutung, die anfangs nichts Schweres hatte, es war eher eine ganz eigene Art von Höflichkeit zwischen uns, wurde nach und nach stärker. Dass ich ihn immer bei mir haben wollte, was war das anderes als ein Zeichen

einer völlig normalen Liebe! Und dass er es auf sein Schuld-
konto schrieb, dass das nicht möglich war: doch wohl genauso
normal, oder? Schlafen wie Mann und Frau, das Bett teilen,
nicht für ein Stündchen, sondern für die ganze Nacht und
dann die Nacht darauf wieder … was um Himmels willen ist
an diesem Wunsch falsch? In die Zange genommen von der
unmöglichen Kombination aus heftigem Glück und heftigem
Schmerz, war mir zunächst nicht einmal bewusst, dass das
kleine Ritual, das einst spielerisch begonnen hatte – er sitzt
auf der Bettkante und bindet sich die Schuhe zu, ich sage:
»bleib« – sich nach und nach in den Vordergrund spielte.
Gab ich mich jetzt bekümmert, dann war ich bekümmert.
Barrikadierte ich in meinem kurzen Nachthemdchen rück-
lings die Tür zum Treppenhaus, dann stand ich in nichts hinter der großäugigen Hera zurück, Göttin und Hüterin von
Heim, Herd und Haustür. Hätte ich in den Spiegel geschaut,
dann hätte ich mich vor meiner eigenen Mimik zu Tode erschrocken.

Ich lass dich nicht gehen, du Schurke …

Um die Arme um seinen Nacken zu legen und ihn festzuhalten, musste ich mich auf die Zehen stellen. Er ist wirklich
ein ganzes Stück größer als ich. Machte er sich so vorsichtig
wie möglich los, standen mir bereits Tränen in den Augen.
Ging er einen Moment später die Treppen hinunter, dann
wusste er, dass ich bäuchlings auf dem Bett lag und wütend
schluchzte.

Ja. Und dann wusste *ich*, dass er, ohnehin ein schlechter
Schläfer, in dieser Nacht wachliegen würde. Was mich dann
wieder etwas fröhlicher stimmte, ich sage es ehrlich. Versöhn-
nungsgesinnt kroch ich unter die Decke und schlief ein.

Und dann? Dann stellte ich irgendwann fest, dass er nicht

nur *noch* ein Privatleben hatte, außer unserem gemeinsamen, das war nichts Neues und im Prinzip in Ordnung, sondern dass es ihm da auch noch bestens erging! Das schockierte mich, und ich wurde neugierig. Begann zu fragen. Er gab Antwort. Warum auch nicht? Warum sollte er vor mir verbergen müssen, dass er immer früh aufsteht, sich anzieht, rasiert, unten in der Küche die Zeitung liest und genau wie sein Vater früher dafür sorgt, dass die Familie den Tag mit duftendem Kaffee, warmer Milch und getoastetem Brot beginnen kann? Es fesselte mich. Ich sah die Szenerie vor mir. Absolut keine, auf die man nicht mit einem kleinen Wort, einem Lächeln reagieren würde.

»Was bist du still«, sagte er daher einmal. Wir gingen an einer kleinen Werft auf dem Prinseneiland vorbei, wo wir schon ein paarmal gegessen hatten. Er sah mich von der Seite her prüfend an und verstand nicht, warum ich schwieg, im übrigen redete er schon längst über etwas anderes.

»Ich *bin* nicht still!«

Bockig ging ich jetzt einen Schritt vor ihm und wartete auf seine Reaktion.

Hatte er es da schon erkannt? frage ich mich jetzt, während ich über dies alles nachdenke. Verstand er da schon, was in mir vorging? Als wir das Restaurant betraten, raunte er mir sogar noch in der engen Türöffnung, den Arm um mich gelegt, etwas ins Ohr. Leichte, heitere Dinge, die mich in die ausgezeichnete Laune einer Frau versetzten, die weiß, dass ein Mann an ihren Röcken hängt. Er konnte das, ja, besser als jeder andere: etwas wiedergutmachen.

Der Wirt setzte uns an den Tisch für Liebespaare, das heißt: nicht mit Aussicht auf die Boote, Boote fahren weg, und der einsame Rudergänger ist immer ein Mann, sondern vis-à-vis von einem Gemälde mit Pfingstrosen in einer verbeulten Kupferkanne.

Vorläufig ging alles noch gut. Ich angelte nach den Details seines anderen Lebens. War das Licht darin ein wenig *zu* leuchtend, dann schloss ich die Augen, fertig.

Einmal, es war gegen Sommerende, saßen wir in der Schaufel einer Laderaupe in Ouderkerk an der Amstel. In einer Baugrube neben dem jüdischen Friedhof, der noch aus der Zeit stammt, als die Juden wie Pesttote außerhalb der Stadt beerdigt wurden. Es war gegen Abend. Ich war mit dem Rad gekommen. Bis auf Luuk waren alle vom Archäologischen Dienst schon fort. In der verträumten Stimmung der Abendsonne auf den schiefen Grabsteinen waren wir eine ganze Weile still, kamen dann aber doch ins Gespräch. Sein Arbeitszimmer zu Hause lag nach Westen, erfuhr ich. Ein angenehmes Zimmer, das Myrte stets als seinen Rückzugsraum respektierte und sich lediglich zeigte, um zu sagen: »So, das Essen ist fertig.« Ich lächelte verständnisvoll.

Sein Zuhause schien mir wunderbar. Auch die Besuche des Ehepaars Doesburg bei Freunden und Kollegen schienen mir wunderbar, ganz zu schweigen von den Besuchen bei dem alten Vater und den drei Brüdern, den drei fröhlichen Schwägerinnen und der dazugehörigen Kinderschar. Die verursachten einem einfach Bauchschmerzen, so wunderbar waren sie.

»Du siehst so blass aus. Sitzt du denn gut?« unterbrach Luuk den Familienroman in meinem Kopf.

Ich wollte ihn anlachen, ja, ich sitze gut, was auch stimmte, so mit hochgezogenen Beinen gegen die abgeschrägte Seite der Ladeschaufel, das mit ein paar riesigen schmiedeeisernen Muttern verzierte Oberteil wie eine Haube über uns beiden. Aber ich bekam mein Gesicht nicht in Bewegung.

Gemütlich, als würde *mir* das helfen, setzte er sich ein bisschen anders hin, strich mir kurz mit der Hand über den Kopf, blickte auf provozierend vergnügte Weise vor sich hin und sagte: »Sieh dir das an.«

Aus dem Schlammloch der Ausgrabung kletterten zwei sehr große Frösche hervor und liefen zum nächstgelegenen Baum. Liefen, ja, das war das Komische, ich kannte Frösche nur als springende Tiere.

»Wie merkwürdig«, sagte ich versöhnlich, und er: »Das sind Laubfrösche. Pass mal auf.«

Während wir zuschauten, wie die beiden knallgrünen Geschöpfe sich zu einer Kiefer begaben und sich hintereinander den Stamm hinaufarbeiteten, spann ich in Gedanken das Thema fort, das mich nicht losließ. Seine Gattin, die seinen Körper zwar mied, mit der er sich aber bestens verstand, seine Kinder, seine Brüder, mit denen er Billard spielte, trank, lachte und in den verschiedenen Häusern Reparaturen vornahm, seine viel jüngere Halbschwester, sein immer hinfälliger werdender Vater und seine Stiefmutter, Marina, mit der er sich auch recht gut verstand … Als ich aber noch einmal nach seiner Familie fragte, warf er mir einen müden Blick zu, stupste mich am Arm und deutete zum Baum. Einer der Frösche hing mit den vorderen Schwimmhäuten an einem dürren Zweig und sah uns, den Bauch voran, fassungslos, wenn nicht entsetzt an. Ich platzte los. Luuk ebenfalls, aber er blieb doch leicht besorgt.

Kaum mehr traurig, beschuldigte ich ihn:»Sieh ein, Liebling, dass du ein wahnsinniger Glückspilz bist.«

Er schlug vor, in der Stadt essen zu gehen.

Ich reagierte sportlich. Geht das denn, im Hinblick auf zu Hause?

Es ging. Mit der Miene eines Sünders, der unverzüglich Vergebung erlangen will, hob er mein Rad in seinen Kofferraum.

Während die Monate verstrichen, spürte ich, dass etwas Unheilvolles zwischen uns entstand, wusste aber nicht genau, was. Kleine Momente der Abkühlung kennt jede Liebe. Am Ende unseres ersten Jahrs, am Montag, dem zehnten Dezember, brach unsere Idylle zum erstenmal zusammen. Es war ein Abend mit Regen. Es klingelte. Unser Zeichen, dreimal kurz. Eine starke Vorahnung sagte mir: nicht aufmachen, dies ist ein schlechter Abend. Er kam herauf, küsste mich, ohne mich anzusehen, und blieb stehen. Ich wusste bereits, dass er nur kurz bleiben würde, verstand aber nicht, dass er den Mantel anbehielt.

»Setz dich«, sagte ich steif.

Er tat es. Er ging zum Drehstuhl an meinem Arbeitstisch, gab ihm einen ungeduldigen Schubs und nahm Platz. Ich sah einen großen fremden Mann in nassem Regenmantel, der auf den Boden zwischen seinen Schuhen blickte. Bis zu diesem Moment wusste ich nicht, wie sich Angst anfühlt, nicht die Angst, die sich radikal, mit einer Art Sekundenkleber, für immer an dem festklebt, was für dich das Glück ist.

»Du und ich ...« begann er.

Und ich spürte, wie der Boden unter mir nachgab.

Halt jetzt sofort den Mund, dachte ich, während eine sehr böse, sehr plötzliche Wut in mir aufloderte. Klappe, bitte! Ich bedauerte, dass ich keinen Revolver mit Schalldämpfer besaß.

Er hob den Kopf und blickte mich an. Ich sah, dass sein Blick sich veränderte, von abwesend zu aufmerksam, als rege sich ein vernünftiger Gedanke in ihm. Als ich sagte: »Wollen wir mal kurz raus an die frische Luft?«, stand er bereitwillig auf.

Wir gingen an den Lagerhäusern des Hoogte Kadijk entlang. Wir suchten einen Antiquar auf, der auch abends nie zumachte, weil sein Laden sein Wohnzimmer war. Der Wind kam von Südwest. Man konnte die Uhr der Zuiderkerk schlagen hören. Als wir schließlich wieder in meine Straße kamen, war ich erschöpft. »Geh jetzt«, sagte ich leise, ohne den geringsten Groll, als wir vor meiner Haustür standen, und auch er sagte leise, schläfrig: »Ich ruf morgen an.«

Es war ein Moment großer Liebe. Das weiß ich genau, und dabei bleibe ich trotz der Tatsache, dass er sich in der Zeit danach, und das waren Monate, für mich unerreichbar zu machen versuchte.

Was ihm, natürlich, nicht gelang.

12

Die Welt ist groß. Aber wenn man will, dann bekommt man den einen, den man unter all den anderen sucht und unablässig im Sinn hat, doch immer ins Visier. Das gilt für eine Frau nicht weniger als zum Beispiel für einen Jäger, der einem grauenhaft intelligenten großen weißen Pottwal nachstellt. Luuk steht bei dem kleinen Bäcker in De Pijp und kauft Brot, ich bin wie zufällig auf dieselbe Idee gekommen und lasse mich ertappen, als er sich an der samstäglichen Schlange vorbei nach draußen zwängt. »Ach ... hallo, Cindy!« Die Schlange treibt uns fast im selben Moment wieder auseinander, wir lachen uns verständnisvoll zu. Und wir lachen wieder, eine Woche später, als er mit Wolf die Prinsengracht entlanggeht und ich wie durch einen Zaubertrick zufällig beim Briefkasten auf der Brücke zum Vorschein komme. »Wie geht's«, hebe ich an, er aber blickt mit einer Miene zur Seite, die »he!« ausdrückt: Da kommt gerade der städtische Bürgerbus, der von jedem, der schnell genug ist, angehalten werden kann. Eine hastige Armbewegung. Tschüs! Tier und Mann schlüpfen in den Bus. Die Schiebetür schließt sich beim Anfahren von selbst. Dass er zu so einem Manöver imstande ist, hätte ich nie von ihm gedacht! Auch Wolf hätte gern etwas herzlicher sein dürfen.

Natürlich rufe ich ihn regelmäßig bei der Arbeit an. Sofern ich korrekt weiterverbunden werde, erkenne ich seine Stimme oft kaum. »Was ist mit dir«, frage ich sanft und vorwurfsvoll und erhalte auch eine Antwort. Er ist sehr beschäftigt. Auf diese Weise geht es ein Weilchen weiter. Ich werde müde und auch sehr trübselig, weil nirgends in der Stadt noch gegraben zu werden scheint. Wo sind die Arbeiter, wo die Archäologen! Die Grube im Waalsteeg ist mit einer scheußlichen bräunlichen Plane abgedeckt.

So kam der Tag, an dem er mir nicht mehr aus dem Weg gehen konnte und es außerdem auch nicht wollte. Ein kalter, nasser Frühlingstag, für mich jedoch so schön wie der ganze Mai zusammengenommen, an dem ein fast zitternder Luuk mir erzählte, dass sein Vater gestorben sei. Das geschah in der Straßenbahn Linie 10, der Nahverkehrslinie, die wir an dem Tag nahmen, an dem wir uns begegnet sind und ich ihm sofort, als wäre es die natürlichste Sache der Welt, zu folgen beschloss.

Aufrichtig überrascht, dass ich einstieg, diesmal war es wirklich Zufall, sah ich ihn wie einen geprügelten Hund in der hintersten Reihe am Fenster sitzen.

Ich setzte mich sofort neben ihn, mit bedrückter Miene, innerlich jubelte ich.

»Was ist *passiert*?«

Sein Vater war also gestorben. Er nahm meine Hand. Seine war klamm. Er hielt meine Hand ganz fest.

»Wann denn?«

Die Art und Weise, wie er sagte: »Gestern«, verriet mir, dass er, tief erschüttert über den Tod, mich noch immer liebte und vermisste.

13

Ich sehe sie noch auf mich zukommen. Menschen in einem Trauerzug bewegen sich immer langsam, aber diese gingen es wirklich ganz besonders ruhig an. Sie schienen sich eher voranzuschieben, als dass sie gingen. Wie auf einem Förderband bewegten sie sich in einer geschlossenen Gruppe auf mich zu. Ich hatte einen Stuhl am Mittelgang, fast ganz hinten. Konnte also ausgiebig beobachten, wie die Familie sich vom oberen Ende der zylinderförmigen Trauerhalle zum Ausgang begab, auf dem Weg zur Beisetzung, die Reden waren bereits gehalten. Der Sarg mit dem toten Gustaaf Doesburg wurde nicht getragen, sondern von den Enkelkindern gerollt, vier auf jeder Seite der fahrbaren Bahre. Eines von ihnen war unter den Rednern gewesen. Ein schluchzender Enkel am Mikrofon, dem die Stimme versagte. Ihm wurde sofort Hilfe aus der vordersten Stuhlreihe zuteil, eine junge Frau, von der ich inzwischen weiß, dass es seine Tante ist, Dittie, Luuks Halbschwester. Der Vater des Jungen ist Luuks ältester Bruder Kaspar. Von dem weiß ich, dass er Anglistikprofessor ist und sich gerade in einer schwierigen Ehescheidung befindet. Dittie, zusammen mit ihrem Neffen am Pult, hatte den Arm um die Schultern des Jungen gelegt und seine Wange gestreichelt. Aus dem Stegreif sagte sie dann ein paar rührende Dinge. Es war alles sehr bewegend. Jetzt glitt der ungefähr vierzehnjährige Junge mit einer ruhigen Glut in den Augen an mir vorbei. Diesen Blick hatten die meisten im Trauerzug. Als kämen sie nirgendwoher und gingen nirgendwohin.

Traummenschen, ja. Angetrieben von der schwarzen Stimme aus den Lautsprechern, die dasselbe Lied sang wie vor einer Dreiviertelstunde, als die Feier begann. Beginn und Ende gleich. Das tut seine Wirkung. Der Tote kommt herein, der Tote geht. Die Stimme singt. Ich kannte das Lied. Hatte es wie vermutlich auch Gustaaf Doesburg immer gemocht. Es hieß »Wild is the wind« und sprach von gewaltigen Dingen, die ohne unser Zutun geschehen. Die sich nach ihren eigenen Gesetzen vollziehen. Ja, natürlich, auch die sanften und lieben Dinge. Gerade die.

So schob sich auch Luuk in weniger als einer Armlänge Abstand an mir vorbei. Ich konnte seine Wärme spüren. Er ging nicht neben Myrte, sondern hatte die Witwe am Arm, Marina. Ihn hatte sie sich also auf ihrem Abschiedsgang an ihrer Seite gewünscht. Als Stütze, darf man annehmen, als Halt. Wirklich? Marina, ein ganzes Stück jünger als ihr verstorbener Ehemann, hielt den Kopf zu ihrem Stiefsohn geneigt und ihre Rechte mit festem Griff um dessen Linke. Ihr Blick war aufmerksam. Ja, auch das konnte ich eindeutig erkennen, ihr Ritter mit dem zerknitterten Gesicht hatte in dieser Nacht sehr wenig geschlafen.

»Luuk! …« flüsterte ich hilflos und musste an mich halten, um ihn nicht kurz in die Seite zu stupsen. »Hier bin ich. Ich bin da, siehst du?«

Ja, ich hatte ihn doch wieder selbst aufstöbern müssen. Wenige Augenblicke nachdem wir uns in der Straßenbahn getroffen hatten, war er aufgestanden, Haltestelle Oosteinde, in seinen Augen einen Befehl, den ich respektierte. Lass mich. Doch die Aufgabe, Zeit und Ort für das nächste Wiedersehen zu ermitteln, die mich nur allzu oft gewaltiges Kopfzerbrechen kostet, war diesmal lächerlich einfach gewesen. Die Beisetzung, so ging aus der Anzeige in der Morgenzeitung hervor, würde am Freitag, dem zwanzigsten, um 11.00 Uhr auf dem Städtischen Friedhof in Hoek van Holland stattfinden ...

Er bemerkte mich nicht. Der Trauerzug war schon wieder weitergerückt. Die Familie war groß und der engste Bekanntenkreis offenbar auch. Man ging zu zweit oder dritt. Myrte ging als einzige allein. Dass ich unter den Enkelkindern kein vier- oder vielleicht fünfjähriges Spätzchen gesehen hatte, hatte mich bereits vermuten lassen, dass sie den jüngsten Doesburg-Spross zu Hause gelassen hatten. Myrte bewegte sich schlank und kerzengerade in einem schwarzen Kostüm in der Mitte des Gangs, den Blick auf die offenen Türen gerichtet, groß wie Kutschenportale. Wenn es wahr ist, was er sagt: warum tust du es dann nicht mehr mit ihm, Myrte? fragte ich sie im stillen. Oder nur noch ganz selten? Dein Mann ist gut im Bett, ist ein erstklassiger Liebesfreund, der sehr gut weiß, wonach ein Frauenkörper sich sehnt, je nach Laune, Zeitpunkt oder einfach nur so. Das brauche ich dir wohl nicht zu sagen. Hast du einen heimlichen Liebhaber? Oder?

Genau in dem Moment, als die Verzauberung durch das Lied endete, konnten wir, die anonymen Teilnehmer, uns dem Zug anschließen, der sofort unordentlicher und alltäglicher wurde. Zusammen mit zwei anderen Frauen landete ich im Freien, wo sie sofort zu schwatzen begannen. Sie bezogen mich mit ein, als bildeten wir eine Gruppe. Zunächst ging es um die Feier, danach ums Wetter.

»So. Der Nebel hat sich gelichtet.«

Die Jüngere der beiden sah mich dabei lächelnd an.

»Kommt durch den Wind«, antwortete ich.

»Ja, Wind, aber kalt ist er nicht.«

»So viele Leute, nicht«, sagte die Ältere.

»Das kann man wohl sagen!« erwiderte ich.

Als eine Art Nachhut gingen wir mit der Gesellschaft den Weg hinauf. Die Toten liegen hier schön, sah ich. Wenn sie sich ein wenig anstrengen, können sie zu ihrer Rechten die schwarzen Schiffe auf dem blauen Waterweg sehen. Das Meer nicht. Aber das wiederum kann man bestimmt am besten riechen und hören, wenn man flach auf dem Rücken liegt. Die Knochen entspannen sich, der Geist treibt dahin und fragt sich zögernd, ob es *das* nun ist.

Meine beiden Begleiterinnen blieben bei einem Stein stehen.

»ADRIANA MARIA MAAS«, las ich laut, und für mich: FÜR IMMER IN UNSEREN GEDANKEN.

Sie sahen mich mitleidig kopfschüttelnd an.

»Adriana Maria Maas …« wiederholte ich daher murmelnd, rein für die Stimmung, den wohllautenden unbekannten Namen. Schon fast achtzehn Jahre tot.

»Meiner Meinung nach hätte er am liebsten neben ihr gelegen«, sagte die eine.

Die andere: »Aber da ist kein Platz, nicht.«

»Nein?« fragte ich vorsichtig. »Haben sie keinen zusätzlichen Raum vorgesehen im Grab?«

»Keinen Zentimeter.«

Ich blickte von der Sanddornhecke hinter dem Stein und dem mit weißen Steinen belegten Boden zu den beiden Frauen.

»Aber ordentlich gepflegt«, sagte ich.

»Machen die Kinder«, sagte die Jüngere.

Doch die andere zog eine zweifelnde Miene. »Oder er. Hat damals so ein Grabpflegeabonnement inklusive Grünausstattung genommen.«

Sie blickte von ihrer Begleiterin prüfend zu mir.

»So etwas sah ihm ähnlich«, sagte sie noch.

Ich folgte ihrer deutenden Kopfbewegung. Dort, ein Stück weiter in dem dunklen Gedränge unter einer Gruppe von Tannen, bückte und hantierte man bereits. Erst da begriff ich, von wem sie sprachen.

»Könnte gut sein«, sagte ich.

So kamen auch wir zu dem Loch in der Erde, das, muss ich sagen, etwas angenehm Vertrautes für mich hatte wegen des daraus aufsteigenden Geruchs, der abgestochenen Sandwände, einem Sarg, der noch freilag, und dem plattgetretenen Zeug neben einem kleinen oberirdischen Sandhaufen. Ich bückte mich zu dem bereitliegenden Schäufelchen, strengte mich an und warf eine ordentliche Portion schönen sauberen Dünensand auf den toten Schwiegervater – auch für mich, wie ich doch wohl behaupten darf. Als ich mich wieder aufrichtete, spürte ich, wie mich eine gewaltige Dosis Vertrautheit und Frieden von Kopf bis Fuß durchströmte.

»Eben mal die Nase putzen«, sagte ich.

Worauf es mir gelang, wieder für mich zu sein.

Sehr angeschlagen betrat ich den Kondolenzraum. Dort stand sie, aufgereiht, die vollzählige Familie Doesburg, deren Trauer auf mich übergegriffen hatte. Oh! durchfuhr es mich, während ich auf sie zuging, ich hätte auch eingeladen werden müssen!

14

Ja, es war großartig, was für ein Bild: die ganze Familie, bereit, mir die Hand zu reichen. Und ich mit Tränen in den Augen auf sie zu, Tränen in den Augen, ich erzähle das, ohne mich zu genieren, denn, man rieche und sehe: Etwas weiter hinten trank man bereits Kaffee und kaute Brötchen. Rauchte dankbar. Es gibt Situationen – vor allem wenn jemand gestorben ist –, die einem auf niederschmetternde Weise einbleuen, dass die einzige Wirklichkeit von Belang die hier und jetzt ist. Und was ist alltäglicher, frage ich, als der eigene Geliebte? Physischer Teil von einem selbst, mit dem man in Brötchen beißt und Kaffee trinkt, vor den Augen der Welt, und im Verborgenen alle möglichen Dinge treibt, auf die ich wohl nicht näher einzugehen brauche?

Trotz meiner Rührung trat ich ruhig und entschlossen auf sie zu. Ich begann bei der Witwe Marina, kondolierte danach ihrer Tochter Dittie und dann dem Herrn, der neben ihr stand. Wirklich schön, mit so einem jungen Mann, mit dem man nichts zu schaffen hat, einen so durch und durch traurigen Blick ob der Existenz des Todes zu wechseln. Ich ging weiter zu den Brüdern von Luuk. Kaspar, Wijnand und Jan, die dank ihrer Statur leicht zu identifizieren waren. Ich drückte ihnen die Hand. Angenehm, euch kennenzulernen. Angenehm, auch euren Anhang von Frauen und Kindern kennenzulernen. Einem, einem kleinen, strich ich über den Kopf. Das herzliche Ding lachte die Tante an. Ein verirrter Moment.

Ein Moment, in dem Entscheidungen fallen.

Ich will auch eins, dachte ich, genau als ich vor Luuk stand, der mir mechanisch die Hand entgegenstreckte. Ja, wirklich, ich will das, und es ist auch noch möglich, mit ein bisschen Glück. Was ist normaler für eine gerade noch fruchtbare Frau, als ein gesundes Kind von dem ihr vor allen anderen am Herzen liegenden Mann zu bekommen, mit dem sie geschlechtlich verkehrt? Das ist in unserer Zeit nicht weniger normal als zur Zeit unserer Urväter und -mütter. Und darf sie zu seiner Familie gehören, mit Kind oder notfalls ohne, oder darf sie das nicht? Ich denke, sie darf, dachte ich und schob meine Hand in seine.

Er sah mich mit seinen leicht wässrigen Augen unter den schweren Lidern an. Sein Blick war deutlich introvertierter als der der anderen Familienmitglieder, aber er sah, dass ich es war, das konnte ich deutlich erkennen. Bevor ich wusste, wie mir geschah, war ich allerdings schon zu Myrte weitergerückt. Noch ganz in Gedanken drückte ich ihr die Hand, sagte aber kein Wort. Bei den letzten in der Reihe erwartet das übrigens auch niemand mehr von einem.

»Danke sehr«, sagte sie trotzdem und blickte, wie beim vorigen Mal, wohlwollend über mich hinweg. Ob sie mich erkannte, konnte ich nicht feststellen.

Eine Bedienung kam mit einem Tablett voller Gläser. Die Familie löste sich unter den versammelten Freunden und Bekannten auf.

Die genauen Einzelheiten meines darauffolgenden Gesprächs mit Luuk habe ich vergessen, aber das macht nichts. In Gedanken sehe ich uns friedlich mit einem Glas Wein beisammenstehen, etwas weiter hinten bei den Fenstern. Er billigte mein

Kommen. Wunderte sich keineswegs darüber. In dem Trubel um uns herum, der richtiggehend fröhlich geworden war, richtig gesellig, fragte ich nach den letzten Tagen seines Vaters. Das macht man ja dann wohl. Gustaaf Doesburg war friedlich eingeschlafen. Ich nickte sachverständig, begann aber nicht von meinem eigenen Vater zu erzählen (der seine letzten Monate ohne irgendein Anzeichen, unglücklich zu sein, in einer psychiatrischen Klinik mit einer geriatrischen Abteilung zugebracht hat. Die Einrichtung verfügte über einen tollen Sportplatz mitten zwischen den grundhässlichen Gebäuden. An einem Fenster im ersten Stock eines dieser Gebäude fand ich ihn eines Nachmittags vornübergesackt auf seinem Stuhl, Stirn am Fensterrahmen. Ich ging neben ihm in die Hocke. Auf dem Gras unten lief ein Baseballspiel zwischen Pflegern und Patienten. Meine Wange an seinem noch lauwarmen Gesicht, klein, mit einem schönen, gepflegten Bart, habe ich ein Weilchen zugeschaut. Die Pfleger trugen ihre weißen Kittel, die Patienten waren ebenfalls zum größten Teil in Weiß, die Sonne stand bereits tief. Verstärkt durch die riesigen Schatten auf der Grasfläche war die Erstarrung, direkt vor dem Schlag, enorm!) … Dafür war es nicht der richtige Augenblick. Wir sprachen ein wenig über die Familienmitglieder, auf die mein Blick zufällig fiel und nach denen ich mich erkundigte. Nichts Besonderes.

Nichts Besonderes, es sei denn dies: Zwischen dem Glück des einen und dem verlorenen Glück des anderen liegt, wie auch immer, etwas Skandalöses!

»Ich gehe«, sagte ich irgendwann, und er nickte zustimmend. Ja, geh nur. Und wir treffen uns bald wieder. Wo und wann? wollte ich noch fragen, aber dazu kam es nicht.

An der Garderobe fing ich im Spiegel mein Gesicht auf. Natürlich, sagte es sanft und ergeben, zwischen euch gibt es eine Beziehung, sei froh, Liebe ist nicht möglich ohne Beziehung. Dass die zum Teil, möglicherweise zum größeren Teil, aus einer äußerst eigenartigen Abmachung besteht, muss der Sache nicht unbedingt Abbruch tun. Der Mann, mit dem du gehst, hat etwas auf dem Kerbholz. Ohne dass er dir auch nur irgend etwas angetan hätte, steht er hoffnungslos bei dir in der Kreide, und er weiß es. Und du weißt, simpel und betrübt, dass du trotzdem bereit bist, mit ihm weiterzumachen … (dass du ihn um jeden Preis daran hindern wirst, mit dir Schluss zu machen, ihn unter keiner Bedingung loslassen wirst!)

15

Heute sitze ich bei Regen und Wind auf der Bordsteinkante gegenüber einem gewissen Haus am Amsteldijk. Und wozu, werdet ihr vielleicht fragen, und wenn ich dann sage »nur so«, wollt ihr vielleicht wissen, warum um Himmels willen ich dann dort hocke. Es ist ein kühler, unangenehmer Augusttag, ich bin wieder mal nicht entsprechend angezogen, kein Mantel, keine Mütze, kein Schal. Ich sitze hier in meiner Sommerhose, weil ich das schön finde. Wenn man alles verloren hat, bedeutet das dann Verzweiflung? Ja, aber nicht nur. Um ehrlich zu sein, man empfindet auch eine gewisse Wohltat. Nicht nötig, hier den tieferen Grund zu verstehen, es ist so. Weißt du, dass ich da bin, Luuk? Siehst du, wie ich hier sitze? Es macht mir nicht einmal etwas aus. Vielleicht ist er ja auch jetzt wieder nicht zu Hause. Was kann dieser Mann aushäusig sein! Wie oft hat dieser kleine Dialog – »Hallo, Cindy hier.« »Oh, hallo.« »Kann ich Luuk mal kurz sprechen?« »Der ist nicht da.« »Schade. Würdest du ihm bitte sagen, dass ich angerufen habe?« »Mach ich, Cindy. Tschüs.« »Tschüs.« – wie oft hat dieses kleine Frauengespräch zwischen Myrte und mir nicht schon stattgefunden?

Ich strecke meine Beine. Ich setze die Hände ins nasse Gras neben dem Radweg und dehne mich. Der Himmel über dem Haus ist betongrau. Alles, was geschehen ist, kann unmöglich *nicht* geschehen sein, im nachhinein.

O Gott, nein.

Alles, was ich in aller Heftigkeit erlebt habe, erlebe ich noch immer, und damit, das wage ich wirklich zu behaupten, damit stehe ich nicht allein … Luuk, weißt du noch, mein verrückter Wutanfall? Ich war beim Kauf eines Kleides im Maison de Bonneterie in Rage geraten, eine sauteure Angelegenheit, bestens dazu geeignet, einen rasend zu machen. Während die Verkäuferin auf dem Fußboden um mich herumkroch, ein sachkundiges Wesen, wie es sie früher gab, Stecknadelkissen am Handgelenk, begann ich dir insgeheim vorzuwerfen, dass du mir nie angeboten hast, Frau und Kinder zu verlassen. Nie! Nicht einmal andeutungsweise, nicht einmal zögernd, nur so als Idee, während des vagen Vorschlags bereits wieder auf dem Rückzug. Allein schon aus reinem Anstand mir gegenüber hättest du das doch mal tun können. Auf dem Weg nach Hause, in der Straßenbahn, stand das Kleid in einer harten Papiertasche zu meinen Füßen, den Rock etwas kürzen konnte ich selber. Mein Groll auf dich wuchs. »Damit werden Sie Erfolg haben«, hatte die Verkäuferin gesagt, und ich hatte sie angestarrt und erwidert: »Oh. Wirklich? Ich bin aber schon über Vierzig. Dann sind die Chancen nur noch sehr begrenzt, das wissen Sie doch wohl selbst.«

Als ich nach Hause kam, zog ich das Kleid, die Stecknadeln noch im Saum, sofort an, ja, ja, es war rot, mohnrot, daran wirst du dich bestimmt erinnern, mein Herr Geliebter, ich schminkte mir die Lippen, schüttelte vorgebeugt mein Haar in Form, rief ein Taxi, das keine fünf Minuten später erschien, und nannte die Adresse der ABFALLSAMMELSTELLE OOST-WATERGRAAFSMEER, ohne mir sicher zu sein, dass du dort warst. Trotz meiner enormen Eile musste das Taxi ausgerechnet auf der Wibautstraat ein ganzes Stück lang hinter irgendeiner demonstrierenden Menge her zuckeln, Transparente, ein Megaphon, das übliche Amsterdamer Theater, aber nichts, was wie der Vorbote einer Schlacht aussah. In der Straße der Abfallsammelstelle war es ruhig wie immer.

Und du warst da, Luuk. Du warst tatsächlich da, das merkte ich schon dem Studenten an, der mir auf einem der Flure erschreckt auswich, und einem anderen, ebenfalls erschreckt, der mir die Tür zu »Zimmer sechzehn« öffnete, als würde er dafür bezahlt. Auf der Schwelle trat mein Zorn einen Augenblick lang auf der Stelle. Das Tageslicht fiel senkrecht durch das Dach in den Saal. In der Stille zwischen all dem Krempel, den man in der Stadt ausgegraben hatte, schmutzig, zerbrochen, ganze Tische bedeckend, sahen zehn junge Leute erst mich an und wandten sich dann zu dir.

Das Verrückte war, dass du in diesem offenen Aufseherkabuff zwischen deinen Ordnern einfach auf mich wartetest. Ich also auf dich zu. Ich sehe noch die Studenten zwischen den Tischen stehen, zu neugierig, um die Bruchstücke von Hausrat in ihren Händen, wie nach einem Ehestreit, doch mal eben beiseite zu legen, was ich verstehe, denn ich sehe auch mich selbst. Weiß im Gesicht vor Konzentration, tief ein- und wieder ausatmend, geballte Fäuste. Meiner Rolle wohl bewusst in dem wahrhaftigsten Theaterstück, das ich je in meinem Leben spielen würde, marschierte ich auf dich zu, allerdings nicht sehr schnell, nachdenken und gleichzeitig reden kostet Zeit.

Meine Worte sorgfältig wählend, schmierte ich dir aufs Butterbrot, dass du mir versprochen hattest, dein Leben mit mir zu teilen. Jawohl, *versprochen*. Dass du versprochen hattest, mit mir ins Kino zu gehen, am Freitagnachmittag mit mir in die Kneipe und sogar mal ein ganzes Wochenende gemeinsam ans Meer. Vor allem letzteres, ließ ich dich in scharfem Ton wissen, sei für mich seit jener nun bald zwei Jahre zurückliegenden

Nacht von höchster Bedeutung geblieben, als wir in unserem Hotelbett in Noordwijk nicht der Brandung gelauscht hatten, sondern einem heftigen Gewitter. Ich habe Naturgewalten immer sehr geliebt. Dennoch überkam mich ein Zittern, damals, inklusive Gänsehaut, so stark war die Angst vor genau dem, was mir jetzt droht: dass du deine Versprechen brichst. Darauf verstehst du dich, Luuk, Dinge zu versprechen. Und wie! Und auch in jener Nacht hast du es verstanden, als du die Bettlampe anknipstest, mich furchtbar besorgt ansahst und pudelnackt die Minibar suchen gingst, die sie unten im Garderobenschrank versteckt hatten. Nie werde ich vergessen, wie du, ein erwachsener Mann, gewissenhafter Familienvater und erfahrener Stadtarchäologe, mitten in der Nacht, den großen rosa Körper in Hockstellung, zwischen den umfallenden Flaschen herumgekramt hast. Du hast den Kopf zur Seite gedreht und mich gefragt, ob ich Wasser wolle oder vielleicht einen kleinen Kognak oder Whisky.

Lieber einen Schluck Bier.

Wirkliche Versprechen kann man nicht mit Worten geben. Man kann sie nur in der Realität geben, die aus Fakten besteht. Harte Münze. Man kann sich die Zähne daran ausbeißen, aber sie bleiben hart. Nie werde ich vergessen, wie du mir schläfrig, wirklich ohne zu begreifen, auf der Bettkante dieses beruhigende Bier einschenktest!!

Letzteres muss ich in den höchsten Registern meiner Stimme gerufen haben, beinahe singend. Nun sprintete ich zwischen den Tischen und den Studenten hindurch auf dich zu, in voller Fahrt und völlig außer mir, was ich auch beabsichtigt hatte. Weiter auf deinen Versprechen herumhämmernd, von denen nicht ein einziges verlorengehen würde, weil jedes Versprechen naturgemäß voll Hunger nach echter Realität ist, landete ich in deinen Armen. Du warst mir entgegengegangen, ja. Du umfasstest mich fest und liebevoll. Deine Augen, vielleicht wegen dieses Oberlichts viel blauer, als ich sie je gesehen hatte, zeigten dabei einen völlig ruhigen Ausdruck. Mich gelassen, mit schweren Schritten zur Tür lotsend, den Arm um meine Schulter, gabst du dir keinerlei Mühe, mir den Mund zu stopfen, während ich noch weiter kräftig austeilte. Ich sprach jetzt im Flüsterton, wie ich im nachhinein meine, aber auch Flüstern kann bei der richtigen Akustik sehr weit tragen. Ich sagte, ich hätte sie alle ernst genommen, alle deine Versprechen, und vor allem die sexuellen. Ich erinnerte dich an deine ungebührliche Eile in meinem Schlafzimmer in letzter Zeit. Deine rabiate Zielstrebigkeit während unserer letzten Begegnungen, die ich im übrigen sehr erregend fand, du wolltest mich, mich und keine andere!, und in der ich unmöglich etwas anderes erkennen konnte als furiose männliche Begierde, die, vielleicht tief verborgen, aber immerhin, keinen anderen Anspruch hat, als eine Frau möglichst schnell und erfolgreich zu befruchten …!

So gingen wir, feierlich im Gleichschritt schaukelnd, als bildeten wir eine Privatprozession, durch den Raum, der wirklich endlos schien.

Einmal sah ich dich von der Seite her an.

Ich sah, wie du die Blicke deiner Studenten unerschütterlich mit einer Miene ertrugst, die sagte: ja, ja, Jungs …

Nie werde ich wissen, ob Luuk mich, als wir ins Freie kamen, in ein Taxi nach Hause setzen wollte und damit Schluss. Oder eventuell noch ein Gläschen in der Eckkneipe und danach ebenfalls »sorry, es tut mir so leid, alles Gute«. Die Realität ging wieder einmal ihren eigenwilligen Gang: Als wir aus dem

Tor der Abfallsammelstelle traten, wurden wir mit Steinen beworfen. Wir wurden zwar nicht getroffen, duckten uns aber und rannten blindlings weg. Zurück auf den Innenhof konnten wir nicht mehr, inmitten einer Reihe vorpreschender Bereitschaftspolizisten landeten wir im Herzen der Schlacht, die wegen des seit Jahren leerstehenden Koetshuis zwischen Hausbesetzern und Obrigkeit tobte.

»Dreckskerle! Tod den Spekulanten! Idioten! Pack!«

O ja, genau so.

Eben noch aneinandergepresst, wurden wir schon bald durch einen Gummiknüppelangriff getrennt, ich blickte mitten in ein junges, enthusiastisches Gesicht und kassierte im selben Moment einen fachmännischen Schlag hinten auf die Schulter, der mich noch seitlich am Kopf streifte. Luuk hatte ich verloren. Ich selbst ging ebenfalls im allgemeinen bösen Spaß unter. Es war einerlei, ob ich vorwärts ging oder zurück, unter keinen Umständen würde ich mich aus der Menge befreien können. Dass ich umgerannt wurde, war unvermeidlich. Auch dass ich mich gehenließ. Meine Ohren dröhnten bis tief in den Kopf hinein. Widerstandslos nahm ich das Absinken meines Blutdrucks hin, das Schwarz vor meinen Augen, eine richtige Wohltat, und tauchte erst wieder daraus auf, als ich meinen Namen hörte.

»Cindy! Mädel!«

Sein Gesicht.

Und darauf ein Ausdruck, den ich erst jetzt, im nachhinein, als das, was er war, sehen und interpretieren kann. Ich liege im Rinnstein. Er beugt sich über mich. Ich bin ein jämmerliches Weibsstück. Das stellt er fest. Dass mein Kleid restlos hinüber ist, ist nicht schlimm, kein Mann hat etwas gegen eine zerrissene Damentoilette, aber Blut, Schmutz und Erbarmungswürdigkeit sind etwas anderes. Meine Augen weiten sich. Ich sehe, wie mein geschwollener Kiefer samt Wange, das bereits halb geronnene schwarze Blut um Nase und Mund, die schlammigen Haarsträhnen und mein Blick eines geprügelten Hundes die reinsten Gewissensbisse hervorrufen, die ich je auf einem Männergesicht erblickt habe.

Als er mir aufhilft, stöhne ich, fühle mich aber nur wie nach einem gar nicht mal unangenehmen, bleischweren Schlaf.

Wir nahmen die Straßenbahn, das ergab sich so. Als wir uns an der Haltestelle fragten, wie wir möglichst schnell zum Hoogte Kadijk kämen, näherte sich die 10.

Die Bahn war sehr voll. An den Balg zwischen den beiden Wagen gelehnt, begannen wir einander bereits scharfzumachen. Ein hässlich zugerichtetes Gesicht braucht dem keineswegs im Wege zu stehen. Auch ein lockerer Zahn ist nicht unbedingt ein Hindernis. Hinter der Tür im Erdgeschoss bei mir zu Hause wechselten wir kein Wort, während wir einander wild zu küssen begannen. Auch später, während unserer für meinen armen Leib äußerst schmerzhaften Umarmung oben im Bett, sprachen wir nicht. Warum auch? Es war so weit, sofern der liebe Gott wollte. Heute, da war ich mir völlig sicher, war mein Schoß zwischen zwei Blutungen in der allergünstigsten Disposition.

16

Sie kommt unter einem großen karierten Regenschirm auf mich zu. Es hat tatsächlich zu schütten begonnen.

»Komm mal kurz rein«, sagt sie, als sie vor mir steht, vorgebeugt wegen meiner Position am Rinnstein. »Stell dich mal kurz unter.«

Ich rappele mich auf (übrigens bereits pitschnass).

»Darf ich die mitnehmen?« Ich deute auf die Schnecke, die ich gerade aus dem Gras gepflückt und auf mein Handgelenk gesetzt habe.

»Ja natürlich.«

Es ist sehr gemütlich in der Küche. Am Tisch sitzt ein Kind und malt, aus einem Transistorradio ertönt Musik, auf der Anrichte liegt in einer weißen Emailschüssel ein Berg großer roter Jonathan-Äpfel, und von einem auf den Fliesen ausgebreiteten Mantel blickt Wolf, ohne den Kopf zu heben, mich an. Immerhin schlägt er mit dem Schwanz. Ich setze mich. Myrte gibt mir ein Handtuch. Sie fragt, ob ich Tee wolle, sehr gastfreundlich. Ja, gern. Ich tupfe mir Stirn und Haar leicht ab. Als ich mein Handgelenk auf die Tischdecke lege, kann man sehen, wie die Schnecke, Häuschen auf dem Rücken, die Hörner bewegt. Das kleine Mädchen mir gegenüber verliert sie keinen Moment aus dem Auge, auch nicht als ihre Hand über dem Etui zum braunen Buntstift schwebt. Ich nehme an, ihr Bruder ist mit dem Papa unterwegs. Es gibt offenbar noch immer Frauen, die stricken, was ihnen das Privileg verleiht, ohne zu reden oder aufzublicken doch voll und ganz dazusein. Während Myrtes Nadeln flitzen, rechne ich damit, dass Luuk jeden Moment nach Hause kommt. Ich lausche dem Sturzregen auf dem schrägen Küchendach, der jetzt die Musik übertönt, und denke über meine Lebensthemen nach.

Wo er wohl steckt?

Welche Richtung soll ich mit meiner noch immer nicht abgeschlossenen Dissertation einschlagen?

Stimmt es, dass ich Luuk letzte Woche an der Ecke Looiersgracht gegen Abend an der Seite einer Frau auf schwarzen Espadrilles gesehen habe, die Hand locker an ihrem Ellbogen?

Wohl nicht. Als ich zu der Ecke kam (in Sekundenschnelle, mein Gott, ja!), waren sie nirgends mehr zu sehen. Die Dämmerung kann einem nicht weniger zu Kopfe steigen als Alkohol.

Währenddessen sehe ich, wie das Porträt der Schnecke entsteht, groß, braun, verkehrt herum. Die Fühler werden mit ein paar hübschen orangefarbenen Kugeln versehen. Meine Stimmung verdüstert sich leicht. Ein Kind ist Glück, kein Kind ist Unglück. Warum ist unsere Paarung, die wirklich alles hatte, was man von einer Paarung verlangen kann, nicht gesegnet worden? Wenn sich am Schalter des Standesamts in diesem Frühjahr wieder alles drängt, kann man mir jedenfalls keinen Vorwurf machen.

Der Regenguss ist vorüber. Myrte legt ihre Strickarbeit auf den Tisch, drei Nadeln, das heißt, es wird eine Socke. Sie steht auf, wie man es tut, wenn eine Unterhaltung beendet ist. An der Haustür überreicht sie mir den Regenschirm.

»Ja doch, bist du verrückt, nimm ihn mit. Es kann jeden Moment wieder losgehen.«

An dem Abend will ich in die Kneipe. Dafür muss ich ein

ganzes Stück laufen, denn ich sehne mich danach, in ein Lokal zu gehen, in dem ich noch nie war. Am Ende der Uilenburger- straat überquere ich das Wasser und biege nach rechts in die Rapenburg. Auf halbem Weg, wo die Häuser höher und schma- ler werden, entdecke ich eine Pinte, die mir zusagt. Ich gehe hinein, sie ist klein und voll, aber nicht zu sehr. Nach einem Glas an der Theke sehe ich mich abwartend um. Drei Männer und eine Frau, die gerade ihre Karten zusammenschieben, la- den mich an ihren Tisch ein. Einer von ihnen, ein pockennar- biger Junge mit einem erschreckten, ungläubigen Gesichts- ausdruck, ist der Sohn eines Arztes aus dem Gooi. Ich höre, dass er mit nahezu allem handelt.

Ich gehe weiterhin in diese Kneipe. In Zeiten der Erschütte- rung hält man sich am besten an feste Gewohnheiten, das weiß ich instinktiv. Luuk hat eine andere. Das lässt sich nicht mehr leugnen. Eine Frau, die hübsche Schuhe liebt. Beim letzten Mal, als ich ihm in ihrer Gesellschaft begegnete, trug sie samtbraune Jan Jansens mit halbhohen Keilabsätzen, ihre Füße waren wie kleine Kähne. Ich ging auf der Magere Brug an ihnen vorbei, dort kann man einander unmöglich auswei- chen. Er und ich wechselten einen Gruß.

(Ich weiß, ihr werdet mich, und das sicher nicht zum ersten Mal, nach dem Warum fragen. Warum um Himmels willen setze ich meine enervierende Jagd fort, die mir mit hundert- prozentiger Sicherheit nichts bringen wird? Ich zucke mit den Achseln und schaue aus dem Fenster. Wer täglich auf ernst- hafte und intelligente Weise mit seinem Wahnsinn umgeht, findet irgendwann nichts Besonderes mehr dabei. Das Wie, meine Lieben, ist meist sehr viel relevanter als das Warum. Es ist auch menschlicher.)

Die Nacht, in der ich den Revolver kaufte, eine *kit gun* von knapp fünfzehn Zentimeter Länge, die beim Schießen eigentlich nicht einmal einen Schalldämpfer braucht, wie man mir während des Verkaufsgesprächs sagte, war eine Nacht im Frühherbst. Die Luft war gewürzt mit dem Aroma meiner Lieblingsjahreszeit. Als ich in die Kneipe kam, saßen meine Freunde an ihrem Stammtisch. Der Arztsohn hatte mir schon mal einen modernen Handmixer verkauft, den ich übrigens nie benutzt habe. Seit Luuk nicht mehr kommt, koche ich nicht mehr. Diesmal sagte er, er hätte etwas außerordentlich Kostbares für mich. Als er es in ein Geschirrtuch gewickelt auf die Tischdecke legte, schauten die anderen drei kurz hin, einer schnalzte mit der Zunge, aber sie unterbrachen ihr Kartenspiel nicht. Weil überall um uns herum geraucht wurde, saßen wir ganz für uns. Ich gestehe, dass ich sofort, als ich die kleine glänzende Waffe sah, bescheiden unter dem an einer Ecke gelüfteten Tuch, hin und weg war. Wenn man weiß, was ein Gegenstand kann, dann ahnt man auch, zu welchen geheimen Dingen er einen in bestimmten Situationen zu überreden vermag. Eine undefinierbare Lust beschlich mich. Ich sah dem Jungen in das erschreckte Gesicht. Er setzte zu einer kurzen Einweisung an und erklärte auch, wie man mit der Munition umzugehen habe, die er mitlieferte. Er sagte, wie günstig es sei, forensisch gesprochen, dass die Patronenhülsen nach dem Schuss in der Trommel blieben. Das alles hatte etwas Vertrauliches. Dann zuckte er mit den Achseln und lächelte.

»Na schön. Für dich, sagen wir mal, hundert Mäuse.«

Der Kauf wurde abgeschlossen. Meinerseits, ganz ehrlich, ohne irgendeinen Hintergedanken. Sagen wir, einfach der Geselligkeit halber, wie damals, als ich den Mixer kaufte. Bei meinen kartenspielenden Freunden schnorrte ich die drei Zehner zusammen, die mir für meinen Spontankauf noch fehlten.

Mit einem großen Umweg ging ich nach Hause zurück. Man ist einfach baff angesichts der Ausdehnung der nächtlichen Stadt, verglichen mit ihren Abmessungen am Tage. Mit dem Gefühl, immerzu zu träumen, kam ich nach Hause. Oben, in meinem Arbeitszimmer, starrte ich, nach wie vor im Mantel, wie ein schlafendes Pferd noch eine Ewigkeit lang aus dem Fenster.

17

Es ist ein klarer Tag mit Lämmerwolken, als ich in den Bus steige, der die Verbindung zwischen Amsterdam und dem Waterland aufrechterhält. Es ist aus und vorbei. Ja, ja, ja! endgültig! Dies ist das letzte Mal! Was vor einer Woche noch völlig undenkbar gewesen wäre, hat sich heute nacht in meinem Kopf festgesetzt: Noch einmal, zum Abgewöhnen, danach ist es aus. Dass diesem tapferen Entschluss erst ein kleiner Vorfall vorausgehen musste, darauf komme ich noch, denn oh! hätte das Verlangen bloß nicht so an meinen Organen gezerrt. Einen Mann so heftig zu lieben, dermaßen an einer schweren erotischen Sucht zu leiden! Welche Hexen, rufe ich empört, haben mich mit diesem Trank verzaubert: zu wissen, wo er ist, ihm zu folgen? Und welche Harpyien haben mir dieses Surrogat eingetrichtert, das mich glauben lässt, ich kann nicht, wirklich nicht ohne ihn leben? Und muss es mit ein wenig Findigkeit im übrigen auch nicht?

Ich nehme hinten im Bus Platz. Sie sitzen vorn. Ich bin den dreien durch die ganze Stadt gefolgt und wusste, als wir in die Nähe des Hauptbahnhofs kamen, sofort, dass sie den Bus 101 nach Middenbeemster nehmen würden. In unseren guten Tagen sind Luuk und ich auch einmal in den Beemster gefahren, um uns das Depot anzusehen, in dem man die Scherben von Amsterdam bewahrt. Der Bus fährt los. Schon nach zwei Tunneln und einer Brücke sind wir auf dem flachen Land. Ich recke den Hals und schaue nach vorn. Zwischen den Sitzreihen liegt hingestreckt auf dem staubigen Gang der höllische Wolf, den schweren Kopf auf den Vorderpfoten in meine Richtung gewandt. Ich muss aufpassen, dass unsere Blicke sich nicht kreuzen.

Er und ich sind böse aufeinander. Seit Freitag letzter Woche finde ich, dass er ein Scheißhund ist, und er, dass ich ein Mistweib bin. Es passierte auf dem Albert-Cuyp-Markt, mittags zur belebtesten Zeit, bei den Fischständen. Auf die Stimmung, in der ich mich befand, werde ich nicht eingehen, dazu habe ich keine Lust, ich berichte lediglich, dass ein frischer, salziger Wind wehte, dass der Handel lebhaft war, dass Luuk gerade an die Reihe kam und auf eine große Dorade zeigte und dass ich, als ich sah, wie der Verkäufer den Fisch in die Höhe hielt, versehentlich auf einen Hundeschwanz trat. Mein Gott! ich weiß, dass Wolf sich entweder entsetzlich anstellen kann oder, was bestimmt auch bei Tieren vorkommt, eine sehr niedrige Schmerzschwelle hat, aber wie hat das Vieh sofort losgelegt! Jaulend, bellend, mit einem Satz aufgesprungen, pickte er mich zwischen den anderen Kunden heraus. Entsetzt trat ich einen Schritt zurück. Luuk, das war das Verrückte, spielte in dem Moment überhaupt keine Rolle.

Können ein Hund und eine Frau einander unangenehm berührt anblicken, ja? Und dann eine Stille zwischen sich eintreten lassen, bis eine der beiden Parteien, die schwächere, sich umdreht und weggeht?

Deprimiert tätigte ich danach doch noch ein paar Einkäufe. Die Welt, spürte ich, näherte sich langsam, aber sicher einer äußerst nervösen Grenze. Es war schön, die Hand von Zeit zu Zeit in die Manteltasche zu stecken und dort die *kit gun* zu fühlen, die ich inzwischen oft, ohne einen besonderen Grund, bei mir trage. Während ich mit einer Tasche willkürlich erstandener Tomaten und Auberginen nach Hause ging, regte sich auch *mein* Zorn. Meine innigsten Gefühle verschleudert … Gibt es noch einen einzigen vernünftigen Menschen, der behaupten will, Liebe sei etwas Schönes? Verdammte Pest?! Doch als ich zu Hause angekommen war, kochte ich Tee und korrigierte Klassenarbeiten.

Ich wende mich von dem Fahrgast neben mir ab und nehme meine Tasche auf den Schoß. Eine schwarze Häkeltasche mit einer ziemlich schmalen Öffnung. Kann unpraktisch sein, ist aber auch diskret. Um auf andere Gedanken zu kommen, schaue ich aus dem Fenster. Ach, denke ich friedlich, das Waterland. Schön wie ein Gemälde. Es sieht aus wie ein Trugbild, ist es aber nicht, da es von Holländern erschaffen wurde, und die lieben die Realität. Keine Geschichtenerzähler, sondern Seher. Der Bus fährt in schnellem, aber erlaubtem Tempo über die zweispurige Asphaltstraße, die wie alle Straßen in diesem Gebiet auf einem Deich liegt. Ich blicke auf die trockengepumpte Ebene, die Perspektivlinien, die Fluchtpunkte und denke: ahnungsloses Land. Land ohne Arg …

Ahnungslos? Ohne Arg? Etwa weil ich den Ballermann in meiner Tasche habe? Bestimmt nicht. Ich denke an das Gras, die Bäume, Wassergräben, Kühe und Scheunen, die nicht wissen, dass nicht *sie* hier die Natur sind, sondern das Meer, ein Schwergewicht, das grinsend abwartet, bis es das Modellgleichgewicht hier mal ordentlich durcheinanderbringen, gegen etwas viel Beeindruckenderes austauschen kann. Keine Goldwaage ist so austariert, als dass nicht doch noch etwas Bewegung drin wäre. Ich atme tief ein. Für einen Moment befinde ich mich ganz in der Atmosphäre meiner Klasse, des Unterrichts, den ich immer gründlich vorbereite, und der darüber hinausgehenden, nicht unbedingt dafür notwendigen Gedanken, die ich zu meinem eigenen Vergnügen gelegentlich mit meinen Schülern teile.

Das würde ich vermutlich doch sehr vermissen, dort.

Während meine Finger durch die schwarzen Häkelmaschen hindurch den Gegenstand abtasten, der mit mir kommuniziert, spiele ich im Kopf ein paar praktische, vorläufig jedoch hypothetische Fragen durch. Soll ich es hier im Bus tun? Oder nachher auf dem Weg, der, zwei Steinplatten breit und von einer kniehohen Stachelhecke beschützt, an der Halle des archäologischen Depots entlangführt?

Ich kenne die Waffe innen wie außen. Es ist ein kleines Instrument, Kaliber .22, mit einem Griff, der wie eine Puderdose schimmert, eine echte Frauenwaffe, ja, nein, ich korrigiere: eine Damenwaffe. Ein elegantes Spielzeug, das danach verlangt, ergriffen, in die Hand genommen zu werden, damit man spürt, wie es sich anfühlt. Also, ich kann euch versichern, sehr angenehm: eine bescheidene, perverse Empfindung, leicht – gerade mal dreihundert Gramm – und schwer zugleich. Heute morgen noch habe ich es auf meinen Arbeitstisch gelegt und betastet und untersucht. Um mir ganz klar zu werden, dass das leichtsinnige Ding wirklich die Schwere eines schrecklichen, explosiven Skandals in sich trägt, habe ich den Zylinder geöffnet und die Patronen, eine wie die andere fähig, ein Leben zu zerstören, herausgenommen und über den Tisch rollen lassen. Bevor ich das Ding wieder in Ordnung gebracht habe, habe ich kurz in den Lauf geschaut. Dass ich die Waffe auch heute routinemäßig eingesteckt habe, diesmal in eine Tasche, entspricht der Wahrheit. Aber wie sie mich inzwischen antreibt! Wie ich durch den Stoff der Tasche hindurch die Forschheit des Dings fühle! Scheint mir auch nur normal. Es gibt keinen

Gegenstand, sei es ein Beil, ein Hammer oder eine Stopfnadel, der nicht dazu benutzt werden will, wozu er bestimmt ist. Der Wille eines Dings ist unglaublich stark, ja, vor allem bei den bedrohlichen Dingen. Mein Gott, sind das Quälgeister!

Der Bus geht an einem Kreisel scharf in die Kurve. Ich sehe, wie Luuk und seine Gefährtin dort vorn in die gleiche schräge Position geraten wie wir alle und wieder brav zurückfedern, nachdem der Fahrer die dritte Ausfahrt genommen hat. Wolf liegt nicht mehr in meinem Blickfeld, um so besser. Ich habe den Eindruck, dass wir jetzt immer langsamer fahren. Und dass nicht nur die Waffe mir Zeichen gibt, sondern dass jetzt auch die Wiesen, die Mühlen und die Schäfchenwolken damit beginnen.

Dräng nicht so, flehe ich leise. Innere Verhandlungen zwischen »ja« und »nein, besser doch nicht« sind noch im Gange.

Der Fahrer schaltet herunter. Die Drehzahl dröhnt in meinem Kopf. Frau tötet Ex-Geliebten mit einem einzigen Schuss, während er mit seiner neuen Freundin im Bus nach Middenbeemster sitzt. Solche Dinge geschehen, warum nicht heute? An Ort und Stelle? Ich bin dreiundvierzig Jahre alt.

Ich werde festgenommen, inhaftiert und zu einer langen Strafe verurteilt. In der Frauenstrafanstalt Amersfoort verliere ich jede Einsicht in welche Wahrheit auch immer, bis auf eine. Einmal in meinem Leben habe ich einen Mann geliebt und er mich. Sollte man es mit diesem glorreichen, für immer an die Kette gelegten Status quo nicht auch in einem jegliche Menschlichkeit entbehrenden kleinen Raum sehr gut aushalten können?

Drei mal vier Meter. Ich sehe den Raum vor mir. Stuhl, Tisch, Bett, sauberes WC mit Deckel. Man hat eine Überfülle an freier Zeit. Es scheint so, dass sie einen dort auch ein Diplom erwerben lassen und dass man sogar promovieren darf.

Wir fahren inzwischen im Schneckentempo. Auf der anderen Fahrbahn wird mit Pressluftbohrern gearbeitet, die Leute tragen schwarze Masken und Gehörschutz. Ihre Arme zittern wie in einer Art verhaltener Wut. Wir folgen einer Umleitung mit Haarnadelkurven. Ich unterscheide mich in nichts von einer Trapezakrobatin, die hoch in der Luft von der unbezähmbaren Lust ergriffen wird, der ultimativen Verlockung ihres Berufs nachzugeben, und das ist: loszulassen. Warum? Weil der Luftraum dir das schon eine ganze Weile so freundlich, so sanftmütig nahelegt.

Nach etwas Gekrame in der Tasche (letzter vertraulicher Kontakt mit den mir wohlgesinnten Formen, hier der Lauf, dort der Griff) sage ich »Entschuldigung« zu meinem Nachbarn, stehe auf und schiebe mich an ihm vorbei auf den Gang.

Dann stehe ich vor den beiden. Sie starren mich an, gar nicht böse oder erschrocken, als würden sie beide fotografiert.

Meine Ohren dröhnen wie verrückt. Ja! da meldet sich mein Blutdruck wieder … Am Zungenende schmecke ich etwas Bitteres, das ich erkenne. Ob ich kotzen muss? Ich stecke die Hand in die Tasche und grapsche nach dem Babyrevolver. Hoffe, dass ich sein Herz getroffen habe, bevor ich ohnmächtig werde.

III

Ihr Bruder

1

Das Telefon klingelt. Ich strecke einen schläfrigen Arm aus und hebe den Hörer ab. Ich weiß bereits, wer es ist.

»Hallo Walross«, sage ich. (Seine Augen, ein wenig vorstehend, erinnerten mich mal an ein Walross, das für mich ein sehr liebes Tier ist.)

»Hast du gut geschlafen?« fragt er.

»Sehr gut.« Ich gähne. »Und auch noch ganz wunderbar geträumt.«

»Schneit es bei dir auch?« kommt seine nächste Frage, obwohl er sehr gut weiß, dass bei mir um diese Zeit die Vorhänge noch geschlossen sind – Donnerstag Freistellungstag – und dass wir Juni haben. Leichter Blödsinn am Morgen wirkt auf uns sehr erotisch.

Und trotzdem ist es verrückt.

»In meinem Traum hat es geschneit«, sage ich.

Worauf er noch nicht direkt eingeht. Wir führen solche Gespräche ja auch nicht, um Informationen auszutauschen.

Jetzt folgt, leise, sogar ein wenig verlegen, seine fast tägliche Floskel: »Ich ruf nur schnell an, um dir guten Morgen zu wünschen.«

Und ich halte, von meiner Überraschung noch nicht erholt, wieder einmal meine derzeitige Lebenssituation fest. Es gibt einen Mann, der immer an mich denkt. Es gibt einen Mann, der seine Liebe zu mir als unverrückbaren Teil der Wirklichkeit betrachtet, wie beispielsweise geboren zu werden, offenkundig. Weißt du denn, wer ich bin? lautet von meiner Seite die stille Frage, die ich ihm fast ununterbrochen stelle. Weißt du denn, wen und vor allem was deine Hände streicheln, wenn wir zusammen sind? Wenn heute abend mein Mund wieder über dein Gesicht streift und meine Lippen die Härchen deiner Augenbrauen packen und ich mich ein wenig auf einem Ellbogen aufrichte, um dich zu betrachten, siehst du dann in meinen Augen außer den Liebes- auch die Schuldgeständnisse? Verhör mich nur. Ich verschweige dir nichts. Frag nur drauflos. Wie froh ich bin, dass du mich nicht zurückweist. Wie lieb du bist. Du bist der liebste Mann, mit dem ich je zusammen war. Und das waren weiß Gott etliche.

Wir atmen einander schweigend an. »Was machst du heute?« frage ich dann und füge, ohne seine Antwort abzuwarten, hinzu: »Ich habe von Rogier geträumt.«

»Rogier …« wiederholt er mit einer gewissen Andacht, was einigermaßen auffallend ist. Er liebt mich, ist mit allem an mir einverstanden, so einverstanden, dass er sämtliche Details meiner Biographie zu glauben scheint. Aber wie hat es angefangen, könntest du mich doch wohl fragen, oder?

Ich bin am 15. November 1942 im Dorf Neerbosch, das zur Gemeinde Nijmegen gehört, geboren, könnte ich antworten.

Ich könnte auch antworten: Ich habe als liebes Kind angefangen, mich dann aber als Dämonin entpuppt.

Würde er darüber nachsichtig lachen, so würde ich nicht lockerlassen und sagen: Meine wirkliche Lebensgeschichte beginnt mit dem üblen Ausgang des Spiels mit dem Zug. Ich habe zwei Tote auf dem Gewissen.

»Ja«, sage ich, »von Rogier.« Und spreche den Namen, den ich jahrzehntelang sogar in Gedanken zu vermeiden versucht habe, jetzt zum dritten Mal laut aus. »Er saß an einem Fenster, hinter dem es schneite, und sah mich so entgegenkommend an, dass man es schon fast nicht mehr als Traum bezeichnen kann.«

Es folgt eine entspannte Stille. Als er, Luuk, mir dann mit wenigen Worten erzählt, was er heute tun wird, lausche ich brav, spüre, dass wir zusammen sind, und wie!, denke aber weiter an meinen Bruder. Der in meinem Traum immer mürrisch, abweisend von mir wegschaute, und wenn ich fragte: »Wo bist du?«, dann ging er nicht darauf ein, sondern beugte sich ein wenig zur Seite oder halb außerhalb des Blickfelds nach unten, als wäre er dort mit etwas beschäftigt, womit ich nichts zu tun hatte, und wurde schemenhaft. War fort. Und wollte das offenbar auch bleiben. Woran man wieder mal erkennen kann, wie unsinnig das Gehirn nachts alles aufrührt. Denn Rogier war im Gegenteil immer für mich da in seinem nicht sehr langen Leben, das einerseits aus mir bestand, die mit so irrsinniger Überzeugung seine Schwester war, und andererseits aus der französischen Sprache und Literatur, für die sein Herz genauso eigensinnig schlug wie das seines und meines Vaters. Bis Iris auf den Plan trat. Das Mädchen mit dem Blumennamen, über das ich im Moment noch nichts weiter sagen will, weil mir plötzlich das wahre Erscheinungsbild meines Bruders vor Augen steht. Er hatte eine hohe Stirn, dichtes dunkelblondes Haar und die stark glänzenden Augen eines jungen Menschen, der nur sehr wenig schläft.

Den Telefonhörer an den Lippen, krieche ich noch etwas tiefer in die Höhle, in der ich heute dank der wundersamen staatlichen Regelung namens Arbeitszeitverkürzung über alle Zeit der Welt verfüge. Im Gegensatz zu mir wird sich mein Liebling am anderen Ende der Leitung bald über eine Ladung

IJ-Schlamm beugen müssen, in dem sich ein Fund erstaunlich gut erhaltener Mäusefallen aus dem Goldenen Jahrhundert befindet. Ich dagegen kann noch weiter an eine gewisse stürmische Nacht in Neerbosch, diesem einst so hübschen Dorf aus Landgütern, Äckern und Klöstern, zurückdenken. Meine Mutter, so wurde mir erzählt, hat mich direkt nach der Geburt nicht auf ihrem nackten Bauch haben wollen, derlei war damals übrigens auch noch nicht in Mode, sondern legte mich gewaschen, gepudert und ordentlich bekleidet mit Umschlagwindel und Glanzpullöverchen in die Arme meines aus dem Bett geholten Bruders, der sowieso nicht schlafen konnte.

Wie alt wir da waren? Rogier fast acht, ich eine halbe Stunde. Hellwach alle beide.

Mein Bruder hat mich mit angehaltenem Atem und auf seine eigene Art zu schauen, konzentriert, tief in sich verschlossen, eingehend betrachtet. Ich heulte nicht. Der Sturm hinter den Fenstern übernahm diese Aufgabe. Mein Bruder war der erste, der mich bei meinem Namen nannte.

»Roselynde also«, sagte er.

Denn wenn ich ein Junge gewesen wäre, hätte ich Médard geheißen, einer der anderen von Vaters Helden aus der *Comédie humaine* von Balzac. Das hatten Vater und Mutter während des Essens besprochen.

Gut, es war mitten in der Nacht. Und ein gewaltiges Durcheinander herrschte in dem Zimmer, unter dem grellen Deckenlicht. Drei Menschen waren erschöpft und wollten schlafen gehen, der Arzt, die Wochenpflegerin und der rüstige Vater, der mit Siebzig schon lange emeritiert, als Mann aber keineswegs schon im Ruhestand war.

Heute denke ich manchmal, ich muss es schon bald darauf,

sehr brav in meiner Wiege, geahnt haben: dass ich ohne Vater und von meinem elften Lebensjahr an auch ohne Mutter aufwachsen würde, nicht aber ohne Bruder. Er war der beharrlichste Mensch, den ich je gekannt habe.

Beharrlich, du machst dir keine Vorstellung! Mit einem Willen, der auf der Stelle seine Entscheidungen trifft. Mein Bruder suchte nie. Er wählte für sein Leben aus dem aus, was um ihn herum vorhanden war, und zweifelte dabei keine Sekunde, dass es das Richtige war. Inzwischen sehe ich ein, wie klug das ist. Wer sucht, wird nicht finden, egal, was man behauptet, sondern immer ein Hin-und-her-Flatterer mit plötzlich auftauchenden bösen, übellaunigen Stimmungen bleiben. Rogier entschied sich wie sein Vater für die französische Romankunst und Essayistik, Bücher, mit denen unser Haus, das bis ans Ende seiner Tage zu bewohnen er ohnehin vorhatte, von oben bis unten angefüllt war. Zimmer, Flure, Dachboden, Bücher genug für ein Leben als reicher und autonomer Mensch. *Und* er entschied sich für den Wurm, den seine Mutter ihm in jener Nacht im November in die Arme legte. »Vorsichtig«, sagte sie, »ja, so … «, als wüsste sie, dass ihr Mann, der sich wie ein Josef in einer Ecke des Wöchnerinnenzimmers aufhielt, so gut wie keine Rolle für das Mädchen spielen würde, das ihn, Rogier, ohne einen Mucks von sich zu geben, sehr ernst ansah.

Mein Bruder, mein Ochs und mein Esel. Mein Herz wird leicht, jetzt, da er endlich einmal meinen Blick erwidert hat.

Was ist mit ihm passiert? Was mit ihm und mir?

Seine Grundschulzeit verlief ziemlich problemlos, und das war eigentlich merkwürdig. Denn normalerweise mögen die Klassenkameraden so einen zarten kleinen Jungen gar nicht, der gern in der ersten Reihe sitzt, so nah wie möglich beim Lehrer und der Tafel, und der dann auch noch in allen Fächern ein As ist, außer im Turnen. Rogier war komisch, das kannst du mir glauben, mein verstorbener Bruder war ein sehr eigenartiger Mensch. In meiner Erinnerung sehe ich ihn am Esstisch sitzen. Zwischen den Ellbogen ein aufgeschlagenes Buch, an die Obstschale gelehnt, neben sich Mutter, die ihn dazu überreden will, noch ein paar Bissen zu essen. Siehst du das Bild vor dir? Rogier, bestimmt schon zwölf, ich folglich vier, erlaubte Mutter, ihn mit noch ein paar Löffeln Grießpudding zu füttern, wenn sie ihn nur das Kapitel zu Ende lesen ließ und wenn irgend möglich auch noch das nächste.

Da sitzen die beiden. Sie, Mutter, verstohlen lächelnd.

»Ein Löffel für Monsieur Lepic.«

Der Junge, der gerade wieder mal sehr krank gewesen war, las die erste illustrierte Ausgabe von *Poil de Carotte* ohne die geringste Schwierigkeit in der Originalsprache. Er öffnete automatisch den Mund und blätterte um.

»Ein Löffel für Madame Lepic.«

»Ein Löffel für dich, Monsieur Lepic junior.« (Mutters Improvisation, die genau sah, zwischen welchen Personen sich das Kapitel *Lettres choisies* in Wirklichkeit abspielte.)

»Ein Löffel für den lieben Papa. Ein Löffel für deinen dir zugetanen Sohn. Ein Löffel für deinen dich liebenden Vater.«

Während Mutter dachte: so, das ist doch bald ein Viertel eines mächtigen Puddings mit Sahne und Eiern, las Rogier: *Sintemal Du Dich ja auf Deine erste Kommunion vorbereitest und den Katechismus besuchst, so müßtest Du eigentlich wissen, daß das Menschengeschlecht nicht ausgerechnet auf Dich gewartet hat, bis es wußte, was Furunkel sind. Jesus Christus hat auch am Kreuze gelitten und Wunden an Händen und Füßen*

getragen. Er klagte nicht, und es waren doch richtig schmerz-
hafte Wunden.
   Kopf hoch!
   Dein dich liebender Vater.
   Ach, Vater, unseren meine ich, den schon ziemlich alten Er-
zeuger von Rogier und mir, der aus meiner Perspektive sehr
jung gestorben ist. Herzanfall, ich war, verdammt noch mal,
erst drei. Blieb zurück mit einer Mutter, die es zwar verstand,
ihn um sieben Jahre zu überleben, deren Alter ich aber auch
nur anhand meines eigenen schätzen kann. Gerade eben elf
geworden, folgte ich mit Rogier ihrer Bahre. Sie war eine
optimistische, praktische Frau gewesen und dazu noch sehr
hübsch, diese Dinge weiß ich vom Hörensagen. Dennoch ist
sie durch die Hektik, mit der sie plötzlich von uns ging, nie
eine wirkliche Person für mich geworden. »Was friedlich ist,
wächst von allein«, war einer ihrer Aussprüche, den ich noch
immer nicht verstehe. Dabei stand sie vor dem Spiegel neben
dem Schlafzimmerfenster und kämmte sich das Haar, es kann
also sein, dass sich ihr Kommentar auf etwas da draußen bezog. Unser Haus lag mindestens fünf Kilometer von dem im
Krieg auf grauenhafte Weise plattbombardierten Zentrum
von Nijmegen entfernt, zwischen alten Linden, die im Frühling manchmal innerhalb einer Woche das zarteste, leuch-
tendste Grün zeigen konnten. Herrlich war das!
   Wir haben das Telefon inzwischen aufgelegt. Mein Liebster
und ich mögen beide keine langen Morgengespräche. Der Tag
beginnt, kipp ihn bloß nicht gleich zu.
   Er hat aber noch gefragt: »Was machst du heute?«
   In Gedanken noch immer bei meinem Bruder, der mich im
Schlaf so liebevoll angesehen hat, spüre ich, wie ich über einen
Abhang in die Schlucht des Tages kullere.

»Weiß ich noch nicht genau«, antworte ich. Ich sage wie beiläufig, was mir im selben Moment in den Sinn kommt: eine alte Holzskulptur, die ich plötzlich, dringend und unverzüglich wieder einmal sehen möchte.

»Ich erzähle dir später davon …«

2

Beim Zähneputzen, Anziehen, Frühstücken, alles in der Eile, die mich überfallen hat, weil ich den nächsten Bus erreichen will, rede ich noch ein wenig weiter auf ihn ein und sage leise: Weißt du, ich habe mich seit meinem vierzehnten Lebensjahr wirklich verändert. Einerseits bin ich die gleiche, die ich war, als ich hinter Iris her zum Bahngleis rannte, das ist klar, davon lässt sich keine Lebensminute streichen, aber ich bin auch ganz anders als damals. Es gibt Dinge an mir, die nicht mehr mit damals übereinstimmen. Ich sehe auf meine Armbanduhr. Oh, den Bus schaffe ich noch! Ich packe meine Sachen, werfe einen Blick in den Spiegel, drehe mich um, ziehe die Haustür hinter mir zu und renne durch ein paar Straßen mit hübschen, netten Gärtchen zur Haltestelle. Der Grund für meine Munterkeit? Einen habe ich dir schon erzählt, das ist das brüderliche Gesicht von heute morgen. Den anderen binde ich dir vorläufig nicht auf die Nase: Ich werde zum erstenmal seit einem bestimmten Ereignis wirklich, mit Körper und Seele, von einem Mann, nämlich dir, geliebt. Heute ist ein Junimorgen im Jahr 1992 in Lisse, damals war der achtzehnte August 1957 in den Wäldern südlich von Nijmegen. In der Zwischenzeit, der eine Moment ist recht weit weg von dem anderen, habe ich es immer für wohlverdient und gerecht gehalten, für das büßen zu müssen, was ich angerichtet habe.

Und kann man trotzdem eine gute Ehefrau, eine faire Ex, eine enthusiastische Liebhaberin einer ganzen Reihe von

Männern und die gleichbleibend liebe Mutter eines Sohnes sein?

Das geht durchaus.

Da kommt der Bus. Ich steige ein, kaufe eine Fahrkarte Lisse–Leiden Hauptbahnhof, setze mich nach hinten und denke an mein Heimatdorf und meine Familie. Wie groß diese Familie von beiden Seiten ist, fiel mir zum erstenmal am Abend vor der Beerdigung meiner Mutter auf – sie kam übrigens bei einem Verkehrsunfall ums Leben. Hatte noch ganz schnell mit dem Fahrrad etwas besorgen wollen. Unser Haus füllte sich mit der Familie Boon von Vaters Seite, zumeist Beamte und Lehrer, auch ein paar Hochschullehrer, und den Koopmans aus dem westfriesischen Bauernmilieu unserer Mutter. Die Antonius-Abt-Kirche lag nahe genug bei unserem Haus, dass wir zu Fuß hinter dem Leichenwagen her gehen konnten, um sie dorthin zu bringen. Sie war katholisch. Obwohl vor allem die Familie väterlicherseits kaum noch kirchlich ist und zum Teil sogar puritanisch, rechtschaffen anti, wäre es niemand in den Sinn gekommen, die alte Tradition nicht auch jetzt wieder erleichtert zu begrüßen. Für die letzte Nacht über der Erde pflegen wir den Verstorbenen in die linke Kapelle der Antonius-Abt-Kirche zu bringen. Eine Frage der Höflichkeit gegenüber dem Tod, eine Frage religiöser Hygiene, aber auch eine äußerst praktische Lösung. Der Tod ist so hoffnungslos. Der physische Unterschied zwischen diesen paar Sekunden davor und danach ist zu verrückt für Worte. Das Krankenblatt, penibel ausgefüllt und am Fußende des Betts aufgehängt, verschafft einen Einblick, wie es soweit hat kommen können. Der Kugelschreiber der reinen Vernunft. Für jeden normalen Menschen bestenfalls die halbe Geschichte.

Wo also soll man den Verschiedenen, den vor deinen Augen

zum Stillstand Gekommenen, der immer kälter, weißer und eine mit jedem Tag schwerere Last auf deinem Herzen wird, für diese letzte Nacht lassen?

Ich weiß, dass ich diesen Weg an der Hand meines Bruders gegangen bin, des einzigen Erwachsenen, den ich anerkannte. Er war damals in der letzten Klasse des Städtischen Gymnasiums. Ich habe gehört, ich sei durchgedreht, man behauptet sogar, ich hätte gebrüllt und wir seien mit der gesamten Familie bei einem Wolkenbruch pitschnass geworden. Letzteres will ich wohl glauben, es war November, ersteres nicht. Viele Bilder aus der Vergangenheit vermischen sich im Laufe der Zeit mit allem möglichen, aber es gibt auch welche, die bleiben, was sie sind. Ich sehe die schwarze Limousine dicht vor meinem Bruder und mir wie ein Boot über das Herbstlaub schaukeln. Wir konnten zu Fuß mühelos Schritt halten. Ich sehe auch das schmale, leicht erstaunte Gesicht, mit dem Rogier mich, während wir da gehen, ein paarmal ansieht. Ganz ruhig, Schwesterchen, in deinem Leben ändert sich nichts. *Ich bin doch noch da und werde immer dasein, dein Leben lang.* Zehn Jahre und acht Monate später, und doch so zeitlos wie in einem Traum, musste ich ganz allein denselben Weg zurücklegen, diesmal nicht im Regen, sondern in der Abendsonne, die Familie in nahezu derselben Besetzung hinter mir.

Waren es diese zehn Jahre und acht Monate, die mich prägten, mich mit einem gut getroffenen Foto und einem Fingerabdruck versahen? War es so?

Eine Tante kam ins Haus. Ich ging als Internatsschülerin zu den Ursulinen nach 's-Hertogenbosch. Die ersten Nächte im Schlafsaal habe ich entsetzt den Geräuschen um mich herum gelauscht. Danach habe ich schnell ein Gegenmittel gefunden. An nichts anderes zu denken als an das Wochenende. Oder, besser noch: an die Vision des ersten Ferientags, wenn ich mit meinem Koffer lange vor der vereinbarten Zeit am Zaun des Schulhofs auf meinen Bruder warte. Nie habe ich erfahren, warum Tante Sylvia Tag und Nacht für Rogier dasein, mich in jenen ersten Jahren aber nur am Wochenende dabeihaben wollte. Was war ich eifersüchtig auf sie! was hasste ich sie! was bat ich Gott, ihr doch auch einen dieser problemlosen Tode zu schenken, die er ja so perfekt beherrschte. Die Tante war in meinen Augen nichts weiter als eine fahle, alte Frau. Jetzt weiß ich, dass sie höchstens dreißig gewesen sein kann, als sie bei uns den Haushalt übernahm. Ein Schulmädchen hat manchmal einen Drachenblick.

Vor allem ein Mädchen, das viel liest. Vor allem eines, das, um ihrem Bruder zu gefallen und die konkurrierende Tante auszubooten, viel Gutes liest. Was gut bei uns bedeutete, brauche ich dir, glaube ich, nicht weiter zu erklären. Das Internat, in dem wir die geistlichen Lehrerinnen mit *Mère* ansprachen und die Schwestern von niedrigerem Rang mit *Sœur*, verfügte über eine ausgezeichnete Bibliothek. Man durfte sie auch allein aufsuchen. Ich saß also oft dort. Es war fast wie zu Hause. Bibliotheken haben wie Kirchen überall auf der Welt beruhigend viel Ähnlichkeit miteinander. Als ich etwa dreizehn war, rechnete ich fest damit, sobald ich bei meinem nächsten Besuch daheim, also am Samstag, die Zauberworte *La Marquise de Sévigné* aussprächte, würde Tante Sylvia in den Schornstein gesogen und sich in Form von Kohlenmonoxyd zwischen den Bäumen verbreiten.

Schade, doch als dieser Moment kam, sah Rogier mich lediglich zerstreut an. Es war kurz nach dem Mittagessen. Er saß und ich stand im Wintergarten. Der Tisch für drei Personen war noch nicht abgedeckt.

»Es ist so ein schönes Wetter …« hob er trottelig an.

Ich konnte ihn an diesem Tag nicht richtig leiden. Wo war er bloß mit seinem Kopf! Ich sah, wie er seinen Kaffee schlürfte und über irgend etwas tief nachdachte. Schließlich kam er auf die Namen einiger früherer Klassenkameradinnen im Dorf, mit denen ich noch immer dick befreundet war.

»Trudy … Bettie …«

Ich weiß nicht, ich weiß nicht. Ich will in diesen Nachmittag jetzt im nachhinein nichts anderes hineinlegen als das, woran ich mich erinnere. Tante Sylvia erschien in einem freizügigen Sommerkleid, dessen Rock mit Klatschmohn bedruckt war, um abzuräumen. Unsere Blicke begegneten sich kurz, ihre Augen glühten wie Kohlen, bah! Ich sprang auf, trat auf meine Serviette. Meine Freundinnen, gut. Ich verstand meinen Bruder durchaus. Nichts stand mir bei diesem herrlichen Wetter im Weg, da hatte er vollkommen recht, um wieder einmal, Mädchen unter sich, zu lachen und zu tuscheln und uns irgendwann ein phantastisches Spiel auszudenken, auf das ich noch zu sprechen komme.

Wie bereits gesagt, beim zweiten Mal machte ich den Gang allein. Ich war einundzwanzig. Die Bäume in den Alleen zur Antonius-Abt-Kirche, diesmal voll belaubt, hielten die Hitze der vorangegangenen Tage fest. Zu Hause waren ununterbrochen Besucher gekommen. Auch diesmal wieder mit einer ganzen Gesellschaft unterwegs, begann ich mich so nach einem Bereich der Kühle und Ruhe zu sehnen, dass ich, um mich zu konzentrieren, anfing, die Baumstämme zu zählen.

Aber natürlich war ich erst nach der Totenwache in der Kapelle allein. Abends kurz nach zehn.

»Ich würde gern noch eine Minute bleiben«, sagte ich, als Veldhoen, der Küster, abschließen wollte.

Ich hatte ihn nicht kommen hören. Plötzlich stand er neben mir, während ich die Worte auf irgendeiner Inschrift las und wieder las, bis ich sicher sein konnte, dass der letzte Besucher seine Blumen bei meinem Bruder niedergelegt hatte.

Veldhoen blickte von mir in die anbrechende Nacht draußen, die noch sehr warm war, ohne einen Hauch Wind.

»Du kannst bleiben, solange du willst.«

Und wandte sich bereits ab, als hätte er in der Kirche noch alles mögliche zu tun, und das mochte ja auch so sein.

In der Kapelle, die damals gerade frisch verputzt und bis auf eine Skulptur von allem Schmuck befreit worden war, warf ich noch einen Blick auf meinen aufgebahrten Bruder im halboffenen Sarg. Tote wirken sehr unnatürlich. Rogier war mit dem schäbigen Jackett bekleidet, das er immer trug, und darunter ein bis zum Hals zugeknöpftes weißes Hemd. Dann setzte ich mich auf einen Stuhl an der Wand und begann vor mich hin zu starren. Ich war *so* traurig.

Wer wacht, wird nach einiger Zeit eins mit allem. Man wird zur Stille, man wird zu dem Toten, man wird zu dem Spitzbogenfenster hinter dem Sarg, und man wird zu dem lebensgroßen mittelalterlichen Kruzifix an der Wand gegenüber, das vom Kirchenvorstand wegen seines gnadenlosen Realismus nicht über dem Altar, sondern diskret, für sich, in einer der Kapellen im hinteren Bereich der Kirche aufgehängt worden war. Von Zeit zu Zeit hörte ich Veldhoen hantieren, er war hier ganz zu Hause, oder sah ihn durchs Mittelschiff gehen. Wie ein Wärter nach der Öffnungszeit im Museum, das er als das seine betrachtet.

3

Als ich in der Halle des Leidener Hauptbahnhofs zum Brett mit den Ankunfts- und Abfahrtzeiten gehe, steht da ein altes Frauchen mit einer Einkaufstasche und scheint auf mich zu warten.

»Wo wollen Sie hin?« fragt sie mich, noch bevor ich meinen Blick über die Zahlen und Buchstaben habe wandern lassen können.

Es ist eine untersetzte, graue Person. Sie starrt mich durch ihre Brille, so eine mit dicken, zu zwei Halbmonden geschliffenen Gläsern, taxierend an.

»Ich muss nach Neerbosch«, antworte ich.

»Gehen Sie zu Gleis 2a«, sagt sie. »Sie müssen den Intercity nach Arnhem nehmen, aber in Utrecht aussteigen. Um 11.03 Uhr fährt dort auf Gleis 6 der Schnellzug nach Eindhoven. In 's-Hertogenbosch steigen Sie auf demselben Bahnsteig gegenüber in den 3309 um, einen Zug, der in Nijmegen endet. Dort nehmen Sie den Bus 106 nach Neerbosch.«

Ich höre sie ohne eine Spur von Zweifel an. Als sie sich umdreht, folge ich ihr zu Gleis 2a. Der Zug läuft bereits ein. Neugierig geworden, steige ich in denselben Waggon wie die Frau und setze mich ihr schräg gegenüber in das nahezu leere Abteil. Wir sind noch nicht ganz aus dem Bahnhof heraus, da beuge ich mich zu ihr vor.

»Wie kommt es, dass Sie den Fahrplan so gut kennen?«

»Ich kenne den gesamten Fahrplan der Niederlande und Belgiens auswendig.«

Ich warte. Mein Blick sagt: Wie ist das möglich?

»Meine Schwester und ich«, sagt sie, »waren im letzten Kriegswinter bei unserem Großvater untergebracht. Weil es keinen Brennstoff für den Ofen gab, steckte er uns auch tagsüber stundenlang ins Bett. Damit wir uns allein beschäftigen konnten, brachte er uns die alten Kursbücher, die er als ehemaliger Zugschaffner immer aufbewahrt hatte und die uns interessierten, das hatte er gemerkt. So also, auf diese Weise, wurde ich für alle Zeiten mit den Fahrplänen der Bahn vertraut.«

Verständnis zeigende Mimik meinerseits. Ach ja, logisch. Klar, so läuft das.

Der Zug fährt schon bald am Hoge Rijndijk entlang. Hinter der Fensterscheibe schöne grüne Felder, ein blauer Kanal, eine sich drehende Windmühle. Sie scheinen die Tür zu meinem Gehirn, das intensiv am Teilen und Vervielfachen ist, noch etwas weiter zu öffnen. Aus dem Augenwinkel sehe ich, wie meine Reisegefährtin ein Buch aus ihrer Tasche angelt. Ich spüre, sie tut es, um es mir zu zeigen.

Ich schaue hin. Ich bin sprachlos.

Balzac. Auf dem Umschlag eine Frau mit zwei Kindern, ein blasser Junge, ein gesundes, rosiges Mädchen.

Das Frauchen blickt mich mit ihren durch die Brille verzerrten Suppenaugen an. Stumpf, mit einer Art Ungehaltenheit, wie man sie bei erfahrenen Kennern sieht, die nur noch von einem Gleichgesinnten aus ihren Betrachtungen zu reißen sind.

»Der einzige Romancier, der etwas davon versteht«, teilt sie mit.

Ich nicke, überflüssig zu fragen: wovon denn?, denn ich habe den ganzen Morgen an nichts anderes gedacht als daran, welche gnadenlose Auswirkung die Liebe auf einen Menschen haben kann. Ich betrachte noch einmal den Umschlag und lese: *Le lys dans la vallée.*

Aha.

Rogier zufolge war aus dem gesamten Œuvre des großen Franzosen dieses Buch Vaters Lieblingstitel, seiner im übrigen auch.

Das Frauchen hebt den Kopf. Auch Suppenaugen können aufleben. »Wenn Sie mich fragen, Mevrouw, ich finde, Madame de Mortsauf hätte diesem armen jungen Mann, der ihr von der Vorsehung geschickt wurde, um sie anzubeten, sexuell zu Willen sein müssen.«

Ich starre sie an.

Sie starrt verärgert zurück. »Sein Verlangen war groß. Ihres im übrigen auch. Ein *bisschen* erotische Ahnung konnte einer Frau schon damals nicht schaden.«

Mit einer Miene, als habe sie mir nicht den leisesten Anlass gegeben, bestürzt zu sein, schiebt sie das Buch wieder zwischen die Zeitungen in ihrer Tasche.

Ich hüte mich, sie zu fragen, ob ich vielleicht auch ein paar Zeitungsschlagzeilen lesen darf.

Wir steigen beide im Utrechter Hauptbahnhof aus und verlieren einander aus dem Auge. Auf dem Weg zum Bahnsteig 6 hat sich die Frage erübrigt, warum ich so verrückt war, den Zug zu wählen. Wo ich doch so schrecklich gern Auto fahre. Herrlich die Schnellstraße entlangrauschen, im Radio eine Barockoper, eine Zigarette. Heute nehme ich den Zug, um in Gedanken noch einmal an dem Ort und der Zeit vorbeizufahren, die mein Schicksal besiegelt haben. MÄDCHEN SPIELEN SPIEL MIT DEM TOD. Eine Lokalzeitung hatte ausführlich darüber berichtet und wurde dafür von einem anderen Blatt gerügt. Es gibt Dinge, über die man besser schweigt. Geschichten sind furchtbar ansteckend.

Iris hatte eigentlich nicht richtig dazugehört. Erstens war sie älter, schon fast sechzehn, wohlgemerkt, zweitens kam sie nicht aus Neerbosch und nicht einmal aus Nijmegen, sondern aus Den Haag. Kurz bevor ich sie kennenlernte, hatte ich sie natürlich schon auf den Korridoren und auf dem Schulhof gesehen. Die auffällige Schülerin, sehr hübsch, anders hübsch als wir, war nach Dreikönige auf unsere Schule gekommen, die Höhere Mädchenschule in Nijmegen. Ja, ich wohnte bereits wieder eine Weile zu Hause. Infolge meines ungünstigen Geburtsmonats, für den man den November damals hielt, ging ich mit Vierzehn in die zweite Klasse. Iris kam in die vierte. Unsere erste Begegnung verlief wie folgt.

Ein grauer Februartag. Gegen vier. Ich fahre den belebten Graafseweg entlang, auf dem Gepäckträger eine überquellende Schultasche, am Lenker ein volles Einkaufsnetz, das plötzlich reißt. Ich steige ab. Es gelingt mir, zwischen zwei zerbrochenen Milch- und Joghurtflaschen ein Päckchen Kaffee von der Straße zu raffen. Mit Mühe halte ich dabei mein kippendes Fahrrad aufrecht, das hinten durch die Büchertasche schwere Schlagseite hat. Zehn Apfelsinen kullern zwischen den Radfahrern und Autos davon. Ich bin müde von einem Tag in der Schule. Ungeschickt und auch ziemlich gefährdet stehe ich da. Außerdem lächerlich. Dann, wie eine plötzliche Erscheinung, ist Iris da. Sie stellt ihr Fahrrad auf dem Gehweg ab, läuft auf die Fahrbahn und beginnt, die Apfelsinen für mich aufzusammeln. Der Verkehr weicht verständnisvoll aus.

Eine Minute später: »Du bist so weiß im Gesicht, wollen wir uns nicht hier mal kurz hinsetzen?«

Sie nickt in Richtung der kleinen Kaffeebar, vor der wir zufällig stehen. Sie sieht mich mit ihren grünen Augen freundlich an, und ich schaue sprachlos zurück. Eine Fee. Sie tut so etwas, eine so schrecklich gute Tat, in aller Gemütsruhe. Einfach weil sie so ist. Von einer Sympathie überwältigt, die hundertmal größer ist als das, was man so Sympathie nennt, nehme ich ihr die Apfelsinen aus den Armen und stopfe sie in das Netz, das ich provisorisch wieder halbwegs zusammengeknotet habe. Ohne direkt an Rogier zu denken, der mich um diese Zeit zu Hause erwartet, stelle ich eine Gegenfrage.

»Hast du nicht Lust, eben bei mir daheim Tee zu trinken?«

Das Mädchen, zwei Klassen über mir, findet das nicht merkwürdig.

»Gut. Warum nicht …«

An jenem Nachmittag ist sie also mit mir nach Hause geradelt. Unterwegs schwatzten wir ein bisschen. Ich erzählte ihr, dass wir die ersten Jahre eine Tante im Haus hatten, die für uns sorgte. Jetzt nicht mehr? Nein, zum Glück nicht. Jetzt gibt es nur noch einen Vormund, der kaum eingreift. Ich erzählte, dass mein Bruder und ich wie Erwachsene in dem Haus wohnten, in dem wir beide geboren waren. Dass wir einen Hund und zwei Katzen hatten und dass an drei Nachmittagen pro Woche eine Frau für den Haushalt kam. Nach einer guten Viertelstunde waren wir da. Ich drückte das Gartentor auf. Wir lehnten unsere Räder an die Bäume am Weg. Große Dinge, getarnt als kleine, bevor sie geschehen. Ich machte die Tür zur Arbeitsküche auf und ging vor Iris ins Haus.

»Rogier!«

Hatte ich sie mitgenommen, um ihr, wie das in Freundschaften geschieht und auch geschehen sollte, meinen größten Schatz zu zeigen?

Meiner Meinung nach passierte es sofort. Rogier, das habe ich dir schon erzählt, war jemand, der auf der Stelle und für immer aus dem auswählte, was das Schicksal ihm bot. Das ist Iris. Ich sagte es im dunklen Gang, denn Rogier kam von oben. Als wir nach ein paar Schritten im hellen Wohnzimmer standen, sah ich, dass sie bereits zu zweit waren. Das ist Iris. Das ist Rogier. Er und sie, sehr, sehr definitiv.

4

Ich bin so in Gedanken, dass es nur gut ist, dass die Zugver-
bindungen mir so genau eingeschärft wurden. Aussteigen in
's-Hertogenbosch, auf die andere Seite des Bahnsteigs gehen
und in den 3309 steigen, den Schnellzug, der tatsächlich
pünktlich einläuft und zweifellos, ohne dass ich mir weiter
Gedanken darum machen muss, in Nijmegen halten wird und
nicht mehr weiterfährt. Mit dem Gefühl, zu gehorchen, was
immer viel einfacher ist als zu verstehen, habe ich mich ans
Fenster gesetzt. Ich schaue auf das, was auf mich zukommt
und wieder vorbeifliegt. Schranken, Nebengleise, Böschun-
gen, kleine Wege. Sie scheinen nach Jahrzehnten noch genauso
auszusehen wie damals, was doch merkwürdig ist. Weder jünger noch älter geworden. Höchstens etwas frischer wirkend
wegen der Jahreszeit.

Jetzt ist es Juni, damals war es August.

Noch früh am Nachmittag, aber die schlimme Hitze begann bereits.

Ich rannte.

Warum hatte sie überhaupt mitmachen wollen? Trudy, Bettie, Yvonne und ich warteten im Sommer nach der Schule oft
aufeinander, um in die Wälder außerhalb der Stadt zu fahren.
Einmal entdeckten wir eine Stelle, wo man nach einem un-
übersichtlichen Parcours aus Bäumen und Sträuchern plötzlich direkt bei den Gleisen herauskam. Das brachte uns auf
eine Idee. Wir stellten unsere Fahrräder in ungefähr fünfhun-

dert Meter Entfernung an einen Baum, zufällig einen mit vier Stämmen, und sprinteten los über einen Boden voller Hindernisse, ein ernsthafter Wettlauf bis zu den Gleisen. Dort warteten wir, mal ziemlich lange, mal nur ganz kurz, bis ein Zug kam. Dann sprangen wir schnell über die Gleise auf die andere Seite. Kam noch ein Zug, sprangen wir wieder zurück. Nach ein paar dieser Mutproben hatten wir genug und fuhren zu einer verlassenen, auf Pfählen erbauten Sommerhütte, tranken Kakao, aßen Lakritze und ein paar ziemlich zerdrückte Brote mit Erdnussbutter. Iris war Neuankömmling und Außenseiterin. Wenn sie sich nicht so normal verhalten hätte, wäre es merkwürdig gewesen, dass sie, Schülerin einer höheren Klasse, immer öfter mit uns rannte.

Warum hatte sie mitmachen wollen?

Oder war die Herausforderung zum Todeslauf von mir ausgegangen, möglicherweise kaum merklich, hinterlistig, so dass es schien, als wäre sie selbst so erpicht darauf?

Ich liebte sie. Ich liebte meinen Bruder noch viel mehr. Es gibt genug Situationen, in denen nicht eindeutig klar ist, wer wen gefragt hat. Unklar auch, was die verborgene Absicht dahinter war. Dass Eifersucht zu Mord anstiften kann, war mir durch das, was ich von Kindesbeinen an gelesen hatte, bestens bekannt. Aber ich sah keinen Zusammenhang. Wer wäre schon bereit, sich selbst, und noch dazu in so jungen Jahren, als Schurken zu sehen?

An jenem Tag hatten wir schon seit Wochen Sommerferien. Mangels Training waren wir nicht mehr recht in Form. Als Trudy mit der Nachricht anrief, Bettie sei verreist und sie und Yvonne langweilten sich, war Iris zufällig bei uns zu Hause. »Ich langweile mich auch«, antwortete ich, den Blick auf meinen Bruder und meine Freundin geheftet, die gerade dabei waren, den Hund mit Omil, einem Flohmittel, zu pudern. Sie knieten auf der kleinen Terrasse, die an den Wintergarten grenzte, den Hund auf dem Rücken zwischen sich. Die Türen standen offen. Ich roch den ekligen Insektizidgeruch.

»Ich hab Lust, zu rennen«, sagte ich ins Telefon.

Ich sah, wie Iris bei diesen Worten aufblickte, und ich meine noch immer: mit Interesse. Sie wedelte kurz mit der Hand vor ihrer Nase und blies mit vorgeschobener Unterlippe das stinkende Pulver fort.

Während ich mit Trudy verabredete, wo wir uns treffen wollten, lachte ich Iris bereits überredend zu. Ihre Hand kraulte jetzt das Hundefell. Rogier, auf der anderen Seite des Hundes, tat das gleiche. Noch einen Moment, und sie würden sich abklopfen, sich Gesicht und Hände waschen und unter der alten Kastanie am Gartentor eine Decke ausbreiten, ja, sie würden eine schöne, weiche Decke ausbreiten und zusammen darauf liegen. Oder sie würden die Fahrräder nehmen, oder sie würden nach oben gehen und sich ausziehen, oder …

»Machst du mit?« fragte ich, nachdem ich den Hörer aufgelegt hatte, und ging energischen Schritts auf die Wintergartentür zu.

Ohne meinen Blick von Iris abzuwenden, sah ich, wie begierig und freundlich mein Bruder darauf wartete, bis ich mich getrollt hätte. Mit einer Miene, die besagte »gleich sind sie und ich zusammen, und dann sehen wir weiter«, streichelte er die Achsel des Hundes.

Ich schwöre, ich *schwöre* es, dass ich mich umdrehen und sagen wollte: »Ist egal. Mach, wozu du Lust hast. Bis dann.«

Was ich sagte, war: »He, Iris, los!«

Sie zögerte. Blickte erst auf ihre Knie und dann zu Rogier, der den Blick erwiderte.

Ich erinnere mich, fast mit Sicherheit, dass Rogier kurz die Schultern hochzog, unglücklich, das bestimmt, aber nur ein kleines bisschen, und dass er und Iris sich einig waren. Sie liebten mich, das war die Wahrheit, und sie beide hatten schließlich alle Zeit der Welt.

Den Finger hochgestreckt wie jemand, der im Lokal etwas bestellen möchte, erhob Iris sich. Sie reichte Rogier die Pulverdose, so ein Ding, das man drücken muss, und dann kommt eine kleine Wolke heraus.

Stell dir also, falls du den Mut dazu aufbringen kannst, das nun folgende Ereignis vor. Damit du weißt, wer ich bin. Da ist das Waldstück, in das wir von der Schule aus gingen oder manchmal auch, nach Absprache, von zu Hause. Vier Schulmädchen, eines von ihnen vielleicht doch ein bisschen gequält von einem kleinen, unnatürlichen Hass. Wir ließen unsere Räder stehen und rannten los. Jawohl, trotz der Hitze. Na und ob, wir waren wie immer ganz fanatisch. Gerade weil wir genausogut hätten schlendern können, vermute ich, hatten wir diese Rennerei schon bald todernst genommen und als athletischen Sprint betrachtet. Der bekanntlich auch immer auf diese eine letzte Bewegung zuläuft, auf die es ankommt: das Überqueren der Ziellinie. Mit der Finesse, dass *unser* Sprint kurz vor dem Ziel zum Halten kam und dann warten musste, mal nur ganz kurz, mal ziemlich lang, bevor wir die Schlussbewegung ausführen konnten, die wir inzwischen sehr gut beherrschten. Den Sprung, von Kinn bis Fuß fehlerlos, über ein Stück Boden, der mit jedem Bruchteil einer Sekunde gefährlicher wurde. Wer als letzte das Ziel erreichte, hatte gewonnen. Eine Variante, die wir nicht selbst in der Hand hatten, war folgende: Kam der Zug fast gleichzeitig mit uns an und konnte die Spitzenläuferin es noch vor ihm schaffen, so sprang sie allein.

Iris war schnell an jenem Tag. Sie war schnell von Natur aus, aber auch wegen ihrer Muskelkraft, mit der sie uns schließlich zwei Jahre voraus war. Ich war die einzige, die bei jenem letzten Mal mit ihr mithalten konnte auf dem Gelände, das ich von uns vieren am besten kannte. Einmal hatte ich sie ausgetrickst, indem ich gewitzt in Richtung eines flachen, geraden Stücks Waldboden abbog, auf dem sie eine Weile hinter mir herkeuchte. Unterwegs drehte man sich prinzipiell nicht nacheinander um. Ohne dass wir das abgesprochen hatten, stand diese Spielregel für uns fest. Aber nachdem sie mich doch wieder eingeholt hatte, schaute sie kurz über die Schulter und zeigte mir dabei das Porträt, das ich für immer von ihr bewahren sollte.

Das dunkle Haar an den Wangen klebend.

In den Augen keine Spur von Freundschaft, auch nichts von Liebe übrigens, wem auch immer sie gelten mochte.

Wie kann etwas Kleines, der feste Entschluss, an einem Feriennachmittag die Schnellste zu sein, so wild und herausfordernd wirken? So danach verlangen, von etwas weit Größerem gepackt zu werden?

In dem Moment bekam ich Angst. Und alles um mich herum begann, diese Angst, die ich plötzlich fühlte, sah und begriff, zu verbreiten. Ich stolperte. Hielt mich dank ein paar langer Schritte noch an den Sträuchern fest und erkannte, während ich fiel, dass Iris das Spiel inzwischen Spaß machte. Spaß, Spaß! mittlerweile.

Aber noch mal – warum hatte sie bei jenem ersten Mal mitgemacht?

Ich war mir sicher: auch damals schon wegen mir.

Iris war ein Mädchen ohne jede Spur von Gehabe. Sie war

hübsch, ungezwungen und unglaublich gutherzig. Wie war das möglich? Wie konnte sie, in ihrer gottgegebenen Aufrichtigkeit, nur so nett sein? Was hatte sie vor den normalen kleinen Falschheiten bewahrt, die zum Heranwachsen gehören? Der Lebensmittelhändler in unserem kleinen Einkaufszentrum hatte sich nach einem Schlaganfall in einen Fettsack verwandelt, der jeden, der in das mittlerweile von seinem Sohn übernommene Geschäft kam, mit feindseligen Blicken ansah. Als sei es das Natürlichste von der Welt, bot Iris dem Mann, der in seinem kleinen Sessel bei den Dosen mit getrockneten Bohnen hing, einmal ein Stück weiße Schokolade an. Sie hatte sich gerade eine Tüte gegönnt. Ich (sie nicht, sie hatte sich bereits umgedreht, um zur Tür hinauszugehen) sah das träumerische Gesicht des Mannes, dem ein Strahl schaumiger Speichel aus dem Mund lief.

Genauso selbstverständlich hatte Iris bei unserer ersten Begegnung Freundschaft mit mir geschlossen. Und dass sie sich noch keine Viertelstunde später in meinen Bruder verliebte, bewirkte nur, dass ihre Freundschaft zu mir zusätzliche Nahrung erhielt. So ein Wettlauf zu den Bahngleisen ist dann nicht abwegiger als ein Fünf-Uhr-Tee mit Napfkuchen, zu dritt bei uns zu Hause, oder ein Kinobesuch mit *French cancan* am frühen Abend. Iris dachte nicht daran, mir meinen Bruder wegzunehmen. Weil wir sehr selbstbestimmt waren, fiel es Rogier und mir kaum auf, dass sie daheim große Freiheit genoss. Ihre Eltern waren Cousin und Cousine. Sie waren Tag und Nacht damit beschäftigt, aus der Niederlassung der großen Den Haager Familienkunsthandlung auch hier in Nijmegen ein eigenständiges Unternehmen zu machen. Es wird um Pfingsten gewesen sein, als ich einmal mit Rogier und Iris in die Studentenkneipen in der Innenstadt mitdurfte.

Ein schöner, schon fast sommerlich lauer Abend. Tür zum Marktplatz offen. Ich stand Cola trinkend neben einem mit Pseudomarmor bekleideten Kaminsims und hatte Iris und meinen Bruder in dem Trubel aus den Augen verloren. Einer von Rogiers Verbindungsbrüdern sang mir mit ironischer Bassstimme ein Lied ins Ohr, ein klassisches, schien mir, von deutscher Sehnsucht.

»Na, soll ich dich mal eben nach Hause bringen?« fragte er kurz darauf.

Ich antwortete mit einem Kopfnicken.

»Gut«, murmelte ich, während mein Blick sich nicht gleich von der Ecke lösen konnte, in der ein Plakat mit einer kubistischen Stadtansicht hing. Sie standen knapp außerhalb des Lichtspots. Rogier knöpfte gerade mit seiner ernstesten, konzentriertesten Miene die obersten Knöpfe von Iris' Bluse auf.

Während der Verbindungsbruder und ich auf die Alleen in Neerbosch zuradelten, fühlte ich mich wie in einem Rausch. Ich merkte, dass es wirklich möglich ist, dass das Herz leichter wird und der Brustkorb sich weitet. Mein Rausch war ein Gefühl vollsten Vertrauens. In was sonst als das, was in meinem Leben noch kommen würde? Wir langten bei uns zu Hause an. Zauderten ein wenig an der hinteren Tür. Kurz bevor ich hineinging, kam der Verbindungsbruder, er hieß Arthur, mit seinem Mund näher, übrigens ohne sein Fahrrad wegzustellen. Das hielt er mit gespreizten Fingern in der Mitte des Lenkers fest. Ich dachte, jetzt gibt er mir einen Kuss auf die Wange. Darauf hatte ich keine Lust. Ich drehte mein Gesicht so, dass mein Mund dicht an seinen kam. Da gab er mir den Kuss. Er küsste meine Lippen, sanft, zog mich aber mit seinem freien Arm dicht heran und presste mich an sich. Der Kuss veränderte sich, das Wort »Leidenschaft« lag in meinem Kopf auf der Lauer, stoppte aber abrupt. Der Verbindungsbruder wandte sich zu seinem Rad hin, als sei ihm plötzlich eingefallen, dass er noch irgendwo hinmüsse, was natürlich gut möglich war. Vielleicht erwartete man ihn in dieser Kneipe. Oben in meinem Zimmer streifte ich meine Kleider ab. Einen Moment lang dachte ich, ich würde in Tränen ausbrechen. Nachts wurde ich wach, weil ich aufs Klo musste. Eine der Katzen lag an meinem Gesicht. Ich schob sie weg und ging nackt über den Flur. Ich konnte die sich leicht in den Angeln bewegende Tür zu Rogiers Zimmer mit den Fingerspitzen aufdrücken. In dem warmen, mondbeschienenen Raum waren die Vorhänge nicht zugezogen. Die Bettcouch stand rechts an der Wand. Rogier lag oben. Iris konnte ich kaum erkennen. Nie werde ich ihr Geseufze, abgewechselt mit leisen Jammerlauten, vergessen.

5

Ich war mit dem Gesicht auf die Erde geknallt. Gewaltiger
Schlag gegen die Nase. Ich blieb liegen, schmeckte Blut und
begann zu heulen. »Lauf weiter …« schniefte ich, an Iris und
mich selbst gerichtet. »Dann gewinn diesmal eben, gewinn
mit Glanz und Gloria gegen mich. Aber denk bitte, bitte! daran, rechtzeitig stehenzubleiben. Wart auf mich! Wart an den
Gleisen. Hörst du mich? Geh auf keinen Fall dieses Risiko ein,
du hast längst nicht so oft trainiert wie wir, du kennst das Ti-
ming nicht. Warum rennst du so ohne Sinn und Verstand?
Mein Bruder gehört dir. Als ob ich das nicht wüsste … Du bist
sein Mädchen und ich nur seine Schwester, du bist viel, viel
mehr! Du wiegst von uns beiden schwerer …«

Sekunden verstrichen. Ich wusste, dass Trudy und Yvonne
auch schon an mir vorbei waren. Von mir aus. Sekunden können entsetzlich lang sein. Meine Wange spürte den Sandboden
des Waldwegs, kühl in jeder Jahreszeit. »Ich finde nur, es geht
ein bisschen sehr schnell mit euch beiden«, fuhr ich fort. »Das
gebe ich zu. Ich wusste nicht, dass Liebe so ein Tempo an den
Tag legen kann. Ich will nicht garstig sein, ich mag dich wahnsinnig gern, aber Rogier ist der einzige, der für mich zählt im
Leben. Ich hatte gedacht, dass wir noch ganz lange zu zweit
bleiben. Mindestens eine Ewigkeit … Warum telefonierst du
so oft? Du rufst an. Er lauscht. Ich sehe ihn, wie er mit dem
Hörer am Ohr dasteht. Er schaut durch mich hindurch. Eine
Stunde später existiere ich immer noch nicht für ihn.«

Ich rappelte mich auf.

»Du hast mir vielleicht eine Angst eingejagt. Warum hast du so geschaut? Wart doch auf mich. Du siehst, ich laufe schon wieder.«

Sand klebte mir im Gesicht. Er saß auch in meinen Augen. Ich begann wieder zu rennen.

»Du heiratest meinen Bruder«, versicherte ich dem vor mir sprintenden Mädchen. »Oh, ich weiß ganz genau, das geschieht schon bald, vielleicht nächstes Jahr, obwohl bestimmt nicht vor September, deine Eltern wollen sicher, dass du die Schule beendest … sie kaufen dir ein weißes Musselinkleid mit ganz viel Spitzen … und weiße Schuhe mit Queenie-Absätzen … ah, bitte bleib stehen!«

Ich wusste genau, wo der Weg aufhörte und man auf eine umgestürzte Eiche springen musste. Danach ging es im Zickzack zwischen den Bäumen weiter. Auf der Seite, auf die die Sonne ihr Licht warf, waren die Stämme knallorange. Ich trug Turnschuhe. Iris Ballerinas. Ja, die können die Füße wie Hände umschließen und heben einen hoch, man wird unheimlich schnell. »Jetzt wart doch auf mich!« Ich sah auf meine Uhr. Die Züge aus dem Norden waren launisch, aber die aus dem Süden kannten wir einigermaßen. Hinter meinen Augen blitzte das Bild des Intercity auf, der alle halbe Stunde vom Hauptbahnhof losfuhr. Ich wusste, fünf, sechs Minuten später konnte man ihn festlich pfeifend in die Kurve gehen sehen, als wäre Geschwindigkeit etwas Hinreißendes.

»Vater unser, der du bist im Himmel!« rief ich in großer Angst und hatte dann eine Eingebung. Wenn es mir gelänge, dicht bei der Kurve herauszukommen, dann konnte ich von dort aus schreien: Stop, Iris, es zählt heute nicht!

In Panik, wie ein Tier schon im voraus wissend, was passieren wird, sprang ich links in die Waldsenke hinein anstatt wie gewöhnlich geradeaus weiter. Und während ich meine Beine an allem möglichen aufriss und mich an den Dornenranken auf der anderen Seite der kleinen Senke wieder hochzog, spürte ich, dass die Wahrheit, die bisher über mich gegolten hatte, bereits von einer anderen verdrängt wurde.

Ich weiß. Iris wollte selbst mitmachen an jenem Tag. Das stimmt. Aber doch nicht ganz. Halbwahrheiten können sich im Laufe der Zeit so familiär aufführen, dass sie den Status reiner Wahrheit erlangen. Hatte ich etwas Furchtbares verbrochen? Meine zerrissene Seele durchschaut bis heute nicht alle Einzelheiten. Spielt auch gar keine Rolle. Die Missetat hat mich gesucht, ich hatte und habe mich aus einem Grund, der mich nie wieder loslassen wird, nicht tagsüber und auch nicht nachts, strafbar gemacht. Lass mich die Katastrophe zu Ende erzählen.

Ich war dicht an den Gleisen, als ich das Herannahen des Zugs, das vollkommen meine Schuld war, hörte.

Ich hörte den höllischen Pfiff, schriller und länger als sonst.

»Neeeiiin …!«

Dann das Kreischen der Bremsen.

Ich ließ mich fallen. Ich ließ mich, die Hände auf den Ohren, in das wilde Gestrüpp fallen, drückte mein Gesicht mitten in die Stacheln, wühlte mit Nase und Mund das festgebackene tote Laub beiseite. »Heiliger Gott«, stammelte ich in die Brombeersträucher. »Dein Wille geschehe, im Himmel wie auf Erden. Lass mich hier auf der Stelle sterben, lass mich lahm und blind werden, aber mach, dass dahinten nicht passiert, was anscheinend im Begriff ist, zu passieren …«

6

Wir sitzen unter dem schützenden Dach auf der Terrasse. Ich wohne im zweiten und obersten Stock. Das letzte Tageslicht legt einen rosigen Schimmer auf die kunterbunte Aussicht. Eine abschüssige kleine Straße, ein gerodetes Feld. Gestern konnte er nicht kommen, aber heute. Gestern sagte er telefonisch ab, etwas mit Myrte, heute findet er, die Traktorspur zur Scheune der Gebr. Langeveld sei die schönste Traktorspur aller Zeiten. Unsere Servietten liegen zerknüllt auf dem Tisch. Wenn er will, kann er hinter mir gerade noch die Blumenzwiebelscheune sehen, die wie viele Scheunen in dieser Gegend von einem Architekten der Amsterdamer Schule entworfen wurde, Blumenzwiebelzüchter haben es gern schön. Ich blicke den Mann an, den ich ruhigen Gewissens als den meinigen bezeichnen kann, will und darf. Alles an ihm sendet mir kleine Zeichen völliger Gemütsruhe zu.

»Das riesige Kruzifix …« wiederholt er, als sähe er es vor sich. Ich habe ihm von der Skulptur erzählt, der ich meinen freien Tag hatte widmen wollen. Dass sie nicht mehr da war, dass ich die Zugfahrt umsonst gemacht habe, weiß er noch nicht.

Ich sehe ihn ernst an. Ich lasse mir dafür alle Zeit. Frag nur, denke ich wie gewohnt. Die Geschichte dieser Skulptur ist die Geschichte meiner Herkunft. Soll ich dir mal ehrlich was gestehen?

Er sieht meinen Ernst und versteht ihn auch. Er hat bereits

von der Stunde gehört, die ich einmal, am Anfang einer lange
zurückliegenden Nacht, in der linken Kapelle der Antonius-
Abt-Kirche zugebracht habe.

»Ja«, fahre ich fort, »wir waren dort also zu dritt. Mein Bruder, ich und, mindestens so lebensgroß wie wir, ich glaube, sogar noch ein ganzes Stück größer, der gekreuzigte Jesus an der
Wand gegenüber, bereits in sehr schlechter Verfassung, aber,
die Augen einen Spaltbreit geöffnet, noch bei Bewusstsein.
Das konnte man an den Lichtpünktchen in seinen Pupillen
erkennen.«

Er zieht die Beine zu sich, reicht mir mein Glas, höflich,
ohne auch nur eine Spur Mitleid. Schließlich sind wir beide
glücklich. Als ich präzisiere: »Ein Toter, eine Lebende und ein
Sterbender«, wird sein Blick dunkel, er hört mir weiter aufmerksam zu, stellt aber keine Fragen. Bei diesem Kern der
Dinge könnte ich es sehr gut bewenden lassen.

Ich trinke mein Glas aus. Dann habe ich Lust, die Arme
über der Balustrade, auf den Abend in diesem duftenden
Blumenzwiebeldorf hinunterzuschauen. Meine Finger durch-
kämmen den frischgrünen, austreibenden Efeu. Ich sehe Fußgänger, Hunde, im abschüssigen Garten unter mir einen jungen Pflaumenbaum, der jetzt, im Juni, noch blüht. Findest
du es nicht merkwürdig, dass ich aus dem Schattenspiel dieser Stunde immer nur mit größter Mühe das Gesicht meines
Bruders herausschälen konnte, hinterher? Und im Gegensatz
dazu ganz mühelos das Gesicht und den abscheulich bluti-
gen Körper dieses anderen jungen Mannes? Jedes Ding hat
sein eigenes Mysterium. Das gilt auch für eine außergewöhnlich gut gemachte, aber zutiefst erschütternde Skulptur. Ich
denke an meinen Bruder und, im selben Atemzug, an die beiden Fragen, mit denen der spätmittelalterliche Bildschnitzer

an seine bestimmt nicht einfache Arbeit herangegangen sein muss.

Die erste betrifft die Augen, die von Natur aus unbegrenzte Freiheit besitzen. Wie hat der übel zugerichtete Sohn, ganz Mensch, in seinen letzten Momenten ausgesehen?

Frage zwei ist schwieriger, sie bezieht sich auf die beiden sich abmühenden Hände.

Wie mache ich es? Wie bringe ich die Wahrheit dieser Momente, die sich einst ereignet haben, erneut ans Licht?

Der Meister denkt nach und rechnet. Für den im Todeskampf gewundenen mageren Körper, den zum Brustkorb herabhängenden Kopf, die Seite mit der frischen Schnittwunde, das Lendentuch, die Beine und die Füße benötigt er einen kräftigen Baumstamm mit bestimmt zehn Daumen Durchmesser. Bei der Gestaltung des Gesichts, überlegt er, würde er lieber in einem etwas intimeren Maßstab vorgehen.

Aus einer makellosen Scheibe Nussholz wird er das Antlitz mit den wie Leder gespannten Nasenflügeln schnitzen, die kurz vor dem Brechen stehenden Augen, den straffen Mund, und das Ganze danach mit Holzzapfen in den mit ein wenig erwärmtem tierischem Leim gefüllten Löchern am Hinterkopf befestigen. Die Krone wird groß, schwer, gemein. Die wird er mit Stiften und Nägeln so im Haar festdrücken, dass die Ströme von Blut über dem ganzen Oberkörper, die er in Gedanken bereits vor sich sieht, glaubwürdig werden. Bei einer Holzfigur müssen die ausgebreiteten Arme in ihrer Geste ewigdauernder Umarmung immer separat angefertigt werden. Er wird sie mit Stiften in die Achseln treiben. Der Bildschnitzer, gläubig wie fast jeder, weint innerlich über die Schmerzen des Erlösers, denkt jetzt aber ausschließlich an seine schwere Aufgabe. Wenn einem zweidaumenlange Nägel durch Hände und Füße geschlagen werden, überlegt er, dann ziehen sich die Muskeln unwillkürlich zusammen, und Finger und Zehen krümmen sich wie Klauen.

Ich merke, dass der Abend frischer wird. Ein Polizeiauto fährt langsam durch die kleine Straße und zuckelt um die Kurve. In der Kneipe sind die Lichter an, hinter uns im Schlafzimmer steht eine Vase mit Dahlien jetzt im Dunklen. Für heute nacht haben sie ihre tiefrote Farbe vollständig verloren. Luuk hat sich eine Zigarette angezündet. Ich genieße den Rauch, der an meinem Gesicht vorbeizieht. Selbst unsere kleinsten Dinge sind miteinander im Gespräch.

Als wir hinterher im Bett noch eine Weile miteinander flüstern (»Könntest du auch mit einer hässlichen Frau schlafen?« Keine Antwort. »Na?« »Ach ja, natürlich«), merke ich, dass das Laken am Fußende herausgerutscht ist. Die Decke liegt seitlich halb auf dem Fußboden, man spürt, wie sie zieht. Das habe ich noch nie ausstehen können. Ich schlüpfe unter seinem Arm heraus, der bereits schwer wird. Ohne Licht zu machen, bringe ich das Bett wieder einigermaßen in Ordnung. Wir haben nicht nur die Fenster, sondern auch die Vorhänge offen gelassen. Mond und Sterne scheinen herein.

Jetzt geht es mir prima. Ich sinke bis an den Rand des Schlafes. Liegst du neben mir, Liebster? Leg deinen Arm um meine Schulter, ja, so, und mach auch die Türen auf, alle, ja. Friedlich denke ich an die Präzisionswaage, mit der der Sohn gegen sich selbst aufgewogen wird. Zufällig kenne ich schon seit Jahren ein Kruzifix, das theologisch ziemlich explizit ist. Blaue Lippen, die Zähne leicht entblößt, Tränen. Die Frage: Gott oder Mensch? scheint mir seitdem überflüssig.

7

»Es war weg?«

Ja, es war weg. Als ob man mich geohrfeigt hätte, habe ich vor-gestern auf die leere Stelle an der Wand gestarrt, die Stelle einer völlig inakzeptablen Abwesenheit, die damals so promi-nent besetzt war. Wie war das möglich. Wie und aus welchem Grund konnte das geschehen sein! Hatte ich die lange Zug-fahrt gemacht, in Gedanken die ganze Zeit beim Ziel, um hier eine Wand, leerer als leer, zu betrachten? Der Verputz erst kürzlich weißgekalkt, wie ich feststellen konnte? Bis dahin war meine Fahrt programmgemäß verlaufen. Bus 106 hatte mich mit höchstens drei Stops nach Neerbosch gebracht und bei der Haltestelle Jacob van Campen abgesetzt. Danach brauchte ich nur noch durch ein paar Alleen aus meinem früheren Le-ben zu gehen, grauenhaft modernisiert und gestutzt, da sah ich schon die Fassade der Antonius-Abt-Kirche vor mir. Mys-teriös und ungeheuer treu. Um Jahrzehnte ältere und weisere Bäume ringsum, Portal geöffnet. Erwartungsvoll wie ein Pil-ger stieg ich die breite Treppe hinauf. Die völlige Verlassenheit in dem hohen Schiff überfiel mich. Sie mutete sonderbar an, mit den so weit geöffneten Eingangstüren. Ohne weiter darauf zu achten, ging ich zu der im rückwärtigen Teil gelegenen Ka-pelle. Hinsichtlich dessen, was mich dort erwartete, war ich wahnsinnig neugierig und zugleich zu Tode bang.

Und dann also … nichts. Du magst es verrückt finden, aber

ich konnte es einfach nicht glauben. Was man nicht glauben will, kann man auch nicht glauben. Ich presste mir die Faust an die Stirn. Schielte an meinem Handgelenk vorbei. Ich hatte mich auf meine eigene naive Art auf die Reise begeben, du weißt schon, aus der Idee heraus, ich werde mal sehen, ich warte einfach ab, hatte aber natürlich die ganze Zeit um das Warum gewusst. Ich kam jener Augustnacht wegen. Der Stunde wegen, die ich dort vor vielen Jahren in Aufbewahrung gegeben hatte und jetzt zurückzunehmen bereit war. In welchem Zustand sie sich inzwischen auch befinden mochte. Wie kann man erwarten, dass eine Stunde nach über fünfunddreißig Jahren geblieben ist, was sie war? Wir waren zu dritt gewesen. Ein in Auflösung begriffenes Grüppchen. Auf einen meiner beiden Gefährten hatte ich offenbar die ganze Zeit gezählt, achtlos, mit der mir eigenen Bequemlichkeit und Gutgläubigkeit. Bleib bei mir … Das mag man naiv finden.

So stand ich also noch einen Moment nachdenklich da und drehte mich dann zu der Wand hinter mir um. Ja, hier war es, hier habe ich gesessen. Hier habe ich einen Stuhl an die Wand gezogen und mich wie ein trauerndes altes Weibchen draufgesetzt, tumb vor mich hinschauend. Ein paar Meter von mir entfernt mein Bruder in einem bereits halb geschlossenen, mit Blumen geschmückten Sarg. Die Kühle in der Kapelle war angenehm, das weiß ich noch, ich weiß noch gut, dass ich wieder aufatmete. An den vorangegangenen Tagen hatte der Geruch rings um meinen Bruder mich immer mehr gestört. Er lag noch in seinem Bett, in den Kleidern, die man ihm nach der letzten Waschung angezogen hatte, aber er verweste bereits. Die Leichenbestatter hatten mir geraten, ein Schälchen Kaffeebohnen, grob gemahlen, neben seinem Kopfkissen auf die Matratze zu stellen, sie sagten, das helfe gegen den Gestank.

Habe ich getan. Dann, endlich in der Kühle, konnte ich den Blick auf die Wand mit der riesigen mittelalterlichen Skulptur richten, ohne mir die ganze Zeit aufgrund des Geruchs der Anwesenheit von Rogiers Leichnam bewusst zu sein. Die Kühle hier hatte ihn offenbar absorbiert. Denk dran, ich war erschöpft. Nicht nur durch die Wochen, in denen mein Bruder sich von niemandem hatte pflegen lassen wollen außer von mir, sondern auch durch die bleiernen Jahre davor. Oh, du hast keine Ahnung, wie es ist, von einem jungen Mädchen unverkennbar zu einer Frau heranzuwachsen, die sich danach sehnt, wonach eine Frau sich sehnt, wenn sie währenddessen den einzigen Mann in ihrem Leben vor ihren Augen zugrunde gehen sieht.

Anfangs geschah das in Intervallen, noch ohne sein Einverständnis, wie es schien. Es gab ganze Perioden, in denen er fit und sogar lebhaft war. Doch zuletzt ging es schrecklich schnell. Der Hausarzt nannte es Tuberkulose, in einer nicht sehr ansteckenden Form, versicherte er meinem erschrockenen Bruder. Doch bald schon kamen Symptome hinzu, über die auch verschiedene Untersuchungen im Krankenhaus keinen Aufschluss gaben. Von einer Abteilung zur anderen, von einem Apparat zum nächsten, man wusste es so ungefähr, aber nicht genau, die Untersuchungsergebnisse sagten nicht immer, was sie redlicherweise hätten sagen müssen. Rogier war bereits sehr schwach, als er zweimal eine schwere Lungenentzündung bekam. Vor allem die letzte durchlitt er, als hätte er sie sich persönlich ausgesucht. Er genas von ihr und blieb krank. Der Arzt wollte tun, was er konnte, noch ein wenig verlängern, diesen gefügigen, keine nennenswerten Schmerzen erleidenden Körper noch ein wenig am Reden und Lesen halten. Aber nein. Keine Stärkungsmittel bitte, lautete der Wunsch meines Bruders, der aber doch eine zunehmende Menge Morphiumtabletten akzeptierte, sogar gern, genüsslich. Rogier hatte ein Leiden, von dem er, das hatte ich längst begriffen, nicht geheilt werden *wollte*.

Liebeskummer ist eine Krankheit, der Mensch des Mittelalters erkannte das an. Noch bis in unser aufgeklärtes siebzehntes Jahrhundert hinein lautete die medizinische Diagnose dieses Leidens: eine der schlimmsten Furien für Körper und Geist.

Heutzutage wissen wir es besser.

Ja, wir wissen es besser.

8

Ich merkte ihm anfangs nicht viel an. Iris ist aus seinem Leben verschwunden, er versteht und akzeptiert das, ich war so dumm, so etwas zu glauben. Wir sind wieder zu zweit. Denk nur nicht, ich hätte sie nicht vermisst. Ich vermisste sie mit einer bleischweren Betäubung, einer unbehaglichen Trauer, von der ich heute weiß, was das Problem dabei war. Diese Trauer taugte nichts. Iris zu vermissen war etwas Illegales, mit dem ich nicht einmal mir selbst gegenüber hausieren gehen sollte.

Eines Nachmittags machte ich nach der Schule einen kleinen Umweg, einfach so, eines jener zahllosen Dinge, von denen man nicht weiß, warum man sie tut. Während ich durch die Alleen radelte, überkam mich eine Widerspenstigkeit, die nach und nach den Charakter blinder Wut annahm. Ich rammte mein Rad in einen der Ständer auf der Seite der Antonius-Abt, ging in die Kirche und fiel in einer Bank vor dem Hauptaltar auf die Knie. Mit Gott und den Heiligen zu sprechen gelang mir damals noch bestens, wobei der Singsang des Lateinischen mir manchmal freundschaftlich half. Damals kannte doch noch jedes Kind diese Zaubersprache, nicht wahr? Die eigene Sprache ist so verdammt ernsthaft. So voller Anmaßung gegenüber dem Verständnis der nicht zum Verstehen bestimmten Dinge. Während der Schulmessen in der Pfingstzeit sangen wir, glasklar vor uns hinschauend, mindestens vier des siebzehn Strophen zählenden *Veni, Creator Spiri-*

tus aus dem Kopf. Klang ganz toll. Was wir davon begriffen, war, dass es um eine Taube ging.

Als ich nach Hause kam, an jenem Tag, ließ ich es laufen in dem Gefühl, den Segen zu haben. Rogier saß mit seinen Büchern und braunen Spiralheften am Tisch. Ihm war sofort klar, dass etwas mit mir war, aber er wartete ab. Schon an der Wohnzimmertür, noch im Mantel, begann ich, ihn unter Tränen und schon bald unter einer Sturzflut von Tränen zu fragen, ob er denn noch wisse, wie drollig sie gehen konnte, indem sie wie ein Filmvamp die Füße bei jedem Schritt ein klein wenig nach außen drehte? Wie sie tastend ihre Ohrgehänge befestigte, Kopf zur Seite gelegt, Blick auf ihn gerichtet. Er seinen im übrigen genauso aufmerksam auf sie, als dienten sie sich gegenseitig als Spiegel.

Ich schluckte, suchte nach meinem Taschentuch, hielt aber den Blick meines Bruders unverändert fest. Ich sah ihn mit leicht verlegenem, prüfendem Lächeln meinen Blick erwidern. Als wüsste er nicht gleich, wovon ich sprach, verstünde aber, dass es um etwas Glückliches ging, das jetzt leider vorbei war. Schniefend erinnerte ich ihn an das Mal, als wir vor dem efeubewachsenen Mäuerchen im Garten Sardinen gegrillt hatten. Es war noch vor Ostern, aber schon sehr schönes Wetter. Gut aufeinander eingespielt, richteten wir unsere Kochstelle ein, Pflastersteine mit einem rostigen Drahtgeflecht darüber, das ging prima. Wir wendeten die Sardinen durch Hochwerfen über der glühenden Holzkohle, als hätten wir nie etwas anderes getan. Den Wein tranken wir aus den Kristallgläsern aus Vaters Familie. Freude am Leben, volle Zufriedenheit mit der Schöpfung, deren innere Ordnung wir zu verstehen glaubten und bejahten. Die Sonne brannte, drinnen klingelte das Telefon, in der Ferne läuteten Glocken, bestimmt wieder jemand gestorben. Beduselt vom Rotwein am hellichten Tag, legten wir uns unter dem Kastanienbaum ins Gras, Iris auf der Seite, dir zugewandt. Leise klagte sie über den Fischgeruch, der ihr in Haut und Haar gedrungen sei. Sie beugte sich zu dir. Ich sah ihr hübsches Gesicht, ihre fülligen Lippen, ihr quasi schmollendes Lächeln. Ob sie nicht schnell mal duschen solle?

»Du … du hast die Hand unter ihr Haar geschoben, das ihr in Wellen über die Schultern fiel«, sagte ich, mir die Nase putzend, unter dem Taschentuch hervor.

Ich hörte an jenem Nachmittag nicht auf, von ihr zu sprechen. Anekdote um Anekdote fiel mir ein. Mein Bruder hörte mit einem gewissen Befremden zu, das ich erst jetzt, in seiner himmelschreienden Einfachheit, zu verstehen meine. Er fand es so schlimm für mich. So schlimm, ja, ganz abgesehen von ihm selbst, dass meine Busenfreundin tot war. Was konnte er für mich tun? Er kam auf die Idee, einen Spaziergang zu machen. Zum erstenmal seit langer Zeit gingen wir über die Felder hinter unserem Haus, wo man schon bald auf eine Abzweigung jener Bahnlinie von damals stößt. Eisern überquerten wir sie und gelangten in einen kleinen Wald. Den Hund hatten wir mitgenommen. Erst jetzt, in meiner Erinnerung, Jahrzehnte danach, kann ich beim Gehen den Blick nicht von meinem Bruder abwenden, der irgendwann, um mich auf andere Gedanken zu bringen, ein anderes Thema anschnitt.

»Ähm …«

Ja?

Er habe so ein schönes Buch gelesen …

O Rogier, mein Liebster, mein Bruder! Dein Gesicht wurde zum Gesicht eines Kindes, eines lesenden kleinen Jungen, als du auf meine nicht sonderlich interessierte Frage erzähltest, wovon das Buch handelte und wer es geschrieben hatte. Mein Herz verkrampft sich. Mensch! Du dachtest wirklich, die Existenz der *Histoires désobligeantes* von Léon Bloy auf dieser Welt würde mich ein bisschen aufmuntern!

Wir kamen wieder nach Hause. Der schwerfällige Hund, nicht mehr jung und mit sehr empfindlichen Gelenken, war so taktvoll, erst auf den letzten zwei-, dreihundert Metern anzufangen zu hinken.

Abends hatte ich Bauchschmerzen. Ich kroch ins Bett und rollte mich wie ein Fötus zusammen. Rogier brachte mir Hühnerbrühe und Zwieback und wartete besorgt, während ich etwas davon nahm. Gegen zehn spürte ich seine Hand auf meiner Stirn. Roselynde, du hast bestimmt Fieber.

Siehst du das Bild vor dir? Ich schon. Wenn ich einen Blick in den Rückspiegel werfe, sehe ich ein Mädchen im Bett und einen jungen Mann auf der Bettkante. Sie hat ein Nachthemd an, die Haare gelöst, ist aber eindeutig kein kleines Kind mehr. Der junge Mann sieht gut aus. Ein magerer, ernster Student von zweiundzwanzig Jahren. Er tut, was er kann, um das Mädchen zu trösten und zu beruhigen. In der Dämmerung hinter dem Fenster flattert dann und wann etwas vorbei, eine Fledermaus. Leg dich mal kurz neben mich, bittet sie. Er gehorcht, zieht die Schuhe aus und legt sich, die Hände unter dem Kopf, auf die Decke. Worüber soll er jetzt sprechen?

Über irgendeinen Erstdruck, *Le petit ami*, Verlag Le Mercure de France.

Ist ihr egal.

Es ist nur ein kleines, autobiographisches Werk, erzählt er, hat kaum mehr als hundert Seiten.

Ist ihr ebenfalls egal, aber wenn er es wichtig findet, und das findet er, wie sie seiner Stimme anhört, dann findet sie das auch.

Leicht benommen hört sie ihn erzählen, er sei in den Besitz dieses Buches dank eines ziemlich drängenden Anrufs eines befreundeten Antiquars gekommen. Sie dreht sich auf die Seite, um näher bei seinem Mund zu sein, denn seine Stimme klingt sehr leise. Sie hört, dass er außer diesem kleinen Werk auch noch zehn andere, sehr viel stattlichere Bände auf dem Gepäckträger nach Hause gebracht hat, und zwar aus dem einzigen Grund, dass er sie unmöglich im Laden habe stehenlassen können.

Ach herrje, ja, das versteht sie.

»Wo soll ich sie hinstellen?« überlegt der junge Mann noch im Bewusstsein der bereits überfüllten Bücherregale im ganzen Haus und der Stapel auf dem Fußboden. Selbst der Feuerraum im Kamin in seinem Schlafzimmer ist mit Literatur vollgestopft.

»Autobiographisch? …« erwidert sie nachdenklich. »Also alles wirklich passiert …«

Während es hinter den Fenstern dunkel wird, erzählt der junge Mann, regungslos neben dem fiebrigen Mädchen, Blick zur Decke gerichtet, eine dieser Lebensgeschichten, die damit begann, dass eine Mutter ihres kleinen Sohnes schon nach drei Tagen überdrüssig war. Er wuchs bei einem Kindermädchen auf. Mit neun, erzählt der junge Mann dem Mädchen, das sich behaglich an ihn gekuschelt hat, mit neun verliebte sich der Junge. Dazu kam es, weil seine Mutter, eine Schauspielerin, die für nichts anderes als für die Bühne lebte, ihn schließlich doch einmal sehen wollte. Als er tödlich verlegen ihr Hotelzimmer betrat, winkte ihm aus dem Bett die schönste, fast nackte Frau, die er je, in seinem gesamten weiteren Leben, erblicken sollte.

Minutenlang wurde er von ihr geküsst. Zehn Jahre vergingen. Der junge Mann macht eine kurze Pause, das Mädchen wartet mit weit offenen Augen ab. Obwohl sie sich ein wenig schläfrig fühlt, spürt sie doch, dass ihr Bruder ihr gerade etwas erzählt, was ihn zutiefst berührt. Als er fortfährt, klingt seine Stimme wie von weit her. Er erzählt, wie die Mutter und der mittlerweile erwachsene Sohn einander in Calais, am Sterbebett eines Verwandten, zufällig wieder begegnen, dass sie ein paar Tage lang heftig ineinander verliebt sind und sich dann, auf Betreiben der Mutter, nie wiedersehen.

»Es war Sauwetter in Calais«, sagt der junge Mann noch, leidenschaftlich, in einem Ton, als würde das seiner Meinung nach alles erklären oder zusammenfassen, und kann dann nicht weitersprechen.

Es ist jetzt still im Schlafzimmer des Mädchens. Sie träumt und ist gleichzeitig wach, wie es bei Fieber vorkommt. »Es war Sauwetter in Calais ...« klingt es in ihrem Kopf weiter, so lange bis der kurze Wetterbericht auch ihr sagt, was er zu sagen hat. Vor Mitleid schier zerspringend, hat sie den Arm unter dem Hals ihres Bruders durchgeschoben, der mit dem Rücken zu ihr auf der Seite liegt. Ihr Mitleid verschafft ihr Schmerz und Genuss. Den Kopf an seinen Schulterblättern, die Hand auf seiner Hüfte, schläft sie ein und träumt von einer Liebessehnsucht, die ewig, mindestens hundert Seiten lang, währt.

Als sie morgens aufwacht, ist sie allein. Ihre Bauchschmerzen sind vergangen. Sie hat geschlafen wie ein Murmeltier. Durch das Krähen der Hähne bei den Nachbarn hindurch hört sie ein paar Zimmer weiter das trockene, kurze Husten Rogiers. Es ist das Jahr 1957.

9

Weißt du jetzt genug, Liebling? Wie froh bin ich über deine Geduld. Über deinen eigenartigen Ernst, wo es um Liebe geht. Ich verstehe ihn nicht, du achtest auf ganz andere Dinge als ich, ich kann deine Art von Ernst nicht nachempfinden, also verstehe ich dich nicht. Aber was für ein Glückskind ich zur Zeit doch bin. Seit einer Weile steht die Liebe in ihrer ganzen erotischen Gutmütigkeit zwischen uns beiden und noch der kleinsten Scheißwahrheit über mich. Ich küsse dich innig, ich fasse deine Hände, verliebt und unglaublich dankbar. Aber derweil, nein, du weißt noch nicht genug. Du weißt bereits, dass ich in der Kühle und beruhigt durch das Herumhantieren des Küsters, Veldhoen, ja, in der Kapelle der Antonius-Abt-Kirche schrecklich traurig war. Du weißt noch nicht, dass ich ganz still auf meinem Stuhl bei meinem noch stilleren Bruder gesessen habe, nicht wie ein altes Frauchen, wie ich anfangs sagte, sondern wie eine zukünftige Braut.

Nein, lächle nicht, ich meine das nicht rhetorisch. Das war die Situation. Ich, Roselynde Boon, eine nicht allzu ernsthafte Studentin von einundzwanzig Jahren, wusste, dass ich nicht im Traum daran denken würde, mich dem letzten Willen meines Bruders zu widersetzen. Das wusste ich in jener Nacht, und das habe ich meinem gerade erst gestorbenen Bruder, dessen Gesichtszüge sich allerdings bereits erbärmlich verändert hatten, in einem fort versichert. Es ist schon in Ordnung mit diesem Jawort, Rogier, mach dir keine Gedanken deswegen.

Es hatte ein Gespräch gegeben. Vor vier, fünf Tagen. Na ja, Gespräch ... gut, ich bleibe dabei, es war ein Gespräch.

In der letzten Woche seines Lebens hatte Rogier noch *einmal* Gesellschaft haben wollen. Er bat mich, seinen ältesten und besten Freund anzurufen. Als dieser kam, noch am selben Nachmittag, wollte Rogier, dass ich dabeiblieb. Zwei junge Männer und eine noch jüngere Frau. Die die Unwiderruflichkeit dieses letzten Gesprächs – im Grunde lediglich ein paar Bemerkungen hin und her zwischen drei Menschen, die einander sehr gut kennen – bedingungslos anerkannten. Die Fenster in Rogiers Zimmer standen offen. Sonne, ein paar Fliegen, irgendwo das Brummen eines Motormähers. Das ferne Geräusch von Arbeit bringt einen immer zur Vernunft. Irgendwann war eine Art träger Ruhe über uns gekommen. Über Rogier und mich und, heftig mitgenommen von der Szene, zu der er hinzugeholt worden war, in aller Redlichkeit und allerbesten Willens – meinen zukünftigen Mann.

Der sah sehr gut aus, das kann ich dir sagen. Athletisch, intelligent, mit einem glühenden Gesicht, auf dem in achtlosen Buchstaben ZUKUNFT zu lesen war. Mit Vierzehn hatte ich meinen ersten Kuss von ihm empfangen, als ob das etwa nicht zählt. Arthur hatte wie Rogier an der Philologischen Fakultät angefangen, Französisch und Deutsch studiert, wechselte dann aber zur Rechtswissenschaft, die er einen Tag bevor er Rogier und mich mit seinem Auto abholen kam, mit dem Examen abschloss. Ja, warum, weiß ich auch nicht, aber dieses Auto und der Examensabschluss gehören in meinem Kopf zusammen.

Whu, whu-hu, whu-hu-hu ...!! Wir hören eine sanft heulende Dreiklanghupe. Arthur hat einen deutschen Armee-Mercedes aufgetrieben, einen Naziwagen von vor dem Krieg. Bruder und Schwester stehen bereits in der Tür. Ob wir Lust auf eine kleine Spazierfahrt nach Kijkduin hätten.

»Kijkduin?« fragte Rogier, während er beeindruckt um das Auto herumging. Sein Interesse wirkte echt. Erholt, sein Teint, wie ich fand, nach drei Monaten voller Ruhe ungewohnt rosig, legte er die Hand auf die Motorhaube.

»Kijkduin«, antwortete Arthur. »Erst essen wir bei Tante Haanappel zu Mittag, danach schwimmen wir im Meer.«

Wir fuhren bei herrlichem Juliwetter los, ich mit dem Hund auf der Rückbank. Wie alt ich da war? Siebzehn, und wahnsinnig glücklich. Nach einem halben Jahr hatte ich endlich wieder nach Hause gedurft. Während Rogier in einer Klinik seine beginnende Tbc weglas, ja klar, du hast richtig geraten: noch mal den gesamten Proust, wohnte ich bei meinem Patenonkel, der Tante und meinen drei unermüdlichen Cousinen. So unermüdlich, vor allem auf dem Dachboden, wo wir vier schliefen, dass ich nachts keine Gelegenheit zum Heimweh fand, nicht einmal zu schuldigen Träumen.

Tante Haanappel entpuppte sich als kleiner, halb indonesischer Schatz von einem Menschen und verzauberte uns sofort mit ihrer ungezwungenen Art. Es war, als teilten wir schon sehr lange dieselben Familiengeheimnisse. Sie wohnte in einem kleinen Holzhaus in den Dünen, wo man das Meer nicht roch, statt dessen aber in *trassi* und *ketumbar* schmorendes Zicklein und Huhn. Ihr verstorbener Mann war Verwaltungsbeamter in Palembang gewesen. Ich erinnere mich an das Esszimmer, dessen Türen offenstanden, den gelben Dünenhang wie eine Wand direkt dahinter, den vollen Tisch und wie wir schlemmten.

Woran ich mich aber vor allem erinnere, ist, wie lieb wir waren! Lieb, *so lieb!* alle drei, der Hund im übrigen auch, das

versicherte die in einen Sarong gekleidete Tante mit den rei-
zenden nackten braunen Füßchen immer wieder. Sie hielt mir
die *tumis*-Bohnen hin mit den Worten: »Nimm noch was«,
und ich wusste, dass ich das ruhigen Gewissens vor Gott und
der Welt verstehen konnte als: »Du nettes, liebes Mädchen,
schön essen, hörst du, gut essen, du hast es verdient!« Nach
den sieben Jahren, die sie jetzt in den Niederlanden lebte, ver-
blüffte es sie noch immer, dass die Bäume hier im Winter
starben, mausetot waren, und danach ganz von selbst wieder
lebendig wurden.

Als wir aufstanden, um schwimmen zu gehen, sah sie uns
plötzlich ernst an. Sie sagte, wir müssten jetzt am Strand erst
ein Nickerchen machen. Sie blickte uns fest in die Augen, als
wolle sie uns ergründen. Wie stark wir waren. Was wir verkraf-
teten, jeder von uns. Oder: Wie sehr wir einander liebten. Sehr
natürlich. *Adu* ja? Sie sagte, man dürfe gleich nach dem Essen
ja sowieso nicht schwimmen, hier an der Küste bei Kijkduin
lauere aber noch etwas viel Gefährlicheres als Krämpfe im
Bauch: die Ebbe. Und jetzt sei gerade Ebbe. Ebbe sei die böse
Zeit des Neers, des Dämons, der in den tiefen Kuhlen zwischen den unter Wasser verborgenen Sandbänken hause und
einen zehnmal schneller als der schnellste Schwimmer Richtung England zerre.

»Kinder«, sagte sie, »schaut jetzt am Strand sofort nach der
Flagge der Rettungswache. Wenn es eine rote ist, dann steckt
ihr noch nicht mal einen Zeh ins Wasser« – wir grinsten liebevoll – »und wenn es eine braune ist, bleibt ihr ebenfalls am
Strand.«

Während wir über die Düne zum Meer hinuntergingen,
hörte ich noch immer die Stimme der Tante und sah ihren
besorgten Blick. Über die Wasserfläche tänzelte ein Windchen

von Süden, der Himmel war blau, und die Tante sagte: »Wir leben alle mit Dingen, die zu groß und zu stark für uns sind, also passt bitte gut auf!« Das sagte sie mit einem Herzen voll der Gabe, in die Zukunft zu sehen, obwohl diesmal, wie ich bald feststellen konnte, nicht die geringste Notwendigkeit bestand. Nirgends war eine Warnflagge gehisst.

Wir warfen unsere Sachen in den Sand. Weit und breit waren wir die einzigen Badegäste. Halbtrunken vom Tee, ja, so etwas gibt es, beschlossen wir, gleich ins Wasser zu steigen. Das war nur ganz am Anfang kalt. Als ich erst mal drinnen war, bis zum Hals im Nass, spürte ich den schönen Tag in mir kribbeln, sehr salzig und mit etwas festem Grund unter meinen Zehen. Ein paar Armlängen von mir entfernt Arthur und Rogier. Zwei nach Luft schnappende, prustend auftauchende Köpfe. Noch immer sehr lieb alle beide. Bei mir selbst war ich mir schon nicht mehr so sicher. Ich blickte zum Strand. Der Hund hockte wie ein schwarzer Lumpen an der Grenze zum Wasser und wartete auf uns. Ich winkte dem fast blinden Tier überschwenglich zu.

Als ich wieder zurückschaute, sah ich mitten in Rogiers Gesicht in der Spiegelung auf der Wasseroberfläche, die ganz weiß war und nirgends aufhörte. Nicht hinter ihm, nicht um ihn herum. Nie hatte ich etwas Desolateres gesehen. Es dauerte nur einen Augenblick, aber in diesem einen Augenblick wurde mir bewusst, wie sicherlich auch Rogier, dass dieses Meer Iris' Meer gewesen war. Das schnelle Mädchen konnte nur ein paar Kilometer von hier geboren und aufgewachsen sein. Mein Herz begann fürchterlich zu hämmern.

Wir drapierten unsere Handtücher auf dem lockeren Sand. Wir hielten eine brüderliche und schwesterliche Siesta, aufgereiht, ich in der Mitte. Ich wachte vom Geschrei der Möwen auf, die sich um irgendeinen Kadaver, einen Fisch oder eine andere Möwe, zankten. Es war sehr heiß geworden. Einen Meter von mir entfernt schlief Arthur, wie ich ihn später oft schlafen sehen würde, auf dem Bauch, leicht schnarchend, der Arm, den er sonst um sein Kissen legte, lag auf der zerknüllten Zeitung über seinem Kopf. Ich drehte mich zu meinem Bruder um.

Dieser Ort, diese Stunde. Aber du weißt auch, dass das Leben keine konstante Sache ist und die Realität eines Moments so real wie ein Augenblinzeln. Ich stützte mich auf den Ellbogen, um auf den schmächtigen Körper meines Bruders zu blicken, nackt bis auf die Badehose, die sich ziemlich eng, wie es damals Mode war, um seine Hüften und Männlichkeit schloss. Diese ulkigen Schlabberhosen kamen erst später. Rogier lag auf dem Rücken, das Gesicht von mir abgewandt. Ob er schlief, konnte ich nicht richtig erkennen, ich glaubte, ja. Seine Augen waren geschlossen. Iris war jetzt drei Jahre tot. Seitdem hatte er keine andere feste Freundin gehabt. Jedenfalls keine mit nach Hause gebracht. Was er trieb, wenn er ausging und spät zurückkehrte? Ich wusste es nicht. Und was er im letzten halben Jahr in dieser Klinik erlebt hatte, in der Südlimburger Zauberbergluft zusammen mit ein paar anderen ernsthaft erkrankten jungen Menschen? Ich blickte auf seine geschlossenen Augen unter den samtigen, immer ernsten Brauen. Es konnte doch nicht anders sein, als dass er, mit diesem ihm eigenen Ernst, der gleichbedeutend war mit Aufrichtigkeit, mit der Weigerung, falschzuspielen, egal, auf welchem Gebiet, die Studentinnen der Radboud-Universität unheimlich fasziniert hat?

Ich dachte an den Lebensstil meines Bruders. Er las. Und wenn er las, dann vergaß er zu essen. Ich traue ihm zu, dass er nie, nicht ein einziges Mal, auf das Interesse seiner Studienkolleginnen eingegangen ist.

In einer spontanen Anwandlung rollte ich von meinem Handtuch in den heißen Sand, weil ich ihn berühren wollte. Sanft, um ihn nicht zu wecken, legte ich meine Hand auf seinen Bauch und folgte mit den Fingerspitzen der feinen Linie, die von seinem Nabel zu dem gekräuselten Haaransatz über dem Rand seiner Badehose lief.

Er schlief nicht. Er griff gelassen nach meiner Hand und legte sie, ohne seine Haltung zu ändern, neben mich in den Sand zurück.

Ich spürte, wie mein Herz hämmerte, noch wilder als vorher. Ich hörte das Hämmern in meinen Ohren.

Auf der anderen Seite von mir wurde jetzt tüchtig gegähnt. Auch Arthur hatte ausgeschlafen. Ich sah, wie er sich über sein verschwitztes Gesicht rieb, die Arme streckte und sich, den runden Rücken reckend, aufsetzte. Er schaute zur Seite.

»Hallo«, gähnte er weiter.

»Hallo«, antwortete ich.

Dann fragten wir uns, wo der Hund war.

Ich deutete zum Meer.

»Dort.«

Das Tier lag stark hechelnd auf dem etwas härteren, kühlen Sand dicht am Meer, das schon wieder heranwogte.

»Komm.« Arthur sprang auf. Ein Stück weiter kannte er eine Zapfstelle.

Wir ließen den Hund trinken, oben auf der Düne, wo ein leichter Wind wehte. Man muss wissen, wie man diesen Wasserhahn betätigt. Er hatte keinen Griff, man musste sich bücken und dann mit der flachen Hand fest auf einen Metallknopf drücken, und zwar so lange, wie das ungeniert plätschernde Wasser fließen sollte. Es ergab sich so, dass ich das übernahm.

»Das war so schön, Roselynde, wie dein Haar um das glitzernde Wasser herumwehte«, sagte Arthur in einer poetischen Anwandlung, als der Hund genug geschlabbert hatte, aber ich wusste, dass er mir in aller Ruhe in den Badeanzug geschaut hatte. Ein modisches Hahnentrittding, sehr weiblich geschnitten, mit elastischer Smokarbeit zwischen Busen und Hüften, wo der Stoff sich dann ein wenig bauschte.

Mag sein, dass wir überdeutlich als Mann-und-Frau (mit hinterherschlurfendem Hund) über den Dünensand zurückgekommen sind. Rogier sah uns, die Sonne im Rücken, unglaublich wohlwollend entgegen.

Sein bester Freund, was Frauen betrifft, bereits mit allen Wassern gewaschen.

Seine verschmuste Schwester.

Auf dem Rückweg nach Nijmegen durfte ich vorn sitzen. Wir waren kurz vor dem Losfahren noch einmal geschwommen. Ausgepumpt, mit nassem Haar und Salz in den Augen, schaute ich auf die Straße und genoss die Art und Weise, wie Arthur fuhr. Ich würde das immer schön finden. Hinter mir saß Rogier und rauchte, was er nicht durfte, aber doch tat. Ein bereits verstrichener Moment kehrte zurück, wenn auch in anderem Licht, das hat man nicht in der Hand. Jedem Moment wohnt ein anderer inne. Friedlich dachte ich daran, wie Rogier mit seiner matten Haut, Augen geschlossen, sich vorhin von der Sonne hatte wärmen lassen. Um seinen Kopf tanzte tatsächlich ein Schmetterling. Und neben ihm im heißen Sand lag eine Schwester, die ihn schamlos liebte. Was machte das? Diese inzwischen Siebzehnjährige war ihm früher oft genug auf den Rücken gesprungen. Hatte ihn an Nase und

Ohren gezupft. Hatte sich manchmal auch auf ihn gelegt. Hatte auf seinem Schoß gesessen und ihm, den Mund auf seinem Ohr, ans Trommelfell trompetet und gespuckt.

Bei Rotterdam wurde die Straße sehr voll. Autos überholten uns auf beiden Seiten, aber in vollkommen gleichmäßigem Strom. So dass es schien, als stünden wir drei still in unserer schnurrenden deutschen Kapsel.

10

Es roch nach Zigarettenrauch in unserem Haus, nach Alkohol, Wärme und Lärm und nach noch etwas, das ich nicht definieren konnte. Rogier gab eine Fete, du hörst ganz richtig. Ich kann es mir nicht anders vorstellen, als dass mein scheuer Bruder von ein paar Kollegen von der Zeitung dazu überredet worden war. Nach seinem Hochschulabschluss hatte er Lehrer werden wollen, wurde aber aus medizinischen Gründen abgelehnt. Jetzt schrieb er für einige literarische Feuilletons und übersetzte Henri de Montherlant, von dem er behauptete, dass er mit seiner Wut und Unversöhnlichkeit wie kein anderer Schriftsteller gerade an die tiefsten, besten Gefühle zu rühren versteht.

Heute abend also eine Art Mittwinterfete, es war in der dunklen Zeit zwischen Nikolaus und Weihnachten. Irgendwann, als schon beste Stimmung herrschte, folgte Rogier mir auf den Flur.

»Roselynde, Moment mal. Ich möchte dir etwas sagen.«

Und zum erstenmal in meinem Leben wollte ich ihm lieber nicht zuhören.

Mein Bruder war betrunken. Betrunkenheit an sich ist kein Problem für mich, es kann einen unheimlich aufmöbeln. Ich war es in der Zeit, von der ich dir erzähle, mehr als einmal. Aber man kann auf verschiedene Weise betrunken sein. Rogier hatte, als die ersten Gäste eintrafen, sofort ordentlich losgelegt. In dem Moment, als er mir auf den Flur folgte, wusste ich, er hatte schon einige Bier getrunken, eine halbe Flasche Beaujolais, darauf wieder Bier, danach immer wieder einen Schluck Wodka direkt aus der Flasche, Smirnoff oder Bols, und so weiter und so fort. So dass er sich, als er um meine Aufmerksamkeit bat, mit ziemlicher Sicherheit in jener Art schwerer Betrunkenheit befand, die die Russen *zapoj* nennen: eine Betäubung mit oft hartnäckigen, jedem Einwand trotzenden Wahnvorstellungen. Ein Russe benötigt für diesen Zustand mehrere Tage gewissenhaften Trinkens. Mein nach einem geeigneten Tod suchender Bruder schaffte es schneller.

Wir setzten uns in die Diele hinter der Haustür, ein kleiner Raum mit Bleiglasfenstern und einer Palme, die noch aus der Zeit unserer Eltern stammte.

»Ja?« sagte ich und beugte mich zu ihm. Wir saßen auf einer uralten Korbbank. Ich klopfte die Asche meiner Zigarette in den Palmentopf ab.

»Du bist die erste, der ich es erzähle«, sagte Rogier.

Ich nickte, wohlgemerkt bereits mit einfühlsamem Blick.

Er begann, von einem Kind zu delirieren.

Und ich nickte wieder, verständnisvoll wie jemand, der sagt: Sprich weiter. Ich wollte ihm den Gefallen tun, allen noch kommenden Schwachsinn ernst zu nehmen. Es würde, erzählte mein Bruder, ein Junge. Das wisse er natürlich nicht sicher, aber er wisse es doch. Iris sei genau der Typ Frau, die gleich als erstes mit einem Sohn ankommen würde. Zwei Jahre später würde er ihr ein Mädchen machen. Und dabei würden sie es ganz sicher nicht belassen.

Ich blickte, als er das sagte, schon nicht mehr nur leicht geniert vor mich hin, sondern sah ihn mit Augen an, die sagten: ganz bestimmt nicht!

»Du willst natürlich wissen, was sie mir versprechen musste?«

Aber ja.

Mein Bruder, den ich nachts manchmal weinen hörte, klärte mich mit der sonnigsten Miene auf: dass der kleine Junge ihr ähnlich sehen würde, nicht ihm. Das hatte sie ihm versprechen müssen, das hatte sie getan, und – du kennst sie, sagte er fröhlich – daran würde sie sich auch halten. Dunkles Haar würde der Kleine haben, meergrüne Augen und *bitte* auch ihre Art von Intelligenz, praktisch, unternehmungslustig und weder Tod noch Teufel fürchtend.

Er schwieg einen langen Augenblick, ich auch, während ich an das Geräusch dachte, mit dem er mich manchmal nachts weckte. Es war ein äußerst privates Geräusch, tief und unbehaglich, das er im Kissen zu ersticken versuchte. Ging ich auf Zehenspitzen zu seinem Zimmer, dann sah ich ihn, bäuchlings unter den Decken, Gesicht im Kissen, alles tun, um seinen Kummer für sich zu behalten, ihn abzuschirmen von dem fatalen Mitgefühl anderer Leute, und mich folglich um keinen Preis zu wecken. Dann schleich mal im Dunklen so leise wie möglich zurück in dein warmes Bett …

Dennoch ging es auch jetzt nicht gut, leider. Wie gern hätte ich ihm seinen Wahn noch eine Weile länger gegönnt. Sein lebensechter Säugling, der breit lacht, als er ihm die Zunge herausstreckt. (Foto von ihm, mit mir auf dem Unterarm, mein Köpfchen in seiner Handfläche, meine Füßchen versteckt in seinem offenen Hemd, ich muss es noch irgendwo haben …) Und die stolze Iris, die, ihre Wange an seiner, über seine Schulter zuschaut. O Rogier, die Freude ist doch echt, oder? Hatten wir etwa keinen wirklichen Spaß, ein halbes Jahr später, als du mir deine hirnverbrannten Fiebervisionen erzähltest und ich sie, selbst auch nicht mehr ganz richtig im Kopf, mit spielender Leichtigkeit miterlebte? Darf ich am Fenster sitzen? fragte ich ihn bei unserer imaginären Busreise über einen Polder mit Kopfweiden, in Gesellschaft einer imaginären Gruppe englischer Witzeerzähler, Kriegsveteranen, die vor Lachen nur so brüllten. Ansteckende Leute! fanden wir.

Er beendete sein Schweigen. Irgendein Scheißgedanke war ihm gekommen. Ihm brach der Schweiß aus, ich konnte sehen, wie die Tröpfchen unter seiner Nase hervorquollen.

»Rogier, komm …« Hinter der Palme führte eine blaugestrichene Holzwendeltreppe nach oben.

Er musste sich hinlegen. Ich nahm ihn bei den Armen und schob ihn auf sein Bett. Eine unsichtbare Kraft schüttelte ihn. Eine große, starke Kraft, gegen die weder er noch ich auch nur ansatzweise ankamen. Was? Nein, das glaube ich nicht. Das glaubte ich damals nicht und das glaube ich auch heute noch nicht. Mein Bruder, den ich habe sterben sehen, hatte überhaupt keine Angst vor dem Tod. Was nicht bedeutete, dass er ihn nicht ernst nahm. Er nahm ihn furchtbar ernst. Mein Bruder nahm ihn so ernst, dass er, als unser Tierarzt, auf dem Wohnzimmerboden kniend, seine Spritze fertig machte und, bevor wir es wussten, zustach, wie ein Stein am Tisch sitzen blieb, die Lippen aufeinandergepresst, er wollte nicht zusehen, wie es geschah. Unser Hund schlief innerhalb von zwei Minuten ein. Ich erzähle dir vielleicht irgendwann noch mal mehr von dem besten aller Tiere, aber nicht jetzt. Jetzt muss ich erst meinen Bruder wieder hochheben, der verwirrt und dizzy ist. Der heftige Krampf hatte ziemlich schnell aufgehört. Wir sahen einander an: Was tun wir jetzt? Von unten hörten wir Festgeräusche. Zigarettenrauch bildete graue Kringel unter der Leselampe zwischen den Bücherstapeln, die neben seinem Bett auf dem Boden lagen.

Niemand fand es merkwürdig, dass der Freund des Hauses

die Gastgeberpflichten übernahm, als der Herr des Hauses sich auf einem Stuhl im Wintergarten etwas absonderte. Selbstverständlich auch, dass seine Schwester dem Freund in den Keller und die Küche voranging und die beiden gemeinsam alles prima hinkriegten. Arthur und ich fritierten Krokettenklößchen, schnitten Wurst und Käse auf, füllten Gläser nach, die zu lange leer blieben, wischten Bierlachen auf, fegten fröhlich Scherben zusammen und wischten Entschuldigungen beiseite. Als sich die Freunde nachts auf den Weg machten, begleiteten wir sie zur Haustür. Wir atmeten die Nachtluft ein. Oh, was roch die gut, fanden wir, schlechtes Wetter war vorhergesagt, aber unter der Kastanie blühten noch wilde Primeln. Arthur und ich gingen in jener Zeit gelegentlich miteinander aus. Zu meiner Zufriedenheit spürte ich, dass er mich begehrte. Legte er seine Hände seitlich an meine Achseln und ließ sie bis unter mein Unterkleid herabgleiten und danach über die Haut meiner Beine wieder hinauf, dann fand ich das völlig in Ordnung. Drückte er mich an seinen Unterleib und ich spürte, was da zu spüren war, so interessierte mich das und schenkte mir, auch damals schon, eine Genugtuung, die ich nur als moralische Genugtuung bezeichnen kann. Etwas, das in mir war, wurde hier ohne Wenn und Aber für gut befunden. Darüber wurde nicht gelogen, es war tastbar deutlich. Arthurs Männerkörper zog mich an. Dennoch schob ich ihn weg. Er schien das zu akzeptieren.

11

Beim letzten Mal ... Was heißt das, beim letzten Mal? Ich sitze in der Kapelle. Gerade der flüchtige Moment ist bereit, ohne weiteres zurückzukehren. Ich betrachte den Schwerverwundeten, der wie jeder normale Mensch nicht sterben will. Die Wand mir gegenüber ist leer. Es gibt keine leerere Wand als diese. Um so voller strömen inzwischen meine Erinnerungen. Achtlos wischt mein Bewusstsein ein halbes Menschenleben, meines, vom Tisch. Der Kalender ist nur ein Gegenstand für Buchhalter. So geht das. So ist es jedenfalls gestern gegangen, als ich einen Stuhl heranzog, Platz nahm und auf die blinde Wand blickte, die nach einer Weile so transparent wurde wie die Kristallkugel einer Wahrsagerin. Um meinen Bruder trauernd, der die Welt keines Blickes mehr für würdig erachtete, sehe ich diesen anderen jungen Mann, der einen schwachen Moment erlebt und *nicht* einverstanden ist. Warum ich, Vater? Man hat ihm Essig zu trinken gegeben und seine Seite mit einer Lanze durchbohrt. Ich finde, die wässrige Wunde sieht erschreckend lebensecht aus.

Ich versinke in Grübeleien und erzähle dir davon. Mein Bruder war gestorben. Eine der heftigsten Formen der Liebe hatte ihr Werk getan. Eine verführerische Kraft hatte meinen Bruder aus dem Leben gelockt. Herauszubekommen, wo sie, sein Mädchen, war, und ebenfalls dorthin zu gelangen, war dieser Wunsch nicht naheliegend? Oder, falls es einen solchen Ort nicht gab, dann zumindest den gleichen Zustand zu erlangen wie sie? Tot zu sein, wie wir das nennen, aber was mag das wohl sein?

Nach dem Gespräch zwischen ihm, Arthur und mir ließ Rogier sich in seinen endgültigen Traum gleiten, und es schien mir kein schlechter zu sein. Mein Bruder ist bester Laune von uns gegangen. Er litt keinen Hunger, keinen Durst, Rauchen verursachte ihm schon seit einer Weile Übelkeit, und er wurde nicht von unerfüllbaren Wünschen gequält. Was mir heute von diesem letzten Gespräch zwischen Bruder, Schwester und Freund wieder einfällt, ist, dass wir einen kräftigen schwarz-roten Wein dabei getrunken haben.

»Wein?« wiederholte ich Rogiers Worte und sah ihn neugierig an.

Er erwiderte wortlos meinen Blick. Reden fiel ihm gegen Ende manchmal schwer.

Ja natürlich, das machen wir, las ich auf seinem sterbenden, aber trotzdem irgendwie strahlenden Gesicht. Er machte eine Handbewegung. Wollte mir schriftlich zu verstehen geben, was er wünschte. Ich brachte ihm Block und Stift.

»Château Mähler-Besse« las ich lächelnd. Château Mähler-Besse war ein Weingut bei Bordeaux. Vater, der gewusst hatte, dass auf diesem Gelände Montaignes Bibliotheksturm stand, hatte über seinen Weinhändler gelegentlich eine Kiste von dort kommen lassen.

Rogier lag auf einem von der Sozialstation zur Verfügung gestellten hohen Bett. Es stand mit dem Kopfende an der Wand. Er lag halb aufgerichtet auf einem Stapel Kissen, mit nackten Füßen, sonst aber normal bekleidet. Das Fenster zu seiner Linken stand offen. Es bot Aussicht auf ein paar brachliegende Äcker und dahinter den Waldrand. Er erwiderte mein Lächeln, ausgezehrt bis auf die Augen, die sehr viel größer geworden zu sein schienen. Aber ich las seine Beunruhigung darin. Mein Bruder dachte an unseren alten, für mich aber doch sehr jung gestorbenen Vater. Er dachte folglich daran, dass ich in Kürze eine dreifache Waise sein würde.

Unten klingelte es. Das geschah nur der Höflichkeit halber, ich hatte die Haustür bereits geöffnet. Während Arthur, zwei Stufen auf einmal nehmend, die Treppe heraufkam, rannte ich sie hinunter, auf dem Weg zum Keller. Wir stießen beinahe zusammen.

In der Küche entstaubte ich die Flasche. Ich öffnete sie, schnupperte den alten Geruch, der mir okay erschien, schenkte drei Gläser ein und stellte sie auf ein Tablett. Damit stieg ich vorsichtig nach oben. Als ich den Flur entlangschlurfte, hörte ich, wie Arthur gerade sagte: »Och, es geht so. Das Büro ist in Ordnung, ja. Bis ich mich selbständig mache, bleibe ich da.«

Mein Bruder hatte sich bei seinem Freund nach dessen beruflichen Perspektiven erkundigt.

Jetzt hörte ich ihn besorgt fragen: »Wo bleibt sie nur?«

Ich schob die Tür mit dem Fuß auf. Sie sahen mich an, als hätten sie unter belanglosem Geplauder auf mich gewartet. In Wirklichkeit, hörte ich später von Arthur, hatte mein Bruder als erstes seine Besorgtheit in bezug auf mich zum Ausdruck gebracht, und Arthur hatte gesagt, was jeder in einer solchen Situation sagen würde.

Ich würde immer auf ihn zählen können.

Was Rogier blöd und nichtssagend fand.

Ich hielt Arthur das Tablett hin. Meinem Bruder drückte ich das Glas in die Hand, schloss seine dünnen, trockenen Finger darum und über sie auch ganz kurz meine eigenen.

Als ich saß, zwischen ihnen, aber etwas weiter abgerückt, tiefer im Zimmer, sahen wir uns an und erhoben die Gläser in einem stummen Toast. Auf uns drei, sagten die betretenen Blicke von Arthur und mir.

Mein Bruder beteiligte sich nicht an dieser nichtssagenden Höflichkeitsgeste. Seine großen Augen bewegten sich von Arthur zu mir und wieder zurück. Sie taten das sehr langsam. Man hätte meinen können, sie wollten den Abstand zwischen uns messen.

»Auf euch!« sagte er dann freundlich, in einem Ton, als machte er uns ein kleines Kompliment. Er nahm einen richtigen Schluck und … ach, die ganze Situation war klar! Sonnenklar. Hier ein abgemagerter Kranker. Und dort ein junges Paar, das durch das offene Fenster den Sommertag sehen konnte. Wärme, Bäume, landwirtschaftliches Brummen, alltägliche Dinge, von denen sie nach den simplen Gesetzen der Natur ein Teil waren. Das eine stirbt, das andere wird geboren, so ist das.

Arthur und ich tranken ebenfalls und erhoben gleichzeitig mit Rogier noch einmal die Gläser, wie es sich bei einem feierlichen Toast gehört. Nie werde ich den entschlossenen Blick meines zukünftigen Mannes vergessen, mit dem er die Schultern straffte, sein Glas ein wenig vorstreckte und seinem Freund fest in die Augen sah.

Ja, natürlich, auf Roselynde und mich! Auf uns beide!

Nach diesem stummen Versprechen setzten wir unser Gespräch über die tägliche Routine des Krankenlagers noch kurz fort, nein, der Kranke hatte keine Schmerzen, er erhielt eine fein abgestimmte Dosis Morphium, ja, der Arzt sah jeden Tag nach ihm. Wir sprachen auch noch über die Wetteraussichten, ernsthaft, wie man über Fußball spricht, obwohl wir sehr wohl wussten, dass einer von uns die näher rückende Hitzefront aus Frankreich wahrscheinlich nicht mehr erleben würde. Ich erinnere mich, dass Rogier seinen Wein ganz austrank und mir das Glas hinhielt, damit ich es ihm aus der Hand nehmen konnte. Dabei streichelte er mein freies Handgelenk, lächelte mich liebevoll, aber nicht melancholisch an. Vielmehr zeigte er mir jenen kumpelhaften Gesichtsausdruck, den ich so gut kannte. Er setzte sich etwas bequemer hin und sandte mir seinen Abschiedsgruß.

Einverstanden? Okay? Na, komm schon, Schwesterchen, sei jetzt nicht kindisch! Du wirst schon sehen. Und denk dran, sei so glücklich in deinem Leben, wie es irgend geht! Sei glücklich auf die Art und Weise, die dir entspricht!

Das war es, was sein Gesicht mir sagte, als er noch *ein*mal Kontakt zu mir aufnahm, es war die Wellenlänge, auf der wir uns beide seit gut einundzwanzig Jahren befanden. Wir kannten jede Nuance im Blick des anderen. Schweigend wussten wir, was der andere fühlte und sah. Dass Arthur das Zimmer verließ, bemerkte mein Bruder nicht mehr, denn er schaute hinaus. Das Fieber, ihm wohlgesinnt, machte sich wieder bemerkbar. Ich schlang die Arme um ihn. Eine leichte Brise wehte durchs Fenster herein. Der Geruch von Gras, der Geruch von Motoröl. Im rötlichen Licht des Nachmittags sah Rogier seine Schwester und seinen Freund auf der frisch gemähten Wiese hinter dem Haus Foxtrott tanzen.

12

Das Zurückblicken gelingt mir ganz gut. Ich gehöre zu dir. Seit du nachts im Bett nach meiner Hand suchst, fühlt mein Kopf sich wohl. Endlich darf er seiner Erinnerungspflicht nachkommen. Bin ich vergesslich oder mental blockiert? Ich will dir die ehrliche Wahrheit sagen: Ich war im *moment suprême* mit dem Kopf nicht ganz bei der Sache.

Nicht ganz? Überhaupt nicht. Weil ich mir schon ein paarmal nicht sicher gewesen war, ob Rogier in den Schlaf oder in den Tod sank, entging mir der Augenblick. Du wirst jetzt natürlich sagen: Logisch, du warst erschöpft, verausgabt durch die Wochen, in denen du dich ganz allein um ihn gekümmert hast. Du warst seine Pflegerin, die ihm schon bald geschickt half, sein Glied in das Urinal zwischen seinen Beinen zu schieben, seine Haushälterin, die an seinem letzten Abend ein paar viereckige Ravioli für ihn kochte, die er zu ihrer Verwunderung sogar ziemlich schnell aufaß, seine Schwester, der es als einziger erlaubt war, zuzuschauen, wie schnell er abmagerte. Nein, besten Dank, er wollte nicht, dass andere ihn so sahen und seinen Verfall untereinander zum Heulen fanden. Zusammen seid ihr einmal zum Bücherschrank gewankt und hingefallen, er auf dich drauf.

Das ist wahr. Genauso wahr wie die Tatsache, dass sein letzter Moment mir entgangen ist, weil ich neben ihm auf einer Matratze am Boden schlief, noch im Kleid und auch in Schuhen. Als ich aufwachte, war ich allein. Mehr allein als das hier gab es auf dieser Welt nicht. Mein Bruder lag mit dem Kopf zu dem Stuhl neben seinem Bett. Ich sank in die Hocke. Er blickte mit einer Art Vlies vor den Augen vor sich hin. Er blickte nicht an mir vorbei und auch nicht durch mich hindurch, und genausowenig blickte er vor sich hin. Sein Blick stoppte schätzungsweise eine Handlänge vor seinem Gesicht. Kanal vom Äther genommen oder auf eine stark verschlüsselte Frequenz verlagert. Es war frühmorgens, sehr hell, ein Himmel ohne Morgenrot. Ich wollte ihn nicht berühren, wollte nicht fühlen, wie lau seine Haut vielleicht noch war. Die Ahnung, dass seine Haut sich bereits abkühlte, entsetzte mich. Die Vögel, die mir gesagt hatten: aufstehen, es wartet so einiges auf dich!, taten inzwischen so, als ob es ein Festtag würde. Was musst du tun?

Ich? Alles, was man in einem solchen Moment tut, ist sonderbar. Ich zum Beispiel langte über den leblosen Rogier hinweg zur Fensterbank, um nach dem umgekehrt aufgeschlagenen Buch zu greifen, in dem er am Tag zuvor noch so gut und so schlecht es eben ging gelesen hatte. Erst nach einer Weile beschloss ich, die nötigen Anrufe zu tätigen. Über den Beginn, über die praktischen Regelungen der ersten Tage seines Aufenthalts im Jenseits hatten mein Bruder und ich nie gesprochen.

Der Wortlaut der Todesanzeige, die Trauerkarten, der Besuch am Sarg, ich denke, das ist dir klar. Von meiner späten Stunde in der Kapelle kann ich dir noch berichten, dass Veldhoen, als er schließlich kam, um die Kerzen zu putzen, mich an der Schulter wach rütteln musste. Ich schlug die Augen auf und hatte Mühe, zu erkennen, wo um Himmels willen ich war und wer mich aus so großer Nähe ansah. Hatte ich nicht einmal eine einzige Stunde wachen können? Wir ließen den Toten zurück. Ich folgte dem Küster nach draußen. Während er die Kirchentür abschloss, starrte ich stumpf auf seine kohlenschaufelartigen Hände.

War es nicht pechschwarze Nacht?

Nein, am Himmel stand der Mond wie eine Neonreklame.

Am Tag danach wurde in der Antonius-Abt-Kirche das Requiem für meinen Bruder zelebriert. Eine Menge Leute waren gekommen. Wo ich saß? Ich saß, wie es sich gehörte, vorn am rechten Gang, meine Sünden unter einem weiten dunklen Kleid versteckt. Der Chor sang. Der bestand in jener Zeit nur aus Männern und Knaben, was den Gesang ernster klingen lässt, als wenn Frauen dabei sind. Der Sarg wurde in Weihrauch gehüllt und mit den schönsten Beschwörungen bedacht. Ja natürlich, es wurde noch alles mögliche für Rogiers Leichnam und seine darin möglicherweise noch verharrende Seele getan. Ich lauschte und sah dem allen zu, ich, die ich meinen Halt verloren hatte, ich, die ich von meinem Bruder noch einiges hatte lernen wollen, zum Beispiel, was Liebe ist.

Die Feier zog wie eine Halluzination an mir vorüber.

Ganz zum Schluss geschah etwas mit mir. Man stimmte den liturgischen Wechselgesang an, den die Menschen, die noch sehr an ihren alten Gewohnheiten und an ihrem Gott hängen, immer gern mit dem Chor mitsingen, wenn das endgültige Lebewohl nahegerückt ist. Einsteigen jetzt, der Pfiff ist ertönt, der Zug fährt gleich los. Alles kam plötzlich in Bewegung, alle standen auf. Mögen die Engel dich ins Paradies geleiten, erschallte es um mich herum … Das ist doch ausnehmend lieb, ausnehmend hilfreich! Ich konnte es mir auch so gut vorstellen, diese gutmütigen Kerle neben einem, auf ihren nackten Engelfüßen hünenhaft voranschreitend, bereits bekannt mit dem Wissen einer nahen Zukunft.

Was war es, das mir da mitten hinein auf einmal so freundlich sagte: Schön, Mädel, und denk derweil auch daran? Keine Ahnung, damals. Aber inzwischen glaube ich, dass es ein brüderliches Geschenk war.

Die ganze Umgebung verwandelte sich vor meinen Augen und auch für die Ohren: Ich stand nicht mehr in der Kirchenbank, voller Ablehnung gegenüber meinem unverdienten Ehrenplatz im Trauerzug, ich stand mitten im Schlafzimmer meines Bruders, das kleine gebundene Buch in der Hand, das ich gerade von der Fensterbank genommen hatte. Die Fenster waren weit geöffnet, mein Bruder und ich waren gewohnt, sommers wie winters bei frischer Luft zu schlafen. Das Buch in der einen Hand, schob ich mit der anderen die ohnehin durchscheinenden Vorhänge zur Seite. Der Raum badete im Licht der aufgehenden Sonne, als ich den Blick über die Zeilen gleiten ließ, Französisch natürlich. Ich schlug kurz das Titelblatt auf, um zu schauen, was mein Bruder als Lektüre bei sich gehabt hatte, als er wusste, alles würde jetzt so laufen, wie er es wünschte, und folglich mehr oder weniger von seiner natürlichen Zufriedenheit erfüllt war.

Sieh mal, Roselynde, und auch noch so eine schöne Ausgabe …

Ich nickte, das fand ich auch.

Mon Caméléon, las ich in fetten schwarzen Lettern und kleiner, darüber, den Namen des Autors, von dem ich noch nie gehört hatte. Francis de Miomandre. Noch kleiner darunter:

> »*Je t'aimais, petite chose bouleversante,*
> *Goutte d'émeraude*
> *Tombée dans le creux de ma main.*«

Ich starrte eine Zeitlang auf diese Verszeilen. Dann schlug ich wieder die Seite auf, bei der mein Bruder stehengeblieben war: beim Beobachten des Chamäleons und der Vorstellung, was das kleine Tier ihm sagte.

»Schau!« las Rogier in den letzten behaglichen Augenblicken seines Lebens. »Ich bin ein Fels, ich bin ein Steinchen, ich gehöre zum Reich der Mineralien. Dennoch machen Lunge, ein Herz, Augen und der Drang, mich zu bewegen, mich zu einem genauso beseelten Geschöpf wie dich. In der immensen Hierarchie des Universums«, las Rogier, »befindest du dich im Vergleich zu mir lediglich wenige Stufen entfernt. Du gehörst zur gleichen *fraternité. Par moi, ton cœur peut comprendre la montagne, la bête, la plante, la lumière!* ...«

Muss ich dir noch sagen, dass ich diese Sprache seit dem Tod meines Bruders völlig verlernt habe?

Aber du sprichst sie im Schlaf.

Ich weiß. Alle meine Männer haben mir das gesagt.

13

»Ja, es war weg.«

Ich schlendere barfuß über die Terrasse und ziehe mit den Fingern mein Haar auseinander, das ich für die Nacht immer locker flechte. Bei der Arbeit werde ich einen ordentlichen Pferdeschwanz tragen, Stirn frei, in den Ohren Perlen. Ein kleines Stück von mir entfernt, schräg hinter mir, vielleicht zwei Schritte vor der offenen Flügeltür des Zimmers, in dem wir in dieser Nacht so gut geschlafen haben, steht Luuk und beklopft seine Sakkotaschen. Hat er alles bei sich? Brillen, Terminkalender, Stifte, Schlüssel, Brieftasche, Männer schleppen eine Menge mit in diesen feinen Jacketts. Unbesehen weiß ich, wie er auf meine Information reagiert, Lächeln, blaue Walrossaugen leicht skeptisch. Weg gibt es nicht, da hat er recht.

»Wo ist es geblieben?« fragt er denn auch.

»In Maastricht«, antworte ich brav, aber kurz. Der Morgen ist eigentlich zu schön, um bereits ernsthaft Informationen auszutauschen. Die ersten Sonnenstrahlen wärmen die Steinplatten unter meinen Füßen, das Wetter ist herrlich, in meinem Herzen ist Frieden und noch kein Fünkchen unvergänglicher Gewissensbisse. Dies ist so ein Morgen, nach dem man sich bereits zurücksehnt, während er noch andauert.

Ich erzähle ihm weiter von dem Kruzifix. Als ich vorgestern genug davon hatte, auf die Vergangenheit zu starren, kam, als hätte ich ihn per Spuktelegramm herbeigerufen, der Küster in die Kapelle. Wir haben einander sofort wiedererkannt. Der grau gewordene, gebeugte Veldhoen erzählte mir, man habe die Skulptur zur SRAL in Limburg geschickt.

»Stiftung Restaurierungs-Atelier Limburg«, erkläre ich, und Luuk nickt. Kennt er. Erstklassige Leute da, auch Amsterdam lässt dort manchmal Dinge aufarbeiten. Sein Gesicht strahlt jetzt. Interesse an Restaurierungsarbeiten und Liebe zu mir, zwei Dinge, die sich an diesem trägen Morgen exakt mit der Liebe zum Leben decken. Es wäre natürlich schön, wenn wir heute noch gemeinsam verreisen könnten, aber die Schwalben, die uns unter der Dachrinne wachrumorten, fand er auch nicht schlecht.

»Wann fährst du hin?« murmelt er etwas später. Worauf ich keine Antwort zu geben brauche. Mein freier Tag ist, wie er weiß, der Donnerstag.

Wir gehen die Außentreppe hinunter zu dem kleinen Platz seitlich am Haus, auf dem sein Auto geparkt ist. Ich spüre ihn dicht neben mir. Er sendet mir weiter seine kleinen Signale zu, die mir allesamt bedeuten: Wir sind zusammen. Trotz seines Leibesumfangs wirkt er wie ein Junge auf mich. Er macht einen verträumten Eindruck, wie oft, wenn wir Abschied nehmen, als sei er nicht ganz bei der Sache, beim Weggehen. Woran das genau liegt, weiß ich nicht.

Am Donnerstag nehme ich das Auto. Bis südlich von Utrecht werde ich im wesentlichen dieselbe Strecke fahren wie beim vorigen Mal, jetzt aber im eigenen Wagen. Es ist schön, selbst über den Tachometer zu bestimmen und zu entscheiden, an welcher Tankstelle man hält, um einen Becher Kaffee zu trinken und zu pinkeln. Über seine Gedanken ist man währenddessen schon weniger Herr. Noch vor Alphen denke ich so intensiv an meinen Exmann und meinen Sohn, dass ich die

Wegweiser aus dem Auge verliere und in einem schattigen Viertel mit Spielstraßen lande, in dem man nicht schneller als dreißig fahren darf. Ist daran etwas wie ein heimlicher Instinkt schuld? Der nie aufgehört hat, sich zurückzusehnen? Durch die schönen, sauberen Fenster erkenne ich Essküchen, Sitzbänke, offene Kamine, Grünpflanzen, Leselampen, Bücher, Kinderzeichnungen, Fernseher, alles voll guten Willens. Es rührt mich, ich empfinde tiefe Achtung davor, könnte heulen. Ließe ich es zu, so wäre ich voller Heimweh nach den Jahren, die auch ich in dieser Innenwelt zugebracht habe, dieser Poesie des praktischen Lebens, von der man mit wahrhaftem Stolz erzählt: Glaub mir, das *ist* es.

Ob ich meinen Mann geliebt habe?

Wir haben kurz bevor ich zweiundzwanzig wurde geheiratet, also noch in Rogiers Todesjahr, eilig, als wäre es eine Mussheirat. In Wirklichkeit war ich Jungfrau, ein unter unseren Freunden und Bekannten kaum mehr anzutreffender Fall von Keuschheit, die weder Arthur noch mich auch nur die geringste Mühe kostete. Was doch eigenartig ist, wenn man bedenkt, wie es zwischen uns erotisch gefunkt hatte. Jetzt also nicht mehr, nichts zu machen. Arthur und ich heirateten, wir gaben ein angemessenes kleines Fest, bezogen eine Wohnung in der Oude Veerstraat und hatten es gut miteinander. Dass unserer Ehe etwas fehlen könnte, auf den Gedanken kam ich nicht mal. Denk im übrigen bloß nicht, zwischen uns sei alles kühl gewesen, keineswegs. Ich hing an Arthur. Ich hing schrecklich an ihm. Mit größter Ungeduld wartete ich gegen Abend auf seine Rückkehr. Er hatte immer etwas Eiliges. »Wie lief deine Prüfung?« erkundigte er sich, während er seine Tasche hinschmiss und sich zur Garderobe umdrehte (ich besuchte damals die Fachhochschule für Sozialwesen). »Hast du auch so eine Lust auf ein Glas Wein? Soll ich was beim Chinesen bestellen? Ich hab mir heute den Mund total fusslig geredet, soll ich schnell mal im Napoli einen Tisch reservieren?«

Wie in einer Grotte saßen wir dann an einem knapp bemessenen Tischchen beisammen, auf dem eine Kerze stand. Schultern hochgezogen, Fäuste unter dem Kinn. Aus der Ferne müssen wir wohl wie ein in einen Käfig eingesperrtes Vogelpaar gewirkt haben, dem ausgeliefert, was uns auferlegt war, und unserer eigenen Natur. Oh, der Glaube an ein hoch und heilig gegebenes Versprechen kann eine große Macht haben! »Was nimmst du?« fragten wir und blickten einander fürsorglich und mit der größten Sympathie an. Wenn wir nach Hause kamen, schalteten wir den Fernseher ein, sahen bis zwölf so ein tieftrauriges Stück Talkshow, gingen ins Bett, rutschten dicht zueinander, wieder wie in einer Grotte, und hatten Sex. Der für mich noch nichts mit Teufelsaustreibung zu tun hatte, Liebe im Sinne von Wiedergutmachung kam erst nach unserer Scheidung.

An einem Spätherbsttag im darauffolgenden Jahr wurde Benjamin geboren, genannt nach seinem Opa väterlicherseits. Nein, ihm den Namen seines Onkels Rogier zu geben haben wir nicht *ein*mal erwogen. Arthur und ich sprachen übrigens nur selten über unseren Toten, ich war sehr geschickt darin, fast jede Anspielung umzulenken, zum Wetter, zu Freunden und Bekannten, notfalls zur Politik. Das war das Werk meiner Verzweiflung. Und niemand verwehrte es mir. Benjamin wog sieben Pfund, hatte schwarzes Wollhaar, blaue Augen und trank die Brust seiner Mutter leer, wie es sich für einen ordentlichen Säugling gehört, alle drei Stunden, abwechselnd die linke und die rechte. Was für eine Zärtlichkeit dieser kleine Kerl zwischen seine Eltern brachte, und was für eine Leichtigkeit! Arthur fuhr mit seinen Fingern den weißen Linien nach, mit denen die Schwangerschaft meinen Bauch gezeichnet hatte.

Er tat das noch eine ganze Weile regelmäßig. Ein netter, liebenswerter Mann. Danach ging er fremd, ohne es nennenswert vor mir zu verbergen. Da waren wir bereits in ein Haus umgezogen mit einem Garten vorne und einem hinten. *Ein* Wintersonntag hat sich in mein Gedächtnis eingegraben. Es hatte geschneit, aber es war windstill, und die Sonne schien. Bennie, zwei Jahre alt, machte oben seinen Mittagsschlaf, und Arthur und ich hatten uns spaßeshalber in die Holzsessel auf der Terrasse gesetzt, zusammengefaltete Regenjacke unter dem Hintern. Wir tranken Tee mit Rum. Die Gartenmöbel waren mit gut zehn Zentimetern Schnee gepolstert.

Ich sah, dass er über etwas brütete.

»Was ist?« fragte ich stumpfsinnig.

»Ich konnte heute nacht nicht schlafen.«

»Na, das hab ich gemerkt. Du hast dich ständig herumgewälzt.«

Wir sahen uns an. Wir wussten beide, worum es ging. Die Symptome waren die banalen. Mein Mann musste in jener Zeit häufig verreisen, auch konnte er abends öfter nicht zur Essenszeit daheim sein. Ich war die Anpassungsfähigkeit in Person. Die Zuschauerin, die ihr Schicksal kennt und von Natur aus ohnehin keine schmollende Frau ist. Also begann Arthur, mir drastischere Signale zu geben. Kam ich ins Badezimmer, dann hatte er sich in einem frischen Oberhemd rasiert, und alles roch betäubend nach Calvin Klein, dem neuen Aftershave im Toilettenschrank, das seine Flamme ihm, wie ich annahm, geschenkt hatte. Ließ er mich dann beiläufig wissen, dass es an diesem Abend spät würde, dann sagte ich, ebenfalls beiläufig: »Okay.«

Jetzt, aufrecht (um einen eiskalten Rücken zu vermeiden) in der Intimität unserer Schneemöbel sitzend, sagte er, sie habe ihm gesagt, er müsse sich entscheiden. Sie oder ich.

»Ist sie hübsch?« fragte ich, einen Moment perplex.

Ich sah, unglaublich, wie er rot wurde. Dann spürte ich, wie ich selbst errötete. Ja, das Blut stieg mir in die Wangen. Arthur war ein zu erfahrener Mann, um mir jetzt von der blonden oder meinetwegen auch pechschwarzen Schönheit seiner Herzdame vorzuschwärmen, aber seine Emotion war ein Schlag in mein Gesicht.

Und das war gut.

»Pack deine Sachen«, zischte ich wütend.

Er blieb zehn Tage weg und kehrte mit einem großen Strauß meiner roten Lieblingstulpen zurück und einer kleinen Giraffe mit einer gelben Schleife um den Hals. Die Beziehung zwischen uns blieb eng. Der Widerwille, sie zu brechen, groß. Vor allem bei mir, der Schwester, die glaubte, sie könne auf diese Weise vielleicht noch etwas bei ihrem Bruder gutmachen und ihm auch, durch seinen Freund, so nah wie nur möglich sein.

Einmal saßen wir wieder beim Neapolitaner. Das war geraume Zeit später, Bennie ging bereits in den Kindergarten, ich verließ morgens das Haus zu meinem Halbtagsjob im Sekretariat der Neurologieabteilung im Radboud-Krankenhaus. Ich hatte bis dahin schon oft erlebt, dass mein Mann sich im Badezimmer für eine andere Frau schönmachte, und schlief regelmäßig allein. Aber gerade in dieser Zeit war Arthur das Musterbeispiel eines aufmerksamen, rechtzeitig nach Hause kommenden Ehemanns und betupfte sein Gesicht mit Freshup, dem billigen Aftershave, an das er seit seinem ersten Bartwuchs gewöhnt war. Heutzutage rieche ich es nirgends mehr.

Vielleicht ist die Marke nicht mehr im Handel, aber noch sehr lange habe ich, wenn mir dieser Duft zufällig in die Nase wehte, auf der Straße, im Bus, an eheliche Treue gedacht. So stark war diese frische, plötzliche Beruhigung, dass sie mich, obwohl ich es, wie gesagt, sehr viel besser wusste, jedesmal denken ließ: Wie schön wäre es, zu Arthur zurückzukehren.

An jenem Tag aßen wir beide das gleiche, eine gegrillte Dorade. Wir taten das öfter, wegen der angenehmen alltäglichen Atmosphäre, die das gleiche Gericht schuf. Musik spielte. Eine tiefe Männerstimme sang eine Barkarole. Wir selbst waren still. Ich erinnere mich, dass ich, mit den Hüften vom Tisch weggedreht, den wiegenden Rhythmus mit meinem übergeschlagenen Bein mitschlug, mit meiner Aufmerksamkeit aber sehr stark bei uns zweien war, grübelnd, nach Plänen tastend, die noch nahezu abstrakt waren. Ein paarmal sah ich Arthur fest in die Augen. Er erwiderte den Blick mühsam. Dann trank ich einen Schluck von dem guten, sehr dunklen Wein, setzte mein Glas ab und schob meine Arme über die weiße Tischdecke zu ihm hin, Handflächen nach oben. Na, sag schon.

Er legte seine Hand in meine.

»Roselynde, das geht nicht gut.«

Er drehte meine Hand um, hielt sie fest, streichelte meine Finger. Meine Augen füllten sich mit Tränen. Ich empfand eine große, beunruhigende Liebe. Eine schwer zu beschreibende Besorgnis, sogar Angst um das Schicksal dieses Mannes mir gegenüber ergriff mich. Lass es ihm gutgehen, lieber Gott, dachte ich, und ich glaube, ich dachte sogar: Rette ihn bitte, was hat er verbrochen, oh, was hat er nur verbrochen?

Beim Espresso mit einem Grappa besprachen wir die ersten Details unserer Scheidung. Unsere Hände die ganze Zeit nah beieinander. Ja, es ist eigentlich schrecklich, aber es war einer unserer besten Abende als Ehepaar. Ich glaube, damals habe ich ihn wirklich glücklich gemacht. Besorgt blieb ich trotzdem. Als es ihn in der Nacht doch überkam, zog ich sein Taschentuch unter dem Kissen hervor und trocknete ihm die Wangen. »Schneuz dich nur«, sagte ich und drückte das Taschentuch sanft an seine Nase. Er gehorchte. Danach brummte ich, er solle jetzt schlafen, seine Schuld sei es nicht. Und das wirkte. Ich selbst blieb wach, die ganze Nacht. Mit einer Zärtlichkeit, die fast schmerzte, weil mein Mann durch mich in ein unaufrichtiges, heimliches und zugleich ehrenwortkonformes Leben geraten war, schob ich meine Hand unter seine Schlafanzugjacke. Unter dem Kraushaar spürte ich das Pochen seines Herzens, seines armen Herzens, das zuviel versprochen hatte. Es war November. Als ein heftiger Regenschauer ans Fenster prasselte, hätte ich ihn am liebsten auch davor beschirmt.

Während mir das alles durch den Kopf geht, habe ich natürlich längst die A 2 wiedergefunden. Hinter Eindhoven gerate ich in eine lange Umleitung und komme erst bei Weert wieder auf meine Route zurück. Gegen Mittag erreiche ich Maastricht, eine Stadt mit alten römischen Festungsanlagen und Brücken über die Maas, die hier sehr breit ist.

14

Durch das halb offene Autofenster höre ich den weit tragenden Klang von Kirchenglocken. Obwohl ich genau weiß, was ich suche, sehe ich mich erst einmal interessiert um. Die Stadtwälle, die Bäume, die Häuser, der blaue Fluss gehören zum Ziel meines Ausflugs, ein Ziel, das selbst hierher ausgeflogen ist. Ich beschließe, nach dem Weg zu fragen. Ich halte an und kurbele die Scheibe ganz hinunter.

»Ich suche die Avenue Céramique«, sage ich in fragendem Ton zu dem Radfahrer, der sofort reagiert und den Fuß auf die Erde gestellt hat.

»Avenue Céramique«, wiederholt der Junge den Straßennamen, der für mich lieblich und geheimnisvoll klingt. Er sieht mich mit intelligenten Schüleraugen an. »Die ist lang«, meint er.

Als ich sage, dass ich zu einem Restaurierungsatelier will, weiß er sofort Bescheid.

»Ah, die SRAL. Also, da sind Sie schon ganz in der Nähe.«

In der Tat parke ich keine fünf Minuten danach auf einem fast verlassenen Platz am Fluss und steige aus. Die Sonne scheint warm. Ich fühle Zufriedenheit, weil ich nach einer langen Fahrt angekommen bin, aber plötzlich auch Unruhe. Mit dem Rücken zum Wasser betrachte ich ein hohes, modernes Gebäude mit viel Glas, in dem sich weiße Wolken spiegeln. Ich überquere den Parkplatz und öffne eine Glastür. Kühle. Summen der Klimaanlage in einer Halle mit Schaltern, von denen kein einziger besetzt ist. Während ich mich frage, wo die Leute wohl sind, gehe ich zu einem Wandbrett neben der Treppe. Ich sehe, dass die Abteilung, zu der ich will, im dritten Stock liegt.

Während ich ein paar Marmortreppen hinaufsteige, habe ich bereits das Gefühl, mich in einem Krankenhaus zu befinden. Der Chemikaliengeruch im dritten Stock verstärkt den Eindruck noch. Am Ende eines Flurs mit Türen auf beiden Seiten entdecke ich endlich eine Gestalt, einen Angestellten in blauer Arbeitsschürze, der in einer der Türen verschwindet. Es würde mich erleichtern, mich bei ihm zu melden. Schüchtern wie jemand, der sich außerhalb der Besuchszeit in einer Abteilung für schwere Traumafälle befindet, gehe ich den Flur entlang. Ungefähr auf halbem Wege werfe ich, unrechtmäßig für mein Gefühl, einen Blick durch eine halboffene Tür. Ich erschrecke heftig: Da liegt, auf einem Behandlungstisch in der Ecke, eine Skulptur, die ich unmöglich als Skulptur betrachten kann: Es ist der nackte, vom Kreuz abgenommene, aber noch nicht gestorbene junge Mann, an den ich denke und den ich suche.

Ich gehe weiter. Ich habe den langen, verwundeten Körper nur für einen Moment in der dämmrigen Ecke liegen sehen, auf diesem hochbeinigen Tisch. Jetzt erkundige ich mich bei der Gestalt mit der Schürze.

Die Sache erweist sich wieder einmal als einfacher, als gedacht.

»Die sind« – der Mann, eine technische Hilfskraft, wie ich auf dem Schild an seiner Schürze erkenne, schaut auf seine Uhr – »noch eine halbe Stunde in der Mittagspause.«

Ich nenne den Namen des Restaurators, mit dem ich verabredet bin. Ein Nicken. Der ist dann auch wieder auf seinem Posten.

Weil wir in der Nähe der Lifte stehen und weil mir nichts anderes einfällt, gehe ich zu dem Parkplatz am Fluss zurück. Dort blicke ich auf die vorbeifahrenden Lastkähne, sinniere über Verbrechen und Vergebung, ernsthaft nachdenken kann man nicht über diese Dinge, frage mich, welchen Sinn Vergebung eigentlich hat, da das fragliche Verbrechen ja nun mal verübt ist und sich nicht zurücknehmen lässt, und zünde mir eine Zigarette an, so ein kleines Modell »Schwarze Witwe«, das ich sehr geschickt zu drehen verstehe. In Gedanken sehe ich den holzgeschnitzten Jesus, mit dem ich seit langer Zeit mal wieder Auge in Auge hatte stehen wollen, egal, wo er sich befand. Und ich sehe, im Wasserspiegel, mich selbst, Roselynde, die wie nach einem schon jahrelang gehegten Plan, über den sie nicht mehr nachdenken muss, an diesem Morgen dazu aufgebrochen ist.

Als ich zum zweiten Mal in die Eingangshalle gehe, wird die Klimaanlage von Bürogeräuschen übertönt. Die Leute sind an ihren Plätzen. Ich ignoriere die mich musternden Gesichter, gehe nach oben, finde den Flur und die jetzt weit offen stehende Tür und schaue hinein. Drinnen brennt grelles Licht. Der Tisch ist in die Mitte gerollt worden. Die Szene zeigt einen blonden, äußerst konzentrierten Mann, der durch ein Mikroskop, das von einer Säule herabhängt, den unter seinen Händen liegenden Körper betrachtet. Er sitzt auf einem Hocker, etwas niedriger als der Tisch, hält das Auge ans Glas gepresst und schneidet mit einem Skalpell ganz vorsichtig in die Stelle, die er gerade bearbeitet, ein Stückchen Haut nahe der Achsel. Die Gestalt, ich hatte es fast erwartet, ist ansonsten unbedeckt, bis auf das zwischen den Beinen durchgezogene Lendentuch natürlich.

Sogar so, von der offenen Tür aus, erkenne ich nach all den

Jahren das Gesicht mit dem äußersten Leidensausdruck wieder. Auch die sehr schwere Dornenkrone erkenne ich, die haben sie an ihrem Platz gelassen, aber die riesigen Nägel sind aus den Füßen entfernt. Weil beide Arme abgenommen worden sind, kann ich nicht sehen, wie es um die Hände steht.

Der Restaurator hat mich bemerkt. Er legt sein Skalpell beiseite und erhebt sich lächelnd. Ein Vierziger, schätze ich, in Jeans und T-Shirt.

»Treten Sie näher«, sagt er entspannt. »Sie haben uns also finden können?«

Wir schütteln uns die Hände und reden kurz über den ständig zunehmenden Verkehr auf den Autobahnen.

»Soll ich Ihnen einen Kaffee holen? Oder lieber Tee?«

»Kaffee bitte, wunderbar«, sage ich und, als er sich umdreht: »Ich komme gern mit.« Als wollte ich lieber nicht allein im Operationssaal bleiben, und vielleicht trifft das ja auch zu.

Ich begleite ihn in die kleine Küche. Hantieren am Kaffeeautomaten, die Frage nach der Anzahl Zuckerwürfel, die Antwort: ja, einer reicht. Alltägliche Momente ohne eine Spur von Metaphysik. Sie wirken wie immer beruhigend. Danach finde ich es normal und sogar angenehm, mit einem Becher Kaffee in der Hand neben dem Restaurator zu stehen, während dieser mich auf die Adern und blauen Flecke an Armen und Beinen der Figur aufmerksam macht und auf die sehr zarte Haut unter den Augen. Alle diese Farben, erzählt er mir, wird er auffrischen.

»Schauen Sie.« Der Restaurator folgt mit der Hand den Blutspuren, die der mittelalterliche Bildschnitzer an dem gesamten Körper angebracht hat, großzügig und so lebensecht wie möglich, um den damaligen Menschen in seinem Bedürfnis nach Mitleid mit Gottes Sohn zu unterstützen.

»Wahrscheinlich mit rotem Lack aufgetragen.«

Obwohl der Eindruck unmissverständlich ist – ich stehe in einer Intensivstation und lausche dem Arzt, der zur Rettung des Patienten tut, was er kann –, weiß ich, dass ich in Wirklichkeit an einem Ort gelandet bin, zu dem ich vor vielen Jahren die Tür zugeknallt habe.

Der Restaurator beginnt, mir die Technik zu erklären, wie man die Farben nacharbeitet. Weil ich mich in gekrümmter Haltung über den Tisch beuge und er mich dadurch ein wenig überragt, fühle ich mich fast privat, allein mit dem Sterbenden. Ich blicke auf das ausgezehrte, von schnurartigem halblangem Haar eingerahmte Gesicht herab, das mir ungeheuer vertraut ist, und weiß, sehr wohl sogar, dass dies das lebensechte Antlitz der letzten Augenblicke ist. Ich weiß nicht, was mich mehr berührt, die Stimme des Restaurators, der so freundlich ist, mit mir, wie von gleich zu gleich, über die Mischfarbe Weiß zu sprechen, die er in den Tränen gefunden hat, oder die Tränen selbst. Sie strömen aus den einen Spaltbreit geöffneten Augen, groß und rund in ihren nur noch mit einem Häutchen bedeckten Höhlen, über den unteren Lidrand herab.

»Unfassbar«, murmele ich. »Wie echt das alles ist …«

»O ja, so waren sie, die niederrheinischen Meister. Es musste echt wirken. Um Schönheit ging es ihnen nicht an erster Stelle.«

»Und trotzdem empfinden wir es als schön …« sage ich, sehr zerstreut. Denn dass als erstes unser Schönheitsempfinden angesprochen werden muss, wenn eine Darstellung uns etwas sagen will, auch eine grausame, das beschäftigt mich im Moment weniger als, erstaunlicherweise, die Farben Rot, Grün, Blau, Gelb, Schwarz und Weiß.

Der Restaurator erzählt mir davon. Er weiht mich in das Geheimnis der ursprünglichen Pigmente ein, das sie im SRAL-Labor herausgefunden haben. Er, der Wiederhersteller, der Wiedergutmacher, benennt die Farben in fachtechnischen Begriffen, die mich, warum, weiß ich auch nicht, zu entzücken beginnen. Der Restaurator sieht es und lächelt.

»Ja«, sagt er. »Wir sprechen hier über die Farbpalette, mit der so ein Gottessohn oder Kruzifix im sechzehnten Jahrhundert bemalt wurde, aber auch unsere ganze Welt, nicht wahr.«

Ist es die freundliche, sachverständige Stimme, die mich so entspannt werden lässt, oder ist es die Figur dieses Menschen, so lächerlich falsch beschuldigt und umständlich hingerichtet, die das alte, begütigende Lied in mir wachruft, dass Gott seinen liebsten Geschöpfen das Gute ebensosehr wie das Böse eingehaucht hat? Tatsache ist, dass ich plötzlich insgeheim etwas Feines, etwas Leichtes in mir spüre, das ich ansonsten kaum beachte.

Wie eine lernbegierige Studentin schlendere ich jetzt mit dem Restaurator durch das Atelier und nehme soviel wie möglich über die Farben des mittelalterlichen Malers auf. Ich habe vor, das alles heute abend auf einer von Bäumen beschatteten Terrasse in der Amsterdamer Innenstadt einem an derlei Dingen interessierten Archäologen weiterzuerzählen: dass die Haut dieser Farben sich nicht lösen oder zusammenziehen durfte. Dass sie kälte- und hitzebeständig sein musste. Feuchtigkeitsabstoßend, aber auch -durchlässig. Dass die schönen Farben, anders als die von uns Menschen, über die Jahrhunderte hinweg schön bleiben sollten. Dass sie sich, falls das nicht möglich war – und es war nicht möglich –, von Schmutz und Staub reinigen lassen mussten, ohne dass sie sich ablösten, so dass sie heute von einem modernen Meister mit Hilfe von Röntgenröhre, Stereomikroskop, Projektionsflächen, Monitoren, in verdünntes Triammoniumcitrat getauchten Wattestäbchen und einer Schachtel guter, altmodischer Buntstifte Zentimeter für Zentimeter wieder in den ursprünglichen Zustand zurückversetzt werden konnten.

»Menschenskind!« werde ich bewundernd sagen, wenn er und ich an einem Tisch bei einem Teelicht sitzen und trinken. »So eine Skulptur freizulegen, das heißt, die Übermalungen späterer Zeiten vorsichtig wieder zu entfernen, das dauert manchmal Jahre.«

Und leiser, genießerischer, weil ich nichts davon verstehe: »Stille, abstrakte Arbeit von neun bis fünf. Sieht unter dem Mikroskop wie eine Mondlandschaft aus.«

Eine halbe Stunde später gehe ich die Treppen hinunter zum Ausgang der SRAL und zum sonnenüberfluteten Parkplatz an der Maas zurück. Die Menschen, denen ich dabei begegne, scheinen mir nette, gutgelaunte Leute voller Selbstachtung zu sein. Wir nicken und lächeln uns zu.

15

Ja, wir sind eine suchende Spezies, dachte ich, nachdem ich Maastricht verlassen und mich sofort verirrt hatte, weil ich ein Straßenschild übersehen hatte. Ich Idiotin! Was für ein Gemurkse und Gekurbel mit meiner alten Kiste und was für eine Fragerei durchs Autofenster. War ich doch auf einmal, ob ich wollte oder nicht, auf dem Weg nach Lüttich. Man ist dann sehr abhängig davon, wer oder was einen zufällig schließlich doch wieder in die richtige Richtung schickt. Gut, diesmal bin ich es selbst, die auf der N 382 einen Kreisel mit den richtigen blauen Schildern findet, und ich denke: puh! was für eine Sucherei und was für eine Spekuliererei! In diese Richtung oder die? So ist das Leben. Immer sucht man nach etwas, was man noch nicht gefunden hat.

Ich persönlich habe nach meiner Scheidung vor allem nach einer Antwort gesucht. Einer gutherzigen Antwort, dämlich gutherzig, mag sein. Meine Ambitionen waren bescheiden. Was in mir ist es, das einem anderen das Herz stiehlt, trotz allem? Das erste Mal, als mir das undeutlich bewusst wurde, weiß ich noch, war mitten in der Nacht. Er schlief, als läge er mit seiner eigenen Frau im eigenen Bett. Bennie und ich wohnten damals noch in Nijmegen. Ich spürte den weichen Männerkörper an meinem, gemeinsam mit mir in derselben Wärme, und dachte: Ich bin nicht allein. Sehr zufrieden, das kann ich dir sagen. Nennen wir's glücklich. Ich hatte mich am Abend zuvor an der Bushaltestelle von ihm aufgabeln las-

sen. Wir hatten kurz zuvor schon nebeneinander im Kino gesessen.

»Entschuldigung!«

Unser Eröffnungswort, von ihm ausgesprochen, als er seinen Mantel über die Rückenlehne zog und mich dabei mit
dem Ellbogen stieß. Der Film, 8½, hatte bereits angefangen.
Gut, er saß und rührte sich nicht mehr. Danach sahen wir dem
Geschehen auf der Leinwand zu, einträchtig, wie das so ist in
einem ausverkauften Kinosaal. Als das Pausenlicht anging,
stand er gleichzeitig mit der ganzen Reihe auf. Ich wollte lieber
sitzen bleiben. Ich hatte mich auf einen Samstagabend allein
eingestellt, mit einer Geschichte im Dunkeln, die mich mit-
reißen würde. Wie alle zwei Wochen schlief Bennie in dieser
Nacht bei seinem Vater und seiner Stiefmutter. Als der Mann
nach der Pause auf den Sitz neben mir zurückkehrte, erkannte
ich ihn schon wieder, wir hatten bei einem vorbeihuschenden
Filmbild offenbar doch einen Blick gewechselt.

Mit der Filmmusik im Kopf, dafür bin ich sehr empfäng-
lich, ging ich nach der Vorstellung zur Bushaltestelle. Es schien
mir normal, dass ich den Mann, der dort zwischen den anderen Fahrgästen wartete, grüßte. Er grüßte überrascht zurück.
Der Bus kam. Wir stiegen ein und kamen merkwürdigerweise
fast sofort aufs Essen zu sprechen. Wir sprachen über Sauerkraut, über Pfannkuchen, über knusprig gebratenes Steak und
dito Kartoffeln, wir sagten zueinander, dass auch eine gut ge-
bratene Frikadelle phantastisch sein kann. Du verstehst schon,
es war Winter. Tiefer Winter, mit einem Sturm, der den Bus
immer wieder durchschüttelte. Über den Häusern hing ein
Sturzregen, der seinen Moment abwartete.

»Und du?« fragte er, als wir im Restaurant saßen und aßen.
Da hatte ich ihn schon gefragt, ob er oft ins Kino gehe, er hatte

von mir wissen wollen, was ich tat und wo ich wohnte. Ganz behaglich steckten wir das Terrain ab, denn der Zufall hatte es gewollt, dass wir beide sehr hungrig waren. Zwischen zwei Bissen erzählte er, dass er geschieden sei.

»Ich auch«, antwortete ich und fügte hinzu, dass ich einen Sohn hätte, was ihn zu treffen schien.

Ich fand ihn nett, den Mann, mit dem ich Arthurs und mein Ehebett zum erstenmal so richtig entweihen würde, das kann ich dir sagen. John hatte Bildhauer werden wollen, hatte seinen Traum jedoch aufgegeben und eine Stelle als Werkkundelehrer angenommen, nachdem seine Frau ihm einen kleinen Sohn geschenkt hatte. Als das Kind drei war, sollte er es eines Samstagnachmittags hüten, während seine Frau einkaufen ging. Er ließ die Badewanne vollaufen, längst nicht bis obenhin, nicht einmal bis zur Hälfte, und setzte das aufgedrehte Kerlchen zwischen den Plastikenten ins Wasser. Er stand in der Küche und verdünnte gerade Hagebuttensirup, als er sich plötzlich fragte, warum es im Badezimmer am Ende des Flurs so still war. Als er nachsehen ging, lag der Junge mit dem Gesicht nach unten zwischen den Entchen. Kinder können manchmal lange ohne Sauerstoff auskommen, viel länger als Erwachsene. Als der Junge am Beatmungsgerät im Krankenhaus lag, schlug er die Augen wieder auf, lachte, den Schlauch noch im Mund, und blickte sich um. Anfangs schien daheim die Sonne weiter. Doch der Hass der Mutter auf ihren Mann war bereits geboren. Dieser spürte den Hass, verstand ihn aber nicht, im übrigen schlummerte in seinem eigenen Herzen ebenfalls ein nicht zu erklärender Zorn. Etwas später, als der Junge zur Schule ging, deuteten das erbärmliche Rechen- und Sprachverständnis des Kindes darauf hin, dass der Sauerstoffmangel sein Gehirn vielleicht doch beschädigt hatte. In dem Maße, wie die Überzeugung der Mutter diesbezüglich zunahm, wuchs ihr Hass. Eines Abends stürzte sie sich mit ausgestreckten Krallen auf ihren Mann, den durch und durch gutmütigen Werkkundelehrer.

Dies alles wusste ich natürlich noch nicht, als ich nach dem Kino mit John im Tuin van de Mandarijn aß. Aber ich sah, wie sich sein Gesicht umwölkte, als ich von Bennie begann.

Er fragte, wie alt er sei.

»Oh, er ist acht«, sagte ich.

Was zufällig auch das Alter seines lernbehinderten Sohnes war.

In jener Nacht gingen wir sehr vergnüglich miteinander ins Bett. Am Sonntagmorgen frühstückten wir spät in der Küche. Während ich mit dem Rücken zu ihm gemütlich Eier briet (damit er sich wohlfühlte, das Frühstück ist manchmal schwierig nach der gemeinsamen Nacht), machten wir ab, zu telefonieren.

Ach, es hätte gutgehen können, es hätte sicher gutgehen können mit uns, das meine ich ernst. Ich fand ihn sehr nett, und wir waren beide frei, was nach meiner persönlichen Erfahrung leider nur selten vorkommt. Frauen sind frei, Männer sind auf der Hut. Diesen ganzen Winter über trafen wir einander und auch im Frühjahr noch. Wir aßen zusammen, telefonierten, gingen in die Stadt, amüsierten uns und schliefen miteinander. Viel zu reden gelang uns nicht, nicht, was man reden nennt. Sollte ich ihm erzählen, dass mein verstorbener Bruder sich mir im Schlaf von Zeit zu Zeit zeigte, aber nichts von mir wissen wollte? Was ich, wenn ich mit einem Stein auf der Brust erwachte, auch durchaus verstand? Übrigens geschah das nicht, wenn ich mit meinem Freund im Bett lag. Nach der Liebe schlief ich mit einer naiven Art von Frieden ein, wie ein Kind. Ich habe nie am Daumen gelutscht, aber auch wenn man sich einfach auf die Seite dreht, den Arm auf der Hüfte eines Mannes, kann man mit einem Gesicht einschlafen, das noch ein wenig nachschmachtet, und einem Herzen, das sagt: Im großen und ganzen ist schon alles in Ordnung.

Eines Abends hatte er eine große Tasche dabei, als er zu mir kam.

»Was ist denn da drin?« fragte ich.

Es waren riesige Sportschuhe, eine grellfarbene Sporthose, ein Shirt, ein Handtuch, solche Dinge. Ich weiß, sie konnten nichts dafür, aber manche Gegenstände sind doch imstande, trotz ihrer Banalität etwas Schweres, Verzweifeltes und Endgültiges auszudrücken. Er trug seine Tasche ins Schlafzimmer. Und am nächsten Morgen hatte er keine Zeit, mit Bennie und mir zu frühstücken, er wollte trainieren. Als er den Gartenweg hinunterging, stand ich am Fenster und sah ihm nach. Es war aus, ich wusste es, ohne mich darüber zu wundern. Wir hatten einander gefunden, jeder mit seiner eigenen Melancholie und seinem Kummer, was einen rasch verbinden kann, doch irgendwo hatte es geknackst. Er drehte sich noch einmal um. Wir winkten. Ich schaute von der Tasche auf sein hübsches dunkles Haar, das sich im Nacken leicht wellte. Zwischen ihm und mir hatten zwei achtjährige Jungen gestanden, ein Dummerchen und ein Naseweis. Sie hielten sich an der Hand. Unverbrüchlich verbunden, hielten sie ihren Vater beziehungsweise ihre Mutter voneinander entfernt.

Es ist so. Ich weiß es. Natürlich weiß ich es. In jedem Menschen steckt etwas, das um Vergebung bittet. Glaub also nicht, dass ich jedesmal, wenn mir ein Mann gefiel, dachte: Komm, bleib heute nacht bei mir, mein Gewissen kann wieder mal ein gutes Wort gebrauchen. Engel, ich glaube an deine Existenz, halte Fürbitte für mich! Wenn ich mich jetzt gleich ausziehe, lege ich in Wirklichkeit eine peinlich intime Erklärung ab.

Denk das bloß nicht, denn das ist von der Realität weit entfernt. Dennoch bekam ich oft zu Beginn, beim ersten gewechselten Blick, der ersten Antwort auf meine stumme Bitte: berühr mich! Gänsehaut am ganzen Arm.

Aber welche Frau bekommt das nicht?

Wo war ich stehengeblieben? Beim Gartenweg. John ging, auf dem nassgeregneten Kiesweg Richtung Sportschule, andere Männer kamen. Roselynde legte nach wie vor Wert auf Gesellschaft zwischen den Laken. Sie wollte geliebt werden. Wollte den Umfang, den unermesslichen Umfang ihres Körpers spüren und irgendwann, wenn es genug gewesen war, mit einer Stimme im Ohr einschlafen, die sagte: Dein Körper ist, was du bist, und das ist, das merkst du schon: süß, lieb, gut! Sie wollte bei Sonnenaufgang auch gern wieder mit dieser Stimme erwachen. Du kannst mir glauben, wenn ich sage, dass ich noch immer die größte Zuneigung zu jedem meiner ehemaligen Liebhaber empfinde. Es waren nette Männer, gute Kerle, die mich als Sprungbrett für einen Moment dringend benötigten Glücks benutzten und en passant das Beste in mir hervorholten. Sie irren als halb vergessene Figuren in meiner Geschichte umher. Dieser oder jener sendet mir gelegentlich noch ein kleines Zeichen, einen Anruf, eine Karte, und erinnert mich daran, wie dankbar ich war, dass er bei mir war, sich zu mir ins Bett legte, um gemeinsam mit ihm durch die Nacht zu kommen.

Von einem, Samuel Brouwer, ist mir seltsamerweise vor allem seine Frau in Erinnerung geblieben.

»Wir kennen uns nicht«, hatte sie am Telefon gesagt. »Aber ich würde gern mit Ihnen sprechen.«

Sie hatte ihren Vor- und Nachnamen genannt, also vermutete ich, dass es um Samuel ging.

»Gut«, sagte ich. »Wo wollen wir uns treffen? Und wann?«

»Morgen nachmittag im Café Terminus«, sagte sie. »Das kennen Sie vielleicht. Es liegt gegenüber vom Bahnhof.«

»Ja«, sagte ich.

»Wäre Ihnen fünf Uhr recht?«

»Ja, aber wie erkenne ich Sie?«

»Ich sitze an einem der hohen Tische am Fenster, ich trage einen blauen Hut.«

Als ich am nächsten Tag an dem Lokal vorbeiging, sah ich sie sofort hinter der großen Fensterscheibe, Hüte werden ja kaum noch getragen, sie fiel auf. Ich drückte die Tür auf. Mevrouw Brouwer betrachtete mich ausdruckslos, während ich auf sie zuging. Ihre runde Gestalt hatte etwas Mütterliches. Der Hut saß schräg auf dem unter die Krempe geschobenen blonden Haar.

»Guten Tag«, sagten wir beide.

Ich nahm rechts von ihr am schmalen Ende des Tisches Platz, wie sie auf einem unbequemen Hocker. Weil ich sah, dass sie Kaffee trank, drehte ich mich zur Theke um und bestellte das gleiche. Ich griff zu meinem Tabak und begann, eine Zigarette zu drehen und, nach einem fragenden Nicken zu Mevrouw Brouwer, noch eine zweite. Sie beugte sich über die Flamme in meiner Hand. Ihr Gesicht war sehr blass, aber sie wirkte vollkommen ruhig. Wir rauchten.

Der Wirt kam mit dem Kaffee, ich tat Zucker hinein, rührte um, warf einen Blick nach draußen – Anfang November, tiefstehende Sonne, der Himmel über dem Bahnhofsgebäude verhangen – und suchte dann die Augen von Samuels Frau mit einem Blick, der deutlich sagte: Hier bin ich.

»Ich liebe meinen Mann«, gab sie ruhig zur Antwort. »Ich liebe meinen Mann nicht nur ein bisschen …« Sie stockte und lächelte. Sie lächelte vor sich hin, wie nur jemand es kann, der weiß, dass es außerhalb des Grundes für dieses Lächeln keine Wirklichkeit gibt, überhaupt keine.

»… ich liebe ihn so sehr, dass ich für ihn vor den Lauf eines feuernden Gewehrs springen würde.«

Sie sah mich rasch von der Seite her an.

»Mein Lieblingstraum ist, dass ich das tue.«

Jetzt ein echtes Lachen zu mir hin, halb entschuldigend, halb erstaunt, als wäre auch ihr unbegreiflich, wie jemand einen Mann so schrecklich lieben kann. In einem Ton, als müsste sie mir diese Auskünfte erteilen, erzählte sie dann, dass sie und ihr Mann gut vierzehn Jahre verheiratet seien und keine Kinder hätten … »Wie alt sind Sie?«

Die Frage kam abrupt. Ich sagte, achtunddreißig.

Kurze Zeit war es still. Das Gesicht zur Straße gewandt, bliesen wir Rauchwolken. Als sie mir zu erklären begann, ihr Mann sei ihr ein und alles, hörte ich ihr ernst zu und beugte mich nach einer Weile vor, den Ellbogen auf dem Tisch.

»Mevrouw«, sagte ich in einem Moment, in dem sie kurz Pause machte. »Glauben Sie bitte nicht, dass Ihr Mann, der für Sie so unbeschreiblich kostbar ist, für mich nur ein Techtelmechtel wäre. Ich mag ihn wirklich sehr.«

Einen Moment lang wirkte sie bestürzt. Dann musterte sie mich aufmerksam mit einem Gesichtsausdruck, der zwischen Schmerz und Wertschätzung lag. Sich erneut der Straße zuwendend, sagte sie: »Das kommt häufiger vor, dass das Unglück sich einen hübschen und glücklichen Moment sucht, um seinen Anfang zu nehmen.«

»Wie meinen Sie das?«

Sie dachte kurz nach und sagte dann: »Ich meine das Schulorchester.«

Und ich errötete und nickte. Samuel war zu den schmetternden Klängen des Marsches »That's my spirit« in mein Leben getreten. Männlich, nett, mit gebräunter Haut und Augen, in denen man die Urlaubssonne noch glänzen sah.

»Es war Anfang September, ja«, sagte ich. »Wir unterhielten uns nach der ersten Probe des Orchesters, in dem mein Sohn Trompete spielt und dessen neuer Dirigent Ihr Mann ist. Als Ehrenamtlicher, wie das heißt …«

Sie lachte leise, mit einemmal enorm sympathisch. »Als würde man bezahlte Arbeit nur unter der Peitsche des Sklavenaufsehers verrichten.«

Der Wirt ging vorbei, um nach dem Rechten zu sehen. Er stellte die leeren Kaffeetassen auf ein Tablett, zog darunter ein Tuch hervor und wischte den Tisch ab. Wir bestellten Bier. Mich auf dem harten Hocker ein wenig streckend, dachte ich daran zurück, wie Samuel am Sonntagabend, auf dem Rückweg nach Nijmegen, am Lenkrad gepfiffen hatte. Wir hatten das Wochenende in der Eifel verbracht, wo es bereits Winter war. Jetzt pfiff er, fast ununterbrochen. Und ich schaute hinaus. Der Schnee war bereits dabei, in trüben Regen überzugehen. Mir war alles recht. Sorglosigkeit, ja, wenn auch nicht ununterbrochen, aber daran war ich gewöhnt. In der verschneiten Berghütte war unser Gespräch kurz auf sein Ehedilemma gekommen. Samuel wolle seiner Frau nicht weh tun, hatte er gesagt. Ich, höflich: Ach nein? Nein, und das tue er normalerweise auch nicht. Sie sei um einiges älter als er und auch sehr viel weiser, sie verstehe etwas vom Leben, nur … Ich lauschte seinem Zögern, dem Schrecken in seiner Stimme. Nur was? fragte ich. Er schwieg. Saß auf einem rohen Holzstuhl im Schatten der verschneiten Berge, klopfte mechanisch mit dem Fuß auf den Boden, und ich erriet, was ihn so beklommen machte. Ich lief auf ihn zu und setzte mich rittlings auf ihn. Er erhielt eine Serie friedlicher Küsschen unter das Ohr. Nur …?

Nur sei es diesmal anders. Was ich bereits verstanden hatte.

»Ich habe lange gezögert, bevor ich beschloss, Sie anzurufen«, sagte seine Frau jetzt und trank von ihrem Bier. »Eine sexuelle Auffrischung, warum sollte man die seinem Mann nicht gönnen? Seine Jugendlichkeit erhalten, weshalb sollte man ihn daran hindern? Doch seit dem Wochenende weiß ich, dass ich in großer Gefahr bin.«

Ich warf von der Seite her einen Blick auf sie. Alles an ihr war schwer zu schätzen, ihr Alter, ihre Duldsamkeit, die möglicherweise Tyrannei war, ihre Macht über ihren Mann, ihre ungeheure Liebe.

Nun, zuckte mein altes, gemeines Ich auf: Warum sollte sie ihn mehr lieben als ich?

»Ich meine es ernst mit ihm«, sagte ich unverblümt und wandte den Kopf ab.

Während ich auf die Taxis und die dahineilenden Menschen vor dem Bahnhof blickte, bat sie mich nachdrücklich, keine Verabredungen mehr mit ihrem Mann zu treffen. Ich sei eine sehr hübsche Frau, sagte sie, es gebe genug Männer, die mich glücklich machen könnten, sie aber habe für immer diesen, diesen einen und keinen anderen. Sie brauchte lange Minuten für ihr Plädoyer. Als ich sie wieder ansah, hörte ich

schon nicht mehr zu, schaute nur, wie sich ihre Lippen bewegten, und sah ein Wort, das immer wiederkehrte: Samuel.

Sie schwieg. Ich, von uns beiden diejenige, die Tränen in
den Augen hatte, griff nach meinem Glas. Danach verschluckte
ich mich fürchterlich, bis tief in die Luftröhre. Solange ich
hustete, blieb sie, die Hände auf dem Tisch, sitzen und wartete. Als ich wieder normal atmen konnte, stand ich auf. Während ich mir den Mantel zuknöpfte, versprach ich Mevrouw
Brouwers alles, was sie von mir verlangte. Ich verließ das Lokal
und überquerte die Straße zum Bahnhof.

Im Zug ließ ich sie weiterströmen, die Tränen über den Verlust
von Samuel Brouwer. Ich kann phantastisch unhörbar und
auch fast unsichtbar weinen (und könnte, was damals nicht
zur Debatte stand, währenddessen sogar ein völlig normales Gespräch führen). Ich hatte eine Fahrkarte zu einem will-
kürlichen Ziel gekauft, Kleve oder Bocholt oder so ähnlich,
und war unbesehen irgendwo eingestiegen. Was kümmerte es
mich, ob ich im falschen Zug saß? Nirgends lässt es sich besser
weinen als da.

Während ich darüber trauerte, dass ich in meinem Leben
keinen Mann für mich haben durfte, dass mein Anrecht darauf offensichtlich verwirkt war, schaute ich aus dem Fenster.
Wir hielten schon wieder, ich erblickte den kleinen Bahnhof
von Cuijk. Auch ich, dachte ich, habe einmal einen Liebsten
gehabt, für den ich mich mit Freuden vor das Exekutions-
kommando gestellt hätte. Statt dessen habe ich etwas anderes
angestellt.

Wieder glitten Schranken vorbei, ein frühnovembergelbes
Wäldchen, Lagerhallen. Im Abteil wurde Zeitung gelesen oder
gedöst. In einer Ecke am Fenster saß eine Frau mit abgewand-

tem Kopf und fragte sich, ob sie eine Schlampe sei, eine Teufe-
lin und/oder eine Verbrecherin, ja, nein, ja, nein, ja, nein ... im
Rhythmus des Zuges. Sicherheitshalber entschied sie sich für
ja. Als der Schaffner ihre Karte kontrollierte, unterbrach sie
ihr Weinen nicht, der Mann merkte auch nichts davon. Sie erhielt den Rat, beim nächsten Bahnhof auszusteigen, unter
dem Tunnel hindurch auf die andere Seite zu gehen und zu-
rückzufahren. Das tat sie. Tatsächlich war sie noch zu einer
annehmbaren Zeit zum Essen wieder zu Hause. Ein Teenager-
sohn, auf bestem Wege zu baumlanger Größe, hatte den Back-
ofen bereits vorgeheizt und eine Pizza aus dem Gefrierschrank
geholt. Jetzt öffnete er eine Flasche Bier für sie. Was hat sie
bloß? Was denkt sie bloß: Ach Junge! Ach armes Kind! Was
fragt sie bloß: Gott, gibt es dich? Und warum ist ihr bloß danach zumute, noch einmal tüchtig loszuheulen?

16

Mitten am Vormittag stehe ich in der offenen Terrassentür. Ich warte auf das Gewitter und schaue hoch, in den violetten Himmel. Vor zwei Jahren bin ich aus Nijmegen hierher gezogen. Mein Sohn hat begonnen, in Den Haag Musik zu studieren, mein allerbester, treuer Ex nahm eine Stelle in Brüssel an, und ich, nun gut, ich kam auf die Idee, in Lisse, im Blumensektor, beruflich neu zu starten. Warum eigentlich? Um mir aus der Entfernung anzuschauen, was mit mir passiert war? Um meinen Lebenslauf an zwei Eckpunkten zu packen und mal tüchtig an der frischen Luft auszuschütteln? Ich bewarb mich, wurde angenommen und zog um. Um es dir gleich ehrlich zu sagen: Ich blieb eine Männerfrau. (Hör mal, das Leben geht weiter. Ich konnte schwerlich hinter der Tür liegen und auf dich warten.) Und mein natürlicher Zustand blieb dieser: geständig sein. In beiden Punkten der Anklage.

Über der Halle der Gebrüder Langeveld blitzt es bereits. Ich denke an unser doch sehr kurzes Telefongespräch heute morgen. Wir haben einander nur mitgeteilt, der Himmel über Lisse sei violett und der über Amsterdam eher schlammiggrün. Ehe ich mich's versah, sagte ich schon »Tschüs!«, und du erwidertest »Tschüs!«.

Die besondere Kürze diesmal kam vor allem durch mich. Das Telefon ist für wortlose Gespräche miserabel geeignet.

Sag mal, wie konnten die in meinem Herzen hausenden Löwen sich so zähmen lassen?

Wir haben Ostwind. Ich weiß das, weil ich in der Ferne den Zug vorbeifahren höre. Unerschütterlich eilt er von Amsterdam über Warmond nach Leiden und nach einem Rangieraufenthalt in Rotterdam noch weiter zur Endstation Hoek van Holland. Wollen wir mal mit der Fähre nach England fahren? Du denkst wie mein verstorbener Bruder auffällig wenig nach, fällt mir auf. Ihr gehört zu den Typen, die mit dem ersten Blick, mit einer Intelligenz, die sie strikt für sich behalten, etwas aufschnappen und dann für immer dabei bleiben. Wie kamst du darauf, mich noch keine Stunde, nachdem wir uns bei diesem vollen Empfang kennengelernt hatten, mit einer Stimme anzurufen, als hätte ich diesen Anruf, selbstverständlich, erwartet? Ich war nicht zu Hause. Ich hörte deine Nachricht erst zwei Tage später ab. Du bist noch immer über diese Verzögerung verärgert.

Ein plötzlicher Windstoß fährt in das Grün ringsum. Auch dein an ein paar Wäscheklammern an der Leine hängendes Hemd macht verrückte Bewegungen. Deine Arme greifen pathetisch nach oben. Es wird jetzt so dunkel, dass in einigen Häusern etwas weiter entfernt die Lampen angehen. Sie verbreiten ein freundliches Abendlicht, das mich an Familien denken lässt, die um einen Tisch sitzen und ein Brettspiel spielen. Soll ich dir sagen, wie lange ich das Wort »Glück« schon kenne? Ich kannte es schon im Mutterleib, einfach aus mir selbst heraus oder vielleicht über die Nabelschnur, das kommt vor, während draußen ein Vater und ein Bruder warten. Seit einiger Zeit entspricht es der Vorstellung wieder ganz gut, meine ich, die der liebe Gott ursprünglich von mir hatte.

Es heißt, das Leben liege in der Hand des Schicksals. Oh, besser nicht! Wie kann ich mich mit so einer Instanz aussöhnen? In meinem Fall waren es mein Bruder, mein Ehemann und meine stellvertretenden Ehemänner, die alle Hände voll hatten an mir, einem im Grunde lieben Kind, einem anhänglichen Mädchen, leider mit verborgenen bösen Kräften. Vor einiger Zeit ging ich auf die telefonische Nachricht eines Mannes ein, den ich kaum kannte. Es war ein höfliches Wort per Telefon, das auf mich jedoch wirkte wie die Antwort auf einen Notruf. Ich war in dem Moment schon über ein Jahr allein und hatte zwei Wochen lang an nichts anderes denken können und dürfen als an den Herbstkatalog meiner in die ganze Welt exportierenden Blumenfirma.

Wir verabredeten uns in der Brasserie Ted in Warmond.

Es war ein schöner, träger Montag, als ich dorthin fuhr, so ein Montag, an dem jeder in seinem Herzen Frieden verspürt. Was mich hauptsächlich beschäftigte, war einstweilen noch das komplette Tulpenangebot der Gebr. Langeveld in Lisse, die Quirine, die Betsy, die Dichelostemma, die Ice Cream, die Happy Generation, die zu den Frühblühern zählt, die … Aber oha, da war ich, hier war die Brasserie Ted. Ich parkte auf dem kleinen Platz hinter den Fahrradständern und stieg aus. Der Moment für das Gotteswunder meiner einzigen Liebe seit meiner ersten Liebe war gekommen. Ich öffnete die Tür des Lokals. Durch das hohe Fenster fiel ein Lichtfächer nach draußen, die Spitze nach vorn. Du saßest mit dem Rücken zur Theke und schautest so beharrlich wie ein Wachhund zum Eingang.

Wann mag das gewesen sein, als ich mich im Bett auf den Rücken drehte, meinen Handspiegel nahm und mein unverschämt glückliches Gesicht studierte, in dem meine Augen allerdings ungläubig glänzten? Ich war mit einer listigen Frage aus dem Schlaf aufgetaucht. Kann das Kohlrabenschwarze eines Ereignisses, das tatsächlich und vor jedermanns Augen passiert ist, einfach verschwinden? Einfach aus dem Karteikasten der Zeit gezogen werden?

Nein, das gibt es nicht. Dennoch hat mein Bruder in der vergangenen Woche schon zweimal gemütlich mir gegenüber Platz genommen. Ich bin entzückt. Beim ersten Mal wachte ich davon auf, zog mir aber die Decke schnell wieder über den Kopf, um unser vertrautes Beisammensein fortzusetzen. Rogier sagte mir, ich sähe gut aus, nur ein bisschen mager. Ob ich nicht schnell mal bei der Konditorei Willems vorbeigehen und dann auch für ihn eine Brioche mit Sauerkirschmarmelade mitbringen wolle? Also erklärte ich ihm, dass ich schon eine Weile nicht mehr in Nijmegen wohne. Bei seinem zweiten Erscheinen fragte ich, wie es ihm gehe, und erkundigte mich nach den Umständen im Jenseits und wie er seine Tage verbringe. Was ich natürlich hätte ahnen können. Die Augen noch voll von den Worten und Wesen, von denen er gerade las, lächelte er mich an, ich muss sagen, ein wenig traurig, aber das kann durchaus an dieser Lektüre gelegen haben. Sein Haar verwuschelt. Im Hemd, nicht weiß, sondern kariert. Ernster und argloser denn je. Am ironischen Spiel hat er sich auch hier nie beteiligt.

Der Regen prasselt jetzt wie aus Kübeln herunter. Der Donner rasselt bis in den Magen. Ich ziehe einen noch aus unserem Elternhaus stammenden, halb durchgesessenen Korbstuhl in die offene Terrassentür und nehme Platz in dieser Loge. Es stimmt wirklich, denke ich, Luuks Art zu schauen erinnert manchmal sehr stark an die von Rogier. Und meine Gedanken schweifen ab zu dem Mal, als er mich ins archäologische Depot im Polder Beemster mitnahm, wo er mir ein paar alte Relikte zeigen wollte. Ich hatte ihn schon einmal mit so einem

Fundstück in den Händen gesehen. Er drehte es um und um, es war eine Vase, die er nicht eher abstellen zu wollen schien, bevor er dahintergekommen war, was es mit dem Ding auf sich hatte. Dabei machte er ein Gesicht, als dächte er: hineinkriechen und es erleben, dann verrät es sein Geheimnis schon.

»Glaub nicht, dass du einfach Dinge aus dem siebzehnten oder achtzehnten Jahrhundert zu sehen bekommst«, sagte er, als wir auf dem Weg in den Beemster waren. »Du siehst Dinge aus dem siebzehnten oder achtzehnten Jahrhundert plus eine beträchtliche Menge Zeit.«

Aber, jetzt, wo ich daran zurückdenke, was für ein eigenartiger Vorfall trug sich auf dem Weg dorthin zu!

Wir hatten aus irgendeinem Grund den Bus genommen, wir drei, Luuks Hund war auch dabei. Wir saßen ganz vorn, der Hund lag halb auf dem Mittelgang. Plötzlich stand eine Frau vor uns. Sie war kreidebleich. Der Bus fuhr gerade eine kurvige Strecke, also konnte ich mir vorstellen, dass ihr schlecht geworden war. Während sie in ihrer Tasche kramte und sich immer wieder an der Stange am Gang festhielt, um nicht zu fallen, schien sie uns etwas sagen oder fragen zu wollen. Dann begann sie, die Augen zu verdrehen. Im nächsten Augenblick, wirklich in dem Moment, als sie umkippte, hielt Luuk sie bereits in seinen Armen. Ich bin noch immer erstaunt, wie er so schnell reagieren konnte.

Es war wie eine kleine Theaterszene. Eine völlig unbedeutende Handlung, aber sie drückt etwas aus, was ich noch immer nicht einordnen kann. Luuk legte die Frau, die klein und zart gebaut war, auf unsere Sitze, die jedoch nicht genug Platz boten. Vorsichtig beugte er ihre Beine ein wenig und zog ihr den Rock über die Knie. Jetzt lag sie gut. Die Ohnmacht dauerte nicht lange. Als die Frau die Augen aufschlug, fragte sie Luuk, der sich über sie beugte, fast im selben Moment nach ihrer Tasche. Nachdem wir beide nach ihr gesucht hatten, angelte Luuk sie unter den Sitzen hervor, schmutzig vom Staub. Er zog den Reißverschluss zu, klopfte sie ab und überreichte sie ihr. Sie nahm sie mit einer Miene entgegen, als hätte sie dem Tod ins Gesicht gesehen und zu ihrer unaussprechlichen Freude überlebt. Während sie sich aufrichtete, sandte sie Luuk ein Lächeln, das ich, wenn ich nicht wüsste, dass ich übertreibe, als Lächeln mädchenhaften Glücks bezeichnen würde. Er presste die Lippen zusammen. Er zog die ernsteste, verschlossenste Miene, die ich an ihm kenne und die ich von all seinen Mienen am liebsten mag. Der Bus fuhr währenddessen einfach weiter, es gab keine Möglichkeit zum Anhalten, und das war auch nicht nötig, jeder konnte sehen, dass es nicht so schlimm war.

Als endlich eine Haltestelle kam, stand die Frau auf, um auszusteigen. Luuk half ihr dabei. Mit einem Blick, aus dem der dringende Wunsch sprach, sie möge den Bus ohne Probleme verlassen, ergriff er ihren Oberarm. Ich sah sie als sehr ungleiches Paar, seinen großen Körper zu ihrem kleinen Körper geneigt, zwischen den Sitzen zur Mitteltür schlurfen. Er stieg als erster aus. Er half ihr über die Trittstufe auf die Straße.

Ich spielte nur eine kleine Nebenrolle. Ich hatte mich, während die ohnmächtige Frau unsere Plätze einnahm, auf den Klappsitz gegenüber gesetzt. Als sie wieder bei Bewusstsein war und saß, betrachtete sie mich mit einem gewissen Interesse. Ich spürte, wie ihr noch etwas dunkler, verdämmerter Blick über mich hinglitt.

Ich erwiderte ihr Lächeln.

»Du trägst schöne Schuhe«, bemerkte sie.

Sie sagte es auf eine Weise, als wäre es ein Charakterzug von mir, die Essenz meines Wesens, schöne Schuhe zu tragen.

Mitten in dem Unwetter, das über mir ausbrach, bin ich offenbar doch eingenickt. Ich wache mit klatschnassen Füßen auf. Als ich mich umschaue, sehe ich triefende Bäume und höre Wasser, das sich durch Dachrinnen und Abflussrohre einen Weg sucht. Das Gewitter ist fast vorbei, aber dass der Blitz eingeschlagen hat, ist sicher. Ich rieche Feuer und höre eine Sirene. Das Hemd hat es von der Leine geweht. Ich laufe durch die Pfützen hin und wringe es aus. Ich werde es gleich noch einmal waschen und auf einem Bügel über die Badewanne hängen. Ich liebe solche kleinen Arbeiten. Wenn es halb trocken ist, werde ich es ordentlich bügeln.

17

Veldhoen berichtete mir erst später von dem kleinen Knochen, den man im Kopf des spätmittelalterlichen Kruzifixes in der Antonius-Abt in Neerbosch gefunden hat.

Was das nun wieder war! Im Haar, mitten in der Dornenkrone, war ein zwölf Zentimeter tiefes Loch versteckt, in dem sich ein Knochenstückchen befand. Man hatte es an einer sorgsam ausgetüftelten Stelle im Schädel plaziert, in ein Stück Seide verpackt, das oben mit einer Schnur zusammengebunden war. Danach hatte man die kleine Grabhöhle mit einem Holzpfropfen verschlossen und luftdicht verleimt.

Von wem aber stammte dieser kleine sterbliche Überrest? Es hatte keine Erklärung dazu gegeben. Wer mochte das sein, der im Geheimen auf der ehrfurchtgebietenden Heiligkeit der Skulptur mitgesurft war und jahrhundertelang mit Kerzen und Blumen getröstet, angefleht und angebetet wurde? Als der Küster mir schließlich davon erzählte, zeigte er keine besondere Überraschung. Er schien mir vor allem sehr zufrieden damit, dass seine stille Kirche wieder bewohnt war.

»Da hängt er wieder«, hatte Veldhoen mit einer Art väterlichem Stolz gesagt. »Der lange Unnergot.« Ich verstand ihn nicht. »Der lange Unnergot?« Ohne den Blick von dem wieder am Kreuz hängenden Korpus zu lösen, sagte er: »Der Lange Unser Herrgott.« In einem Ton, als hätte ich diesen alten, allseits benutzten Kosenamen sofort erkennen müssen.

Wir standen im Eingangsbogen zur Kapelle, die Kirche im

Rücken. Veldhoen hatte an diesem Morgen unüberhörbar ein asthmatisches Problem. Neben mir war ein schnarrendes Keuchen zu hören, das nur aufhörte, wenn er etwas sagte. Als er mir vorhin beim Pfarramt die Tür geöffnet hatte, war mir stärker als beim vorigen Mal aufgefallen, wie sehr er gealtert war. Tief gebeugt war er mir zum Seiteneingang der Kirche vorangeschlurft. Sein körperlicher Verfall konnte die Geste nicht schmälern, mit der er mich hereinbat und die überall auf der Welt sagt: Dies ist dein Haus. Also war ich an ihm vorbeigeschlüpft, hatte rasch die Finger ins Weihwasserbecken getaucht, mich bekreuzigt und auf dem Mittelgang die Andeutung eines Knickses gemacht. Eine Form der Höflichkeit, die sich in nichts vom Füßeabstreifen und anständig Grüßen unterscheidet, wenn man irgendwo zu Besuch kommt. Dass das rote Lichtchen brannte, entging mir natürlich nicht. Was mir jedoch plötzlich mit schamloser Betrübnis auffiel, war, dass die riesige, mit all ihren Fenstern und Säulen emporstrebende Basilika so schrecklich weiß und still war und von allen Menschen verlassen.

Als ich mich umdrehte, sah ich zum erstenmal nach all den Jahren das Kruzifix, von der Seite, sehr fern und allein in der Kapelle unter dem hohen Kirchenschiff. Einsamer denn je hing die Figur wieder an ihrem Platz. Mein Herz machte einen Satz. Ich ging auf sie zu, näherte mich ihr und blieb stehen. Jetzt, da sie wieder dahing, sah ich viel deutlicher als neulich im SRAL-Atelier, wie knabenhaft die lange Gestalt war. Wie mager der Bildschnitzer ihn dargestellt hatte, mit eingezogenem Bauch und vorgestrecktem Brustkorb, an dem man die Rippen zählen konnte.

Veldhoen war mir gefolgt. Von seinem Keuchen begleitet, betrachtete ich die Figur eine Weile. Zwei Menschen betrachten, das weißt du auch, nie dasselbe. Ich betrachtete denjenigen, der, als alle gegangen waren an jenem Augustabend, bei uns geblieben war. Erst bei Rogier und mir zusammen, danach bei Rogier allein in der Nacht, nachdem alle Türen verschlossen waren. Was der alte Küster betrachtete, konnte ich nicht wissen. Blickte er auf den Sohn, der von einer erbarmungslosen Instanz hierher entsandt worden war, um Brot und Fisch zu mehren, Wasser in Wein zu verwandeln und in Gleichnissen zu sprechen? Oder sagte sein Blick nur: Ach, armer Junge. Es ging nicht anders, du musstest getötet werden, dafür bist du gekommen, das weißt du selbst.

Ich musterte ihn von der Seite, einen alten, geheimnisvollen Menschen. Die Ehrlichkeit seiner scharfen Gesichtszüge berührte mich. Ich dachte: Ja, das ist sicher möglich, sein ganzes Leben Messgewändern, Altardecken und Prozessionen zu widmen und dabei das Gefühl zu haben, dass es schon seine Richtigkeit hat mit Gott, ob man nun an ihn glaubt oder nicht.

So standen wir da eine Weile.

Dann hörte ich plötzlich, wie er sagte: »Also, da hab ich doch etwas gestaunt …« Und Veldhoen begann, mir die Sache mit der kleinen Reliquie zu erzählen. Ich hörte verwundert zu.

Eines Tages, erzählte er, habe der Restaurator ihn angerufen und berichtet, dass er die Skulptur, weil er sie kurz mal beiseite räumen musste, auf den Fußboden seiner Werkstatt gelegt habe. In der Lichtbahn eines an der Wand lehnenden Spiegels sei ihm eine Bruchlinie im Schädel aufgefallen. Ohne große Mühe, nur ein wenig Gefummel mit einer kleinen Schere, sei es ihm gelungen, das Loch im Kopf zu öffnen. Darin habe er ein grünseidenes Säckchen gefunden. Er habe es geöffnet. Ein Knöchelchen sei darin gewesen, ungefähr fünf Zentimeter lang, das man dort verborgen hatte.

Veldhoen und ich sahen einander an. Ich konnte wohl kaum verhehlen, dass ich die eigenartige Geschichte, die unvermittelt in meine eingedrungen war, nicht ohne weiteres verstand.

Wer hatte es gewagt, das zu tun?

»Oh, das kommt regelmäßig vor«, sagte Veldhoen, als läse er meine Gedanken. »In diesen alten Holzfiguren ist manchmal im Rücken oder hinter dem Herzen, am häufigsten aber an der vornehmen Stelle des Kopfes eine Reliquie versteckt.«

Ich nickte.

Während mein Blick fassungslos zum Kopf mit der Dornenkrone hochglitt, sagte Veldhoen: »Sie ist nicht mehr dort.«

Innerlich bereits etwas entgegenkommender, fragte ich: »Wo ist sie dann?«

»Weiß ich nicht genau. Vielleicht hier in der Universität. Dort wollen sie manchmal nach der Herkunft von so einer Reliquie forschen.«

»Also stammt sie von einem Heiligen?«

»Oder von der Person oder Sache, die dafür herhalten muss.«

Es schien, als träte ein Anflug von Vergnügen in seine Augen. Er lächelte und sagte, ob sie echt wäre, sei gar nicht so wichtig. Kraft erlange so ein kleiner Überrest mit der Zeit ohnehin, egal ob er von einem Menschen, einem Lamm oder einem Kaninchen stamme, und gelegentlich erlange er auch, ähm … hundertfache Kraft. Ja, das komme vor. Das zu leugnen habe keinen Sinn.

Ich lächelte ebenfalls, sagte kein Wort. Ich fühlte mich leer, wacher als nach einem bereits halb vergessenen Traum oder Alptraum. Während ich an der Seite des Küsters langsam zum Ausgang zurückging, glaubte ich für die Dauer jedes Schrittes, dass ein bis auf den heutigen Tag noch nicht bekanntes, geschweige denn beschriebenes Naturgesetz des Wunders existiert. In der Optik und der Astronomie, wo das seltene, aber allseits bekannte Phänomen des Wunders auftritt.

Aber jetzt, Liebling, bin ich draußen. Ein Pfad, eine dreiarmige Weggabelung und in der Ferne eine tapfere Mühle. Ich liebe den Spätsommer sehr, den Frühherbst, der einem alles mögliche verheißt. Ich versuche, mir dein Gesicht vorzustellen und deine Hände, es scheint mir zehn Jahre her zu sein, seit wir zusammen waren. Ich gehe über ein bereits enteignetes Stück Land, demnächst ein Wohngebiet, jetzt noch eine Blumenwiese mit späten Schmetterlingen. Hoch über meinem Kopf machen sich die Schwalben in den Süden auf, obwohl sie bereits wissen: Wir kommen zurück, wir sind uns ganz sicher. Stimmt es, dass man sich vor allem in dem sicher ist, was das Verständnis übersteigt? Es ist ein altmodisch goldener Tag. Ich habe größte Lust, dir einen Liebesbrief zu schreiben oder, noch lieber, ein durch den Äther fliegendes Telegramm wie in früheren Zeiten.

KÜSSE DICH INNIG STOP LIEBE DICH STOP KÜSSE DICH NOCH MAL STOP HABE DIR ALLES ERZÄHLT STOP ROSELYNDE

IV

Myrte

1

Es regnet. Wenn die Sonne Gold ist und der Mond Silber, dann ist der Regen das simple, handgefertigte Zinn. Während ich von den Schleusen wieder zum Seedeich hinaufklettere, denke ich über den Regen nach, der im Gegensatz zur Sonne und zum Mond das Werk der Erde ist, also etwas von uns. Ich gehe in meinen vom Veranstalter nachdrücklich empfohlenen Boxerstiefeln in Richtung des Dorfes Wijnaldum, wo eine früher ausgegrabene kleine Minerva-Figur im Namen der zweihundert Einwohner die lokale Geschichte erzählt, die alt und alles andere als stumpfsinnig ist. In mich selbst und in die wahren Wunder von einigen großen wasserbaulichen Gesetzen um mich herum versunken, kaue ich auf dem Brötchen herum, das ich nach dem Frühstück eingesteckt habe. Ich denke über die Figur nach und stelle sie mir in Luuks Händen vor, der sicher etwas über die stumpfen, ausgewaschenen Augen der kleinen Landesgöttin herausfinden will.

Es ist noch früh am Morgen. Ich habe längst vergessen, warum ich diese Wanderung eigentlich mache, und folge dem sanft gebogenen Seedeich. Es ist Ebbe. Ich blicke vom teils offen daliegenden Küstenmeer, das sich nach Norden hin bis nach Dänemark erstreckt, auf das nasse kniehohe Gras und weiß noch nicht, auch das habe ich vergessen, dass ich nach zwei Hektometersteinen am Pumpwerk Ropta vorbeikommen werde.

Man fasst einen Entschluss, spielt keine Rolle, welchen, und bevor man weiß, wie einem geschieht, wird einem die ganze Angelegenheit abgenommen. Eine Ferne entrollt sich, in der alles tut, was es will, sich einfach vollzieht. Es hat etwas von einem Spiel, man darf mitmachen, es zu verstehen ist nicht nötig, ob man das nun merkwürdig findet oder nicht. Als ich letzte Woche das Faltblatt aufschlug und mir die zurückzulegende Strecke ansah, muss mein Blick bestimmt schon über den Namen Ropta geglitten sein und ein kleines Eckchen in meinem Gehirn, wie kurz auch immer, haben aufflammen lassen. Heute morgen betrachte ich das Weiß des Himmels, der dem blinden friesischen Dichter Hettinga zufolge weißer ist als der Himmel über Nowaja Semjla. Und denke nach über Jonas Ropta, der mit vierundsechzig aufhörte zu sterben. Ich denke auch nach über die nicht nur von Ropta selbst geäußerte Behauptung, das sei durch mich gekommen, Myrte, damals noch sehr jung.

Ich blicke zurück. Ungefähr hundert Meter hinter mir gehen ein paar ebenfalls in Stavoren aufgebrochene Leute, die den Küstenweg nach Lauwersoog einschlagen. Zwei von ihnen, Polen, sind im übrigen gar nicht in Stavoren aufgebrochen, sondern in Belfast, wo sie die Fähre genommen haben, um danach durch ganz Schottland zu wandern, mit dem Schiff nach IJmuiden zu fahren, über den Abschlussdeich zu gehen und sich uns ein Stück weit anzuschließen auf dem Weg nach Danzig, wo sie wohnen. Das hat die Teilnehmerin aus dem südholländischen Valkenburg, mit der ich mich gestern abend unterhalten habe, mir erzählt. Jetzt sehe ich, wie sie mit den beiden geht und redet, wobei sie eine Menge Armbewegungen unter dem Regenschirm hervor macht, sie spricht also offenbar etwas Polnisch. Obwohl ich gestern sehr nett mit ihr gegessen und getrunken habe und obwohl etwas in ihrer Art zu gehen mir in diesem Moment doch ziemlich bekannt vorkommt, weiß ich noch immer nicht mit Sicherheit, ob sie Gerdine ist. Gerdine Ropta war das einzige Kind wohlhabender Eltern, des aus dem friesischen Adel stammenden Jonas Ropta, Architekt, und von Rienie Langjou, deren Familie zum größten Teil in den protestantischen Cevennen wohnte. Ihr Haus am Rande des Marinefliegerhorsts Valkenburg, das auf der Rückseite einen Blick auf das flache Land hinter den Dünen bietet, auf dem Pferde laufen, habe ich wie meine Westentasche gekannt.

»Dieses Land macht richtig Appetit auf riesige Brotstücke«, mit diesen Worten hatte sich Gerdine, von der ich noch nicht wusste, dass es Gerdine war (und ich bin mir auch jetzt noch nicht ganz sicher), gestern mir gegenüber hingesetzt. Es war am Ende des Tages. Groß, robust, das Haar noch immer üppig, aber völlig grau, nahm sie an dem von mir gewählten Tisch Platz.

»Wollen wir Bier bestellen?« antwortete ich und hatte mein Leben der letzten vierzig, fünfundvierzig Jahre im Kopf wirklich nicht eins-zwei-drei geordnet.

»Ja. Und danach nehmen wir Fischsuppe, Schaf, Kartoffeln, Stachelbeerkompott, Arme Ritter und einen Koffeinfreien mit ein, zwei Beerenburgern.«

»Das ist doch nichts für dich, koffeinfrei«, murmelte ich.

»Ach …«, seufzte sie und grub beide Hände tief in ihr Haar. »Die Nächte …«

Unser Zusammentreffen, ohne jede Vorbereitung saßen wir einander genau gegenüber, hatte sich in einem Lokal mit Übernachtungsmöglichkeit im Hafen von Harlingen ereignet. Nach diesen paar Sätzen sagten wir beide nichts. Was man statt dessen tun kann, ist lauschen. Der von Stimmengewirr erfüllten Wirtsstube und dem Tuten der Schiffssirenen und dem Pfeifen der Züge, woraus wir sehr gut ableiten konnten, was in der Stadt, in der wir gelandet waren, zu sehen war. Ah! die Ankunft der Fähre von Enkhuizen, bei der als erste, wie überall, die Radfahrer sinnlos klingelnd über die gerade eben erst heruntergelassene Klappe von Bord gingen!

Wir beschlossen, die Stille zu durchbrechen, und begannen, wie es bei Reisen öfter vorkommt, rückhaltlos über unser jeweiliges Leben zu sprechen.

»Ich denke oft darüber nach, über das Verheiratetsein«, sagte genau in dem Moment, als die Suppe kam, meine Reisegefährtin. Obwohl es sich nicht gehört und Bedienungspersonal eine helfende Hand nicht immer schätzt, wandte sie sich zur Seite und nahm sich, noch bevor das Mädchen das Tablett senken konnte, der glühend heißen Teller an. Mit ihren breiten Händen ergriff sie erst den für mich, dann ihren eigenen. »Bist du's?«

»Ich schon«, antwortete ich. »Und du?«

»Gewesen«, sagte sie. »Mit einem Bariton, einem Meister des Liedes. ›An den Mond‹ hat er fast genauso schön gesungen wie der legendäre Bernard Kruysen.«

»Aha. Und jetzt?«

»Jetzt hab ich schon seit vielen Jahren einen Geliebten. Als Aussteuer hat er zwei Kinder und drei zukünftige Enkel mitgebracht.«

Zur Abkühlung auf unsere Löffel blasend, taten wir uns, ausgehungert nach den Kilometern, die wir von Waltingaleane aus bei Wind und Sonne zurückgelegt hatten, an der Suppe gütlich. Ich spürte, wie ich ganz sentimental und träumerisch wurde. Interessiert sah ich mich in dem gut besuchten Lokal um. Das Mädchen, das zwischen den Tischen umherging, um Pfeffer-Salz-und-Senf-Gestelle zurechtzurücken und Teller abzuräumen, fing meinen Blick auf, lächelte unbestimmt und rührte mich trotzdem! Vielleicht weil sie dachte, ich wolle sie ermahnen, drehte sie sich sofort um, um unsere Kartoffeln und das Fleisch zu holen.

Unser Tischgespräch kreiste weiter um die naheliegenden großen Lebensthemen. Einsamkeit, Männer, Frauen, Kinder oder Tiere, Hunde, Katzen, Pferde vor allem, ich weiß es nicht mehr genau, denn wenn es drauf ankommt, ist Essen dasselbe wie Arbeiten, man tut es und hält ansonsten den Mund.

»Ja ja!« fuhr ich einmal unbeherrscht auf, weil meine Reisegefährtin mich mit ihrer tiefen, suggestiven Stimme in eine Landschaft sog, die ich wohl von früher kannte, aber – wieso gerade sie? Dabei hatte sie lediglich festgestellt, dass Luuk und ich also zusammengeblieben waren.

Mein Ärger flaute schon wieder ab, und außerdem war ich todmüde, ich hatte, wie sie, koffeinfreien Kaffee genommen. Ruhig und durch diesen auf eigene Faust unternommenen Trip auf angenehme Weise aus dem normalen Trott gebracht, erzählte ich ihr, dass er und ich immer noch an unserer einst begonnenen Liebe festhielten, die uns beiden zusagte. Sie sperrte fragend die Augen auf. Ich erzählte ein paar Details und dass wir uns sähen, wann immer wir wollten, also recht oft. Nie würden wir uns scheiden lassen.

»Och, warum auch«, sagte sie. Sie griff nach der Flasche, die das Mädchen auf unserem Tisch hatte stehen lassen. »Nehmen wir noch einen?«

»Ich nicht.«

Sie hielt die Flasche mit dem Etikett ins Licht, so dass ich es sehen konnte.

»Nur achtzehn Prozent«, sagte sie mit einem spöttischen

Hochziehen der Augenbrauen, an das ich mich gut hätte erinnern können und wahrscheinlich auch erinnerte.

Als sie sich gemütlich umdrehte, um zu schauen, mit wem sie vielleicht sonst noch ein bisschen plaudern könnte, entdeckte sie die Polen an der Theke und stand bereits auf. Schnell noch, wie eine Tragödin zu mir vorgebeugt, die bernsteinfarbenen Augen aufgerissen: »Weißt du, ich habe mit ein paar Unterbrechungen immer zu Hause gewohnt.«

Stille meinerseits.

»Warum sollte man den Wohnort ändern, wenn es nicht nötig ist?« meinte sie noch.

Aber ich hatte keine Lust mehr auf eine Unterhaltung. Im übrigen ganz ihrer Meinung, ging ich auf den Flur hinaus, um die Wirtin zu suchen.

»Kann ich hier wirklich übernachten?« fragte ich sie. Der Veranstalter der Wanderung hatte links und rechts von der markierten Route Schlafplätze reserviert. Man konnte Gebrauch davon machen oder auch nicht.

»Gehen Sie ruhig rauf. Blaues Zimmer, gleich neben der Treppe zum Dachboden. Der Lichtschalter ist ganz weit unten.«

In der Nacht träumte ich von dem Haus am Oude Katwijkseweg in Valkenburg, das in meinem Traum nicht das von dem berühmten Architekten Kromhout entworfene Wohnhaus war, sondern ein beliebiges Gebäude. Ein großer Unterschied. Draußen stürmte es so stark, dass sich die Tüllgardinen vor den Fenstern bauschten. Die Türen hingen farblos in den Angeln, und weil sie alle offenstanden, konnte ich Mutter und Tochter Ropta von einem verlassenen Zimmer ins andere rennen sehen, um sich in dem Versuch, den Wind auszusperren, gegen die Rahmen zu pressen. Eine jener unwahrscheinlichen

Übertreibungen des Traums. In der realen Zeit, die ich dort gewohnt hatte, knarrte die alte Villa zwar gelegentlich in den Fugen, das schon, doch alles Holz war frisch gestrichen.

Am frühen Morgen wachte ich auf. Der Sturm brauste nicht mehr in meinen Ohren, doch das Haus spukte noch in meinem Kopf. Schritt für Schritt machte ich im Geiste ein paar Runden durch die Räume, in denen ich einmal, monatelang, so zu Hause war, als ob ich dorthin gehörte. Nach dem Empfinden der leicht verrückt gewordenen Familie Ropta war es eine zu kurze Zeit gewesen. Wo bist du denn auf einmal geblieben? Komm wieder! Komm notfalls nur für einen Tag! Komm für ein Stündchen! Gewisse Umstände können den Gastfreundschaft gewährenden Menschen zum Äußersten treiben. Wie aber konnte ein einundzwanzigjähriges Mädchen, das zwar ebenfalls leicht verrückt geworden war, sich im Herzen jedoch noch einen Rest Unwilligkeit bewahrt hatte, sich von einer intelligenten, intakten Familie so vereinnahmen lassen?

Ich gähnte, fand es noch sehr angenehm unter der Decke, zögerte jedoch. Auf einmal hatte ich das Gefühl, dass meine Uhr stand. Und dass alle anderen bereits mit der für heute geplanten Etappe von Karte E begonnen hatten oder, wer dem den Vorzug gab, der Alternative: Karte E 2.

»Was hast du vor?« rief ich, als ich meine Gefährtin von gestern gerade in die Mahagonidrehtür nach draußen treten sah.

Wie der Blitz war ich die Treppe hinuntergerannt, Rucksack auf dem Rücken.

2

Mitten in der Ebene liegt das Warftdorf des sagenumwobenen Beowulf. Was hat der gleich noch mal gemacht, und wann? Ich blicke mit einer mir selbst rätselhaften Ehrfurcht auf die sanfte Böschung, weiß ich doch, dass nichts, noch nicht einmal das kleinste bisschen von der Geschichte des Dorfes, zu dem ich heute wandere, auf mich überfließen wird.

Ich stecke die Hand in die Tasche meiner Regenhose. Darin ist der kleine Führer, vom Inhaber des Amsterdamer Café Schelling zusammengestellt und auf seinem Computer ausgedruckt, der mich auf meiner Wanderung begleitet. Die bis auf den Hektometer präzisen Karten sind herausnehmbar und groß genug gedruckt, dass man bei Regen die Lesebrille nicht hervorholen muss. Bei dem Pumpwerk dort hinten soll ich stracks nach rechts abbiegen, sagt der Führer, ich muss vom Watt weg ins Land hinein, das, als das Meer dreihundert vor Christus wieder einmal stieg, geschickt erhöht wurde, zuerst mit Mist und darüber dann eine ordentliche Schicht Grassoden.

Ich merke schon seit einer Weile, dass sie dabei ist, zu mir aufzuschließen.

Dann: »He, hallo!«

»Hallo!«

Wir lachen uns breit an und schweigen dann. Ich spüre, dass ich unter dem Regenschirm hervor intensiv gemustert werde.

Also frage ich: »Wieso bist du vorhin noch so schnell durch die Drehtür geschlüpft?«

»Ah! ich musste noch eben was in der Stadt besorgen. Was sind die Harlinger doch nett! Nachdem ich mir einen Nasenspray gekauft hatte, fuhr ein anderer Kunde mich, einfach als ich nach dem Weg fragte, in seinem Auto zum Deich, und nicht nur das, vorher auch noch schnell an dem Pfahl mit dem Steinernen Mann vorbei.«

»Okay ...« sage ich, nicht sofort im Bilde, wovon sie jetzt eigentlich spricht.

»Als ob das ganz selbstverständlich wäre.«

Während wir, das Meer nach wie vor zu unserer Linken, unseren Weg fortsetzen, erzählt sie mir, dass sie aus reiner Höflichkeit diesem Autofahrer gegenüber sogar bereit gewesen sei, den Januskopf von Caspar de Robles alias Steinerner Mann dreimal zu umrunden. »Der Mann hat behauptet, das mache man auch heute noch so, wenn ein Kind sich einen Bruder oder eine Schwester wünscht.«

»Erstaunlich ...«

»Vor allem wenn die Methode auch noch hilft!«

Beim Pumpwerk Ropta, das nicht als solches angegeben ist, biegen wir kommentarlos nach rechts, wie die Streckenbeschreibung es verlangt. Ich spüre, dass meine Gefährtin genau wie ich lieber weiter den Seedeich entlanggegangen wäre. In mich gekehrt, die Luken meines Inneren jedoch einen Spaltbreit geöffnet, leiste ich ihr Gesellschaft. Die Wahrheit, dessen bin ich mir inzwischen bewusst, ist, dass *ich* aus einer riesigen Familie stamme und sie ein Einzelkind ist. In meiner Erinnerung taucht ein Wutmoment auf, einst entstanden und keineswegs entschwunden, als Gerdine Ropta mit aller Kraft gegen eine Zimmertür trat, was meine ganze Aufmerksamkeit wachrief, und mir zuschrie, am liebsten würde sie die Köpfe von denen, diesen beiden! diesen Eltern! zusammen-stoßen.

»Als ob das zuviel verlangt wäre!!«

Wie ein Radio, das sofort voll aufgedreht wird.

Verblüfft hatte ich in ihrem plötzlich dunkelroten Gesicht eine Rage erblickt, einen blindwütigen Hass, der seinen Grund nicht allein in den immer so liebenswürdigen Mijnheer und Mevrouw Ropta-Langjou haben konnte. Übrigens auch nicht in ihrer Tochter, die mich während der Reiterferien in Polen schlichtweg verzweifelt ansah, wenn Pappi sie einmal *nicht* an-gerufen hatte.

Wir überqueren jetzt einen betonierten Radweg und da-nach eine Asphaltstraße. Der Regen kommt von Westen, der Wind bläst mit drei oder vier Windstärken auf der Beaufort-skala, schätzen wir, und der Himmel ist halluzinatorisch weiß. Vielleicht liegt es ja an diesem kreideweißen Himmel, dass wir uns, alle beide, eine Zeitlang recht wohl fühlen in dieser Halb-wirklichkeit, zu wissen, wer man ist und für wen man gehalten wird.

Wir sind wohl die halbe Strecke auf der Asphaltstraße ge-gangen, fünfzig Meter von uns entfernt ein zu einem moder-nen Gartenbaubetrieb umgebautes Gehöft, als einer von uns der Kragen platzt.

Verärgert: »Wird es nicht langsam Zeit, mich anzusehen, Myrte?«

Recht hat sie. Weil der Regen mir ins Gesicht schlug, hatte ich ihr Angebot, auch unter den Schirm zu kommen, ange-nommen.

Einen Augenblick lang stehen wir uns wie zwei Reisende in einer Landschaft gegenüber.

Dann kommen wir an dem nach allen Seiten hin um Nebengebäude und Scheunen erweiterten Gehöft vorbei, das, sehe ich, ROPTA STATE heißt.

»Ich weiß sehr wohl, dass du's bist«, sage ich leise zu Gerdine.

Als wir ins Dorf kommen, merken wir, dass es ein kleiner, zufriedener Ort ist mit Friesengiebeln an den Häusern. Rechts vom Zentrum wird gegraben. Ich erkenne das natürlich sofort, aber Gerdine blickt erstaunt auf einen bis zu den Schultern in einer Erdgrube arbeitenden Mann. Sie möchte wissen, was er da macht.

»Die Warft ist in großer Gefahr«, erzählt er ihr. »Leder und Holz findet man hier schon nicht mehr.«

Gerdine runzelt die Stirn und beißt sich auf die Unterlippe. Ich weiß, das kann zweierlei bedeuten: sich das Lachen verbeißen oder ernsthaft über etwas nachdenken. Letzteres heißt dann in der Regel: sich einen Plan ausdenken, einen anderen mit Nachdruck zu etwas überreden.

»So was aber auch«, sagt sie. »Leder und Holz ... weg?«

»Fast vollständig. Jetzt, wo die moderne Dränage das Wasser aus dem Lehm zieht, hält sich dieses organische Zeugs nicht mehr.«

Vorgebeugt unter unserem Regenschirm starren wir den Mann noch einen Moment an. Dass es nicht mehr regnet, ist uns gar nicht aufgefallen. Der zu uns hochblickende Ausgräber erzählt uns, weil das Land im Winter heutzutage oft brachliege, hätten Regen und Wind schon mindestens zwei Meter von der Warft weggeschlagen.

»Oh!« »Wie dramatisch!« sagen wir.

»Ja, das ist dramatisch. Das gesamte neunte bis einschließlich dreizehnte Jahrhundert ist auf diese Weise bereits verschwunden.«

Wir blicken auf die kleine Schaufel, die der Mann in der Hand hält. Und auf die Scherben, die am Rand der Grube abgelegt sind.

»Tja, und wie soll man die wiederkriegen«, sagt Gerdine, süß-biestig wie vor fast einem halben Jahrhundert.

Wir verabschieden uns und gehen weiter. Wie friedlich es hier ist. Amseln singen in den Bäumen, die immer noch frisch und grün sprießen, wir haben April. Eine Katze geht, sich umschauend, über die Straße. Jetzt, da der Regen aufgehört hat, bekommt der Himmel wieder Farbe, nicht viel, nur ein paar rosa Flecken. Wir beschließen, in einem Café einzukehren, dessen Fassade unter nassem Efeu versteckt ist.

»Was darf's sein?«

Schon während wir Kaffee und Törtchen bestellen, sehe ich an der Serviererin vorbei in dem Raum hinter der Kasse einen kleinen Burschen über den Fußboden krabbeln. Eines seiner Beinchen ist vom Gitterwerk einer Metallschiene umschlossen. Vier, fünf Jahre alt dürfte er sein, und er macht einen zufriedenen Eindruck. Dass ich sofort an meinen kleinen Bruder Wouwou denken muss, ist kein Wunder. Von meinen Geschwistern, sieben Brüder und drei Schwestern, war der mehrfach behinderte, debile Wouwou (geboren als Wouter Jan Maria) das liebenswerteste. Nicht nur ich fand das und nicht nur meine Brüder, Schwestern, Vater, Mutter, Onkel und Tante fanden das. Auch Gerdine fragte immer gleich, wenn sie zu mir nach Hause kam: »Ist Wouwou da?« Womit nicht ohne weiteres zu rechnen war, denn wenn ich sage zu Hause, dann meine ich nicht das heruntergewohnte Schleusenwärterhaus in Voorburg, wo Wouwou wohnte und woher auch ich eigentlich stammte. Zu Hause war für mich, schon seit meinem siebten Lebenstag, die Wohnung an der Vaillantlaan in Den Haag, wo Tante Elly, Onkel Fons und ich das Besteck nach dem Abwasch immer schön aufgereiht, Rücken zur selben Seite, in einer mit blassblauem Samt ausgekleideten Schatulle verwahrten.

Ich weiß, dass Gerdine beobachtet, wohin ich hinter dem Rücken der Serviererin schaue.

Sie weiß, woran ich denke, aber nicht, was ich fühle: Ich bin siebzehn.

Siebzehn.

Als ich meine Freundin zum erstenmal bei mir zu Hause empfing, war mein kleiner Bruder gerade bei uns. Das geschah ganz regelmäßig. Wouwou, das hatte meine Mutter so halbwegs begriffen, war mein Stückchen Kinderliebe, der kleine Blutsverwandte, mit dem man Puppen spielen, dem man durch die Locken wuscheln und den man so herrlich knuddeln konnte. Mein Onkel und meine Tante freuten sich übrigens auch immer wieder über den Besuch des zarten Jungen, sehr klein für sein Alter, der von jedem automatisch auf den Schoß genommen wurde. Er kuschelte sich ein, verströmte seinen unglaublich guten, süßen Geruch und starrte einen verwundert, aber ohne das geringste Verlangen an oder nickte ein. Meine tiefste Beziehung zu dem Nest, aus dem ich komme, war die zu dem elf Jahre jüngeren Bruder, der schon gleich bei seiner Geburt eine der schrecklichsten Katastrophen verkraften musste, die einem zustoßen kann, Sauerstoffmangel.

»Gib mir das Kind!«

Gerdines Stimme. Als sie unser Wohnzimmer in der Vaillantlaan das erste Mal betrat. Sie trug einen dicken roten Mantel. Man konnte sehen, dass sie auf dem Weg zu unserem

Appartementhaus durch den Graben der neuen Kanalisation gewatet war. Um ihre Stiefel – sie war, völlig baff, in der Tür stehengeblieben – bildeten sich Schlammwasserpfützen, die Onkel Fons flüchtig durch seine Brille hindurch taxierte. Nachher schnell mit dem Tuch drüber und fertig. Im nächsten Moment hatte Tante Elly den roten Mantel im Arm aufgefangen, und Gerdine hockte Knie an Knie vor Onkel Fons in seinem bequemen Sessel und schnappte sich Wouwou aus seinen Armen, ihre Wange bereits an der Wange des kleinen Jungen, dem von Natur aus alles recht war.

Wouwou – ich lege Wert darauf, mich hier und jetzt wahrheitsgemäß daran zu erinnern – Wouwou mochte zwar körperlich und geistig schwer beeinträchtigt sein, verkrüppelt und im höchsten Grad schwachsinnig, aber er war das niedlichste Kind, das ich je gesehen habe.

Als meine Wunscheltern an jenem Tag aus dem Haus gegangen waren, kam unser Gespräch auf mich.

»Wie haben sie das nur tun können?« flüsterte Gerdine. Sie spielte mit dem Haar des kleinen Jungen, der auf ihrem Schoß eingeschlafen war, sah mich dabei aber irritiert und beunruhigt an. Sie konnte meine private Situation nicht einordnen.

»Ach, halt so.«

Ich ließ den Blick durch das Zimmer schweifen, dessen Ordentlichkeit mir sehr lieb war.

»Wie?«

»Meiner Mutter waren sieben Kinder mehr als genug in diesem …«

Ich bückte mich, um nach einer unserer Katzen zu greifen, ich wollte auch etwas auf dem Schoß haben.

»Ja?«

»… in diesem Irrenhaus, das sie führte. Da passierte immer

314

alles mögliche, das kannst du dir gar nicht vorstellen. Sie hatte ihre eigenen Kinder, jedes Jahr ein neues, und sie hatte die von der Wohnwagenschule, die ihr Mann leitete. Das macht er übrigens heute noch. Die Schüler meines Vaters gehen in seiner Dienstwohnung, dem Schleusenwärterhaus, das man im letzten Moment doch nicht abgerissen hat, ein und aus. Die finden das völlig normal. Die sitzen bestimmt auch jetzt, in diesem Moment, in unserem Wohnzimmer und machen unter der Aufsicht meiner Mutter ihre Rechenaufgaben. Wenn mein Vater es für notwendig hält, dann ziehen sie sogar bei meinen Eltern ein, es gibt Stockbetten genug. Das ist dann angeblich nur für ein paar Tage, aber meistens läuft es darauf hinaus, dass sie in meinem ohnehin chaotischen Elternhaus monatelang bleiben und alles noch mehr auf den Kopf stellen.«

»Oh!«

»Hunde und Katzen dürfen sie mitbringen, wenn sie wollen.«

»Oh!«

»Ja. Als ich vorige Woche da war, machte meine Mutter gerade ihren Mittagsschlaf, in einer Hängematte, die sie hinter den Kleiderregalen auf dem Dachboden aufgehängt hat.«

Gerdine wiegte meinen Bruder und automatisch sich selbst. Ihr Hinterkopf schirmte das bereits rote Sonnenlicht ab, wodurch ihr Haar wie von einer Strahlenkrone umkränzt schien. Ihre Lider sanken schläfrig herab. Doch ich spürte, wie fordernd ihre Aufmerksamkeit auf mich gerichtet war.

»Außerdem«, fuhr ich deshalb fort, »bot ich, die überzählige Nummer acht, meiner Mutter eine ausgezeichnete Gelegenheit, endlich ihre Schwester Elly, meine Tante, ein für allemal zu trösten.«

Als könnte ich mich selbst daran erinnern, skizzierte ich für

Gerdine das Bild meiner Tante Elly, wie sie eines Tages, am Tag meiner Geburt, im eis- und schneereichen Dezember frustriert und tief unglücklich der ewigen Wöchnerin gratulieren ging. Sie nimmt die 10 zur Klinik Frankenslag am gleichnamigen Park, alles ist dick verschneit. Sie kommt in den Saal. In ihren Ohren noch das Geschrei einer Gebärenden, hinter einer Tür am Flur, auf das sie trotz allem irrsinnig neidisch ist. In ihren Ohren ebenfalls der aus tiefster Seele erteilte Rat einer schon wieder herumlaufenden jungen Mutter in Richtung dieser Tür: »Nicht schreien, dummes Ding, pressen!« Und dann, im Saal: Sie sieht meine Mutter und neben ihrem Bett, auf einem Untergestell mit Rädern, eine rechteckige Wiege aus Metall mit so einer Längsstange wie bei einer Werkzeugkiste, die man sofort packen könnte, um damit wegzulaufen. Mehr als ein Blick auf mich war nicht nötig. Das Baby. Das hatte sie ohnehin auf der Netzhaut. Steif vor Ratlosigkeit, bebend ob ihrer Kinderlosigkeit, hat sie ihre Schwester im Wochenbett mit Blicken angefleht. Sie hat meine Mutter nicht umarmt, keine Rede davon, sie ist stehengeblieben, zu unmittelbarem Handeln bereit, und hat dann, stoßweise, genau dieselben Worte gerufen wie vorhin du, Gerdine!

Die blieb einen Moment lang still. Dann, flüsternd: »Und danach kam doch noch dieser hier.« Ihr Mund an Wouwous Ohr.

»Ja. Und zwischen mir und ihm noch zwei andere.«

Wir sehen die Schnauze eines Taxis auftauchen. Es biegt in die ansteigende kleine Straße ein, auf die unser Café blickt. Es fährt langsam genug, um mich auf eine Idee zu bringen. Warum nicht auch noch die alternative Wanderetappe von Karte E 2 machen? Zeit genug, wenn wir uns fahren lassen.

»Wollen wir ihn anhalten?« frage ich, schon aufgesprungen, Gerdine.

»Meinetwegen, aber hintendrin sitzt schon jemand.«

Der Taxifahrer verringert, sobald er mich aus dem Café stürmen sieht, seine Geschwindigkeit genügend, um feststellen zu können, ob ich etwas von ihm will.

»Können wir mit Ihnen zurückfahren zum Seedeich bei Hektometerstein 4,7?«

Höflichkeitshalber schaue ich durch das offene Fenster nicht nur zum Fahrer, sondern auch zu dem Fahrgast auf der Rückbank, und kneife vor Schreck die Augen zu: oh! Der Mann, leichenblass, umfasst mit einer Hand seine geschwollene feuerrote Gesichtshälfte. Er nickt trotzdem. Nichts dagegen.

Gerdine setzt sich nach vorn. Sie hat im Café schnell bezahlt und ist sehr zufrieden mit dieser Entwicklung des Tages, das kann ich sehen. Ich nehme neben dem Mann Platz, der auf dem Weg nach Seisbierrum ist, zu einem Nottermin bei seinem Zahnarzt, so erzählt der Fahrer, um uns den Umweg nach Nordosten zu erklären. Voller Respekt vor anderer Leute Elend verzichte ich darauf, den silberweißen Himmel über dem Polder zu bejubeln, silberweiß wegen der Sonne, die gern durchbrechen würde.

Wir fahren über eine dreiarmige Weggabelung von Muschelwegen, an sich eine Augenweide. Doch der Mann neben mir, steif vor Schmerzen, stöhnt dann und wann, und das schafft eine nicht unverbindliche Beziehung. Ihm wortlos Gesellschaft leistend, danke ich derweil dem Zufall, der diese von dem Amsterdamer Kneipenwirt für seine wählerischen Stammgäste zusammengestellte Exkursion mir so freundlich zugespielt hat. Das Faltblatt war unter der an Luuk adressierten Post gewesen. Post, die noch immer am Amsteldijk eintrifft und meist von lange vernachlässigten Absendern stammt, die keine Umzugsbenachrichtigungen erhalten haben.

Und dann öffnet man so ein Poststück eben und setzt die Brille auf. Dazu hat man manchmal Lust.

Wir sind da. Der Fahrer hat vor allem zum Schluss aufs Tempo gedrückt. Jetzt hält er bei der angegebenen Adresse, zieht die Handbremse an und hilft seinem gemarterten Fahrgast aus dem Auto. Auch wir steigen aus, wie man es macht, wenn man zusammen etwas erlebt hat und der Abschied gekommen ist. Der Fahrgast zahlt schnell. Obwohl er keine Minute zu verlieren hat, dreht er sich noch mal rasch zu mir um und ergreift mit derselben Hand, mit der er seinen Schmerz umfasst hat, meine Rechte. Ich habe seine Abschiedsworte kaum erwidert, da läuft er schon über den Kieselweg auf die automatisch aufgesprungene Haustür der Zahnarztpraxis zu. Was ich gespürt habe und noch immer spüre, sind seine Zahnschmerzen, vor allem aber seine flehentliche Bitte: Gott- (oder notfalls: Liebe Reisegefährtin)-steh-mir-bei! Ich verstehe ihn, ich bin ihm verwandt. Das weiß ich, ohne dass ich irgend etwas zusammenphantasieren müsste. Auch ich gehöre zu jenen, bei denen die Angst vor der Zange des Wundarztes elenderweise überhaupt keine Notiz von der Erfindung des wassergekühlten Bohrers genommen hat.

Der Motor läuft noch. Wir steigen ein, diesmal beide hinten.

»Noch einen Moment, und die Welt lacht ihm wieder zu«, meint der Taxifahrer nachdenklich, er muss ein Menschenfreund sein. Ich begegne seinem Blick, erst über die Schulter, er wendet gerade, dann im Rückspiegel.

Die Straße, die wir jetzt entlangfahren, liegt auf einem sich dahinschlängelnden Deich, der über Wiesen voller Stammbuchkühe wacht. Längst daran gewöhnt, überall Wasser zu sehen, mache ich doch eine Bemerkung darüber.

»Wieviel Wasser überall und wie viele Deiche!«

Die Augen im Rückspiegel blicken mich zustimmend an.

»Ja, was unseren Boden betrifft, verteidigen wir hier das Prinzip der Pluralität von Wasser und Land.«

Aha! Ich nicke und schweige.

»Der Mensch muss den Mut aufbringen, in zwei Welten zu leben«, lautet Gerdines Kommentar.

Der Fahrer denkt kurz darüber nach, das sieht man an seinem Rücken. Als er seine Meinung äußert, blicken die Augen im Spiegel nicht Gerdine, sondern immer noch mich an.

»Die Katastrophen, die dieses Land bedrohen, sind allgegenwärtig. Manche betrachten sie auch als allwissend, und das ist vielleicht gar nicht so abwegig. Sie bestimmen hier über jeden Einwohner und jede Kuh, jedes Schaf und vor allem jedes furchtsame Pferd. Nur die Fische, nicht wahr, die haben nie darunter zu leiden.«

Gerdine, nach einem Augenblick der Stille: »Schandtaten, sagt der Prophet, müssen sich vollziehen.«

»Ganz richtig, Mevrouw. Und diese Gewalten müssen wir dann wieder besänftigen und bewältigen.«

Ich frage: »Alle zusammen? Deiche bauen?«

Das Gespräch mit den mich direkt anschauenden, nach hinten blickenden Augen macht mir Spaß.

Nicken. »Hohe Schleusen bei Stavoren. Strenge Entwässerungsauflagen im gesamten Friesischen Busen. Wir halten hier sehr zusammen. Hochwasserkatastrophen betrachten wir nicht als Schicksalsschlag, sondern nur als etwas, das mit großer Wahrscheinlichkeit eintreten wird.«

Wieder sind wir angekommen. Dieses unüberschaubare

Land ist in Wirklichkeit klein. Der Fahrer hält an einer Steintreppe im Deich. Als ich ihn kurz darauf wegfahren sehe, winke ich, wider Willen wehmütig, dem kahlen Land und darin einem Auto zu.

Gerdine ist schon hinaufgestiegen. Sie steht mit dem Rücken zum Polder, dessen Namen wir beide sehr wohl kennen könnten, denn er steht in den Erläuterungen für die heutige Etappe.

»Findest du das hier schön?« fragt sie, als ich neben ihr stehe.

Wieder der weiß zugezogene Himmel. Die weiße reglose See und in der Ferne der Strich einer Insel. Das reinste Winterseestück. Was mir dabei vor Augen steht, wie mit einem kleinen Flugzeug über den Himmel gezogen, ist der Name der alten Familie, nach der die gesamte Gegend hier benannt ist.

»Natürlich. Wieso?« frage ich.

»Wenn's jetzt gleich einen Schneeschauer gäbe, mich würd's nicht wundern«, sagt sie.

»Ja, warum auch nicht. Wir haben April. Sag mal, was mir gerade einfällt, wir stehen hier nach der Karte in Roptazijl: Unternimmst du hier eigentlich eine Wallfahrt zu deiner Familie?«

Ich sehe, wie sich ihr Gesicht umwölkt, sehr viel älter wird, dadurch komischerweise jetzt aber mehr Ähnlichkeit hat mit früher.

»Die bewirtschaften das hier schon seit Jahrhunderten nicht mehr«, sagt sie, giftig, als müssten sich ihre toten Urgroßväter und -mütter schämen, dass sie bei ihrer Einverleibung ins Königreich der Niederlande ihren eigenen Abstieg nicht verhindern konnten.

Ich sehe einen Vogel mit riesigen Flügeln vorbeisegeln. Ich

tippe auf einen Basstölpel. Gerdine, das spüre ich, ist hier mit etwas aus ihrem Leben konfrontiert, vielleicht ist es auch ihr gesamtes Leben, das sie in diesem Moment intensiv beschäftigt. Es bricht sie auf, macht sie weich, ich spüre, wie eine ganze Serie schnell wechselnder Emotionen neben mir abläuft. Ich will gerade sagen: »Was für ein Mordsding von einem Vogel! Siehst du, wie er da rumsegelt? Siehst du den Basstölpel da?!« Als ich merke, dass sie mich in etwas einbeziehen will.

Sie macht einen Schritt bis direkt vor meine Nase. Leidenschaftlich, voller Rührung ob des gewaltigen Ereignisses, sagt sie: »Also, sie haben dich einfach an der Kliniktür weggegeben?«

Sie scheint es noch fabelhafter zu finden als damals, als ich es ihr, vor langer Zeit, erzählte. Zwei Taxis hatten gewartet, von denen jedes in eine andere Richtung fahren würde.

»Ja und?« sage ich.

»Auf der Straße? Decke über deinen Kopf gezogen, es hat ja geschneit?«

»So ist es.«

Ich schlage vor, wieder landeinwärts zu gehen, in Richtung des Nachtquartiers in Liauckamastate, ein Gut, das man dem Wirt vom Café Schelling zufolge durch ein Tor mit einem Satteldach voll ein und aus fliegender Tauben erreicht. Übernachten! lautet seine Empfehlung. Gute Bar, gute Küche, herrlich weiche Betten!!

Daneben steht ein kleines Zeichen, das ich erst am späten Abend verstehen werde.

3

Etwas Sentimentales hat sich zwischen uns eingeschlichen. Während wir den Deich hinuntersteigen, frage ich mich, was es ist. Der alte Familienname scheint Gerdine jedenfalls deutlich weniger aufzuwühlen als der Schneeschauer, in dem ich einst von einem Paar Arme in ein anderes gelegt wurde.

Und das: »Viel Glück.«

»Ich danke dir.«

Das die beiden Schwestern, kurz und knapp, aus Angst vor gefährlichen Emotionen, zueinander gesagt haben.

Worauf die eine, das Baby an sich gedrückt, eilig ins Dunkel eines Taxis gesprungen ist. Ihre Männer? Mein Vater und mein lieber Onkel Fons? Sie sind dabeigewesen. Darüber ist mir nichts erzählt worden, aber ich weiß es auch so. Sie waren Zeugen des intimen Transfers. Sich etwas abseits haltend, haben sie ihre Frauen gewähren lassen, zustimmend, und sind nach einem Händedruck, so stelle ich mir vor, auch schnell eingestiegen, denn nicht nur die Situation, auch das Wetter war danach. Die Schwager haben sich gegenseitig immer respektiert und sind als angeheiratete Verwandte problemlos miteinander umgegangen. Ich habe das oft genug erlebt. Vater und Onkel Fons, der sich auf sehr natürliche Weise in seiner Onkelrolle wohlfühlte, saßen während der nicht abreißen wollenden Geburtstage im Voorburger Schleusenwärterhaus oft beieinander. Sie tranken Bokma-Genever und schoben die gleichen Banderolen von ihren Zigarren. Ich denke, mein Vater genoss die Gesellschaft meines verlegenen Onkels mit der großen Nase, der großen Brille und dem schnaufenden Atem genauso wie ich. In diesem Punkt glichen er und ich uns völlig.

»Sag mal, junge Dame«, sagte mein Vater bei einer solchen Gelegenheit einmal zu mir, »kannst du mal blitzschnell für mich zum Briefkasten sausen?«

Es war fünf vor sechs. Die Frage wurde im Gartenzimmer gestellt. Das niedere Fenster, von einem tiefblauen Himmel ausgefüllt, stand offen und war mit seiner Fensterbank für ein Kind, das sich sonst nie beeilt, dieses eine Mal aber schon, zum Hinausspringen äußerst praktisch. Während ich an der Schleuse entlangrannte, sah ich mich, vielleicht mit einer Miene von: seht ihr?, nach Onkel und Vater um. Die mich natürlich schon längst nicht mehr beachteten, sondern möglicherweise zueinander sagten: »Die geht immer am liebsten ein paar Schritte hinter uns her.«

»Oh ja?«

»Ja, ganz komisch. Die geht von Natur aus langsam.«

Jetzt, während ich mit Gerdine den Deich hinuntersteige, beweise ich wieder einmal, wie richtig diese Worte meines tief betrauerten Onkels Fons waren. Auf unserem langsamen Abstieg stapfen wir durch eine Schafsherde, bei der die Muttertiere wie in einer gut einstudierten Gymnastikübung alle gleichzeitig Gras, Klee und Feldsalat fressen und die Lämmer saugen und umherspringen. Dann sind wir unten und müssen uns zwischen einer Asphaltstraße, einem Radweg und einem Grasweg entlang eines Wassergrabens entscheiden.

»Mal eben auf die Karte schauen?«

»Gut.«

Gerdine zieht den Kartenausschnitt für diesen Tag hervor. Ich blicke auf ihren runzligen Zeigefinger und werde mir bewusst, dass ich im Gegensatz zu ihr völlig hin und weg bin von der Präzision, bis auf den Hektometer genau, mit der die Karten E und E 2 meine Erinnerung an den sterbenden Architekten entfacht haben, der wieder ins Leben zurückgekehrt war, um schließlich doch, endgültig, zu sterben. Jonas Ropta! An diesen Namen habe ich sowohl beim Pumpwerk, dem modernen biologischen Versuchsbauernhof wie überhaupt in dem gesamten Gebiet, in dem seine Tochter und ich uns jetzt befinden, sehr intensiv gedacht. Und von dieser Erinnerung ging jedesmal etwas Sanftes aus. Ein Restchen Glück. Ein absurdes, nachdrückliches Stückchen Glück, das ich bis auf den heutigen Tag aus meinem Herzen nicht habe entfernen können und im übrigen auch nicht entfernen wollen.

»Woran denkst du?« fragt Gerdine, als wir entlang dem Wassergraben weitergehen.

»An deinen Vater.«

»Oh. Und woran genau?«

Ich bleibe kurz stehen, um nachzudenken. Um zu denken: Verliebte Mädchen gehen nicht zu Fuß, die fliegen. Denn ich glaube, ich bin auch damals, an jenem Tag, gerannt.

Der Schnee des Jahres hatte zu fallen begonnen. Wahrscheinlich weil er der einzige bleiben sollte, legte er sich so gewaltig ins Zeug. Dicke Flocken klebten an den Wimpern der einundzwanzigjährigen Schwesternschülerin, die von der Wohnung in der Vaillantlaan zum Leyenburg-Krankenhaus rannte. Nicht, um ihn zu besuchen. Ich wusste nicht einmal, dass der Vater meiner Pferdefreundin dort lag. Ich eilte dorthin, um angeblich – denn warum hatte ich es dann so eilig? – von einer älteren Mitschülerin, die ihre Prüfung bereits hinter sich hatte, zu hören, wie es ihr im Beruf gefiel.

Von unserer Wohnung zu diesem Krankenhaus ist es nur ein Katzensprung. Mir offenbar doch noch zu weit. Also Beeilung! Beeilung im Schnee, dieser zauberhaften Materie, die die ganze Welt in ein unbeschriebenes Blatt verwandelt, das leise um neue Buchstaben bittet. Ich atmete tief durch den Mund ein und aus. Die hereinfliegenden Flocken schluckte ich hinunter. Sogar der Schnee schmeckt in Den Haag nach Meer. Am liebsten hätte ich die Arme ausgebreitet. Ohne auch nur die leiseste Ahnung davon zu haben, war ich auf dem Weg zu einem Mann, den ich zwar kannte, aber schon eine ganze Weile nicht mehr gesehen hatte. Als Schwesternschülerin war man in jener Zeit Interne. Ein übervoller Stundenplan hielt einen im ersten Jahr von fast jeder anderen Beschäftigung ab. Aber das war mir egal. Ich sehnte mich nach den Kranken. Selbst in den ersten drei Monaten, die aus nichts anderem bestanden als Anatomie, Pathologie, Verbandskunde, Hygiene, christlicher Lebenslehre, Medizinethik, Geschichte der Krankenpflege, den sozialen Hintergründen des kranken Menschen, Ernährungslehre, Lebenskunst und der Unterrichtung im Musikhören, sogar in dieser schwindlig machenden Lehrzeit sehnte ich mich nach nichts anderem als dem persönlichen Kontakt mit den Kranken.

»Schwester Myrte, ist etwas mit Ihrem Daumen?«

Entschuldigung! Ich schoss im Unterrichtsraum hoch, setzte ein aufmerksames Gesicht in Richtung Dozentin auf, blieb aber in Gedanken, wo ich war. Ich hatte bis dahin kaum mit Bettlägerigen zu tun gehabt. Das mag eigenartig klingen. Doch von meinen Brüdern, Schwestern und den Wohnwagenkindern war nie jemand krank, und auch Onkel, Tante, Vater und Mutter fand ich im Bett nie anders als zum Schlafen vor. Wouwou war auch keine richtige Ausnahme. Er lag manchmal mit offenen Augen auf seiner Decke, doch seine Missbildungen und seine Stummheit wurden von keinem von uns als Krankheitssymptome betrachtet. Sie waren sein Geheimnis, sein Charakter, von uns voll und ganz respektiert und mit Achtung behandelt, und sind, was mich betrifft, der Ursprung meiner Einstellung zum Leben. Mehr gibt es dazu nicht zu sagen.

Das Leyenburg ist wirklich ein großes Krankenhaus. Viel größer als das, an dem ich ausgebildet wurde. Es dauerte ein bisschen, bis ich die bereits im Beruf stehende Freundin, sie hieß Elsbet, im Schwesternzimmer im dritten Stock ausfindig machte. Sie saß ganz allein da und aß einen Mohrenkopf, sprang aber sofort auf.

»Myrte! Möchtest du mal abbeißen? Was machst du hier?«

Sie drehte sich rasch um und schaltete das Transistorradio aus. Das war hier bestimmt nicht erlaubt.

»Ich will mit dir auf deine Station.«

»Knochenbrüche«, nickte sie. »Blinddärme, Magenoperationen, Gallenblasenentfernungen. Chirurgie kommt immer als erstes. Damit fängst du demnächst auch an.«

Ich wandte mich von ihr ab, hatte den Schnee und die Ungeduld noch keineswegs abgeschüttelt.

»Gut, gehen wir.«

Ohne dass mein Entzücken auch nur etwas gedämpft worden wäre, ging ich neben Elsbet den Flur entlang. Ihre Füße waren schnell, obwohl sie nicht so aussahen. Links und rechts standen die Türen offen und gaben den Blick auf die Kranken frei. Oh, ich war bereit, körperlich, geistig, instinktiv! So im Vorbeigehen sahen die Säle wie hohe, helle, breite Käfige aus. Ihnen entströmte ein Geruch, der an Zitrusfrüchte erinnerte. Ohne auch nur im Ansatz den Rhythmus unserer Schritte zu verlangsamen, bog Elsbet unvermittelt in einen Seitengang ein, als hätte sie fast etwas vergessen.

»Eben mal eine Infusion wechseln.«

Ich nickte, als ob sie meine Erlaubnis erbeten hätte. Über den Seitengang und eine Treppe lief ich schnurstracks mit ihr zu dem Zimmer, in dem Jonas Ropta unter drei sich bewegenden elektronischen Kurven, eine für den Herzschlag, eine für den Blutdruck, eine für den Sauerstoffgehalt, auf mich wartete.

Inzwischen sind wir schon wieder ein Stück in südwestlicher Richtung vorangekommen. Meine Beine wollen noch, aber am liebsten in ihrem eigenen Tempo. Ich bekomme allmählich große Lust auf dieses Satteldach mit den ein und aus fliegenden Tauben. Es gab einmal, vor langer Zeit, eine Periode, in der ich regelmäßig unter dem Gurren und Rumoren von Tauben geschlafen habe. Heute weht ein leichter Wind. Als wir uns den Obstbäumen nähern, fliegen uns die weißen Blüten nur so entgegen. Der Schnee leistet mir noch immer Gesellschaft, denke ich kurz, doch als ich zu Gerdine schaue, sehe ich, dass sie fast wie ein Mädchen im Brautschmuck aussieht, trotz ihres Alters.

Ihre Frage, verrät mir ihr Gesicht, steht noch immer zwischen uns.

»Ich denke daran, wie allein er dort lag«, antworte ich. »So schrecklich einsam, und niemand bei ihm.«

Oh je, wie halsstarrig ein vergangener Moment sich doch an seine erste Version halten kann, obwohl er weiß, inzwischen sehr wohl wissen müsste, dass Jonas Ropta von seiner Frau und seiner Tochter mit der verzweifeltsten Treue im Krankenhaus besucht wurde. Wie er von den beiden umsorgt und fast schon magisch beflüstert und beschworen wurde, nicht zu sterben, sich der ewigen Nacht nicht zu ergeben! Hör zu, hör zu … hypnotisierten sie ihn, ihren Mund an seinem Ohr, bald bist du wieder zu Hause, dann schneiden wir dir die Haare, dann frühstücken wir wieder auf der Terrasse, dann gehen wir alle zusammen im Supermarkt einkaufen. Wolltest du nicht noch in Venedig, Istanbul und New York den Lichteinfall auf Brücken, Türme und Regierungsgebäude studieren? Das machen wir, Pappi. Und hast du etwa den Entwurf des Märchengebäudes vergessen, der zwischen den Zeichnungen an der Wand deines Arbeitszimmers hängt, am Ufer eines großen Wassers im Osten …? Rienie und Gerdine – ich habe das hinterher von allen auf der Station gehört – hätten ihr Leben für seins gegeben, wäre das möglich gewesen.

Gerdine bleibt still. Abwägend neigt sie den Kopf von einer Schulter zur anderen. Ich weiß nicht, ob sie, verärgert, gleich sagen wird: Was soll das jetzt, Myrte?

Mit einer Stimme, in der ich noch ein Restchen wütender Liebe höre, aber in eine vor nichts zurückschreckende Willenskraft umgebogen, sagt sie: »Ich werde nie vergessen, wie froh Mama und ich waren, als wir dich bei ihm fanden. Du hast ihn auf den Mund geküsst.«

»Ich weiß«, sage ich.

In Gedanken aber bin ich noch bei dem etwas früheren Moment, als ich in einer eigenartigen Stimmung, noch atemlos vom Rennen durch den Schnee, kurz davor stand, zu einem Schwerkranken zugelassen zu werden. Eine Gegenwart, die einen wegen der Schwächen und Ängste des Patienten gleich sehr nah herankommen lässt. Hinter Elsbet betrat ich das Zimmer des Privatpatienten.

Ich erkannte ihn nicht, nicht sofort. Zum einen, weil ich

wegen meiner Ausbildung eine ganze Weile nicht bei Gerdine zu Hause gewesen war. Meine Ausritte mit ihr durch die Dünen und am Strand hatte ich ebenfalls vernachlässigt. Aber auch in der Zeit, als wir dicke Freundinnen waren und ich bei ihr aß und manchmal auch übernachtete, war ihr Vater immer jemand gewesen, der nur kurz auftauchte, durchs Zimmer ging, um etwas zu holen, uns zulachte, zuwinkte und bei Tisch auf der lichtabgewandten Seite saß. Ich hätte sein Gesicht unmöglich beschreiben können. Wohl aber seine Stimme aus der Ferne des Treppenhauses oder des Flurs. Hallo, Mädels! Im Kellerschrank steht eine Mokkatorte für euch! Gerdines Eltern waren sympathische, gastfreie Menschen …

»Aber das ist ja Mijnheer Ropta …!« flüsterte ich schließlich, während Elsbet mit der Infusionsflüssigkeit beschäftigt war.

Ich hatte kein Auge dafür, wie fachkundig sie hantierte. Kein Bedürfnis nach irgend etwas Beruflichem. Erschrocken, aber leichten Herzens und sogar ein wenig entzückt blickte ich in das Gesicht eines Mannes, der eindeutig, auch für mein ungeübtes Auge, dabei war, seine letzten Stunden zu durchleben oder vielleicht seine letzten Tage. Wie bedachtsam er atmete im Schneelicht, das ins Zimmer fiel, so tief in sich verschlossen. Ich beugte mich über die Gitterstäbe am Fußende seines Bettes zu ihm vor.

Was könnte ich wohl für ihn tun?!

Ihm noch ein wenig Glück schenken?

Er erinnerte mich, ich konnte nichts dafür, an diese sehr alten, als vorweltlich bezeichneten, aber immer noch unter uns lebenden Tiere, die trotz geringer biologischer Abweichungen unbestreitbar mit uns verwandt sind.

»Non-Hodgkin«, teilte Elsbet mir mit, den Blick auf die drei Kurven des Meßgeräts am Kopfende des Betts gerichtet.

Ihre Sachlichkeit schmerzte mich sehr. Wie konnte sie statt des Namens Jonas Ropta so kühl, wenn auch in verneinender Form, den des Herrn aussprechen, der seine Krankheit entdeckt, deren Symptome wissenschaftlich beschrieben und als aussichtslos beurteilt hatte?

Sie merkte es.

»Man hat hier alles nur Mögliche getan«, sagte sie. »Und glaub mir: mehr als das. Sie sind mit der Behandlung bis weit über die Grenze dessen gegangen, was medizinisch sinnvoll und notwendig ist.«

Sie gab mir einen kurzen Bericht über die Gespräche der beiden Frauen mit den Hämatologen. Die leisen Diskussionen, sehr lang und hart, zwischen Mevrouw und ihrer Tochter. Ihr Hin- und Herlaufen in einem kleinen Sprechzimmer. Man hatte es in einem angrenzenden Raum auf der Station gut verfolgen können. Rienie und Gerdine Ropta lehnten es ab, sich in irgendeiner Form mit dem Meuchelmörder zu arrangieren, der sein Werk mit einer heimtückisch angeschwollenen Drüse im Nacken begonnen und mit zwei Drüsen in der Leiste fortgesetzt hatte.

»... denn zum Schluss kommt man doch an den Punkt, an dem man nicht mehr viel tun kann. Und man sieht, dass es auch jetzt wieder der Patient ist, der das, sehr viel früher als die Familie, begreift ...«

Fast völlig taub für ihre Worte starrte ich von der gelblichen Qualle am Infusionsständer zu Schwester Elsbet. Die Umgebung, in der Jonas Ropta sich befand, schien für sie ganz natürlich, normal, so kam es mir vor.

»Ich würde gern noch ein bisschen bei ihm bleiben«, sagte ich.

Sie kniff die Augen zu und lächelte.

4

In seinem Faltblatt hat der Wirt vom Schelling ein paar kleine
Zeichen verwendet, die etwas über unsere Ess-, Trink- und
Übernachtungsmöglichkeiten unterwegs verraten sollen. Ich,
kein Stammgast im Schelling, kenne mich damit im einzelnen
nicht aus. Jetzt, auf dem Weg zu meinem Zimmer, will ich dem
abhelfen. Ich drehe mich um und spreche einen Reisegefähr-
ten an, der mir zufällig im Treppenhaus folgt. Ich krame in
meiner Tasche und halte ihm das Faltblatt vor die Nase. Sagen Sie mir doch bitte … Mitten auf der Treppe. Nach einem
Abend, an dem es spät geworden ist. Müdegeredet für mein
Gefühl, mehr als müde sogar und ein bisschen betrunken.
Letzteres nicht nur für mein Gefühl.

Der Mann, ein Komponist – ich habe schon mal ein Stück
von ihm gehört, das so außergewöhnlich war, dass es in keinerlei Hinsicht etwas zu Gehör brachte, das ich gefühlsmä-
ßig verstand oder an das meine Ohren anknüpfen konnten –,
nimmt seine Lesebrille und nickt.

»Ja«, sagt er fürs erste.

Er starrt mich über seine Brille hinweg hilfsbereit an.

Dann: »Das sind solche alten, überlieferten Hinweiszeichen
aus der Zeit, als hier noch echte Fußgänger unterwegs waren. Wirkliche Tippelbrüder, die einen sicheren Blick hatten
und ihr Urteil über die Eingesessenen mit einem Messer oder
einem Stück Kreide an den Wänden von Häusern und Bau-
ernhöfen hinterließen.«

Ich nicke, um zu zeigen, dass ich davon schon mal gehört habe.

Der Komponist nickt ebenfalls. »So dass die nachfolgenden Kollegen, wenn es sich so ergab, davon profitieren konnten.«

Neben mir auf der vergrößerten Stufe in der Treppenbiegung erzählt er mir und zeigt es mir auch in dem Faltblatt, dass die Gastlichkeit entlang dem Friesischen Küstenweg bis auf eine Ausnahme aus friedlichen Kreisen besteht, mit ein paar Linien darin.

»Da haben wir also Glück«, sage ich.

»Aber ja!«

Ich falle beinahe um vor Müdigkeit. Dennoch frage ich, nachdem ich ein wenig geblättert habe: »Ist das da eine Ausnahme?« Ich habe ein Dreieck und darin ein W entdeckt.

»Ja. Bissige Hunde, Haschanbau.«

Gemeinsam weitergehend, kommen wir oben zu dem Flur mit unseren Zimmern.

»Gute Nacht«, sage ich, schon in der Tür zu meinem erleuchteten Zimmer.

Er bleibt noch einen Augenblick vor mir stehen und geht dann weiter. Das alles kommt mir vor wie die Fortsetzung eines Traums. Der kaum zu zügelnden Redefreudigkeit, mit der unsere Reisegruppe den Abend hier verbracht hat.

Es roch nach Feuer und Essen. Als der Strom plötzlich ausfiel, hatte das Personal Kerzen und Öllampen auf die Tische gestellt. Fast alle luden sich den Teller voll und setzten sich ans Feuer, das mitten im Raum, auf allen Seiten offen, munter brannte. Wir befanden uns im umgebauten Stall eines sogenannten Kopf-Hals-Rumpf-Hofes in dem kleinen Ort Liauckamastate. Kein elektrisches Licht mehr, nur das Licht richtiger

Flammen. Schon vorher war mir aufgefallen, wie bereitwillig jeder an den verschiedenen Tischen über sich selbst sprach. Jetzt, da die meisten ihren Stuhl in den Lichtkreis des Feuers gestellt hatten, die Gläser darunter oder sicherheitshalber zwischen die Füße, wandelte sich auch der Gesprächsstoff. Nicht die Geschichten, aber das, worauf sie hinausliefen, ihre Pointe, die wurde sentimentaler, heroischer, wie es zu Dingen passt, die einem wirklich passiert sind.

Welche Dramen! Aufgenommen in den Rhythmus allen Elends und aller Freude, die ein Mensch für einen anderen in Worte fassen kann, umschloss ich mit beiden Händen mein großes, rundes Glas.

»Ja, ich habe meinen Daumen auf ihre Luftröhre gehalten.«

»Du wirst berühmt«, sprach mein Vater an meinem siebzigsten Geburtstag.

»Bei meiner Alten halte ich immer den Mund …«

»Na schön, er hat mich geheiratet, aber ich war schon weit über Fünfzig.«

»… ich rauche einen Joint, schiebe ihn auch ihr zwischen die Lippen, einträchtig verschweigen wir die Zeit.«

»Ja, ich bin vierundachtzig aus dem Gefängnis gekommen.«

»Ich und Schiss haben? Alles, was ich verbrochen habe, war, zu sagen, dass Gewalt mimetisch ansteckend ist.«

»… es gab erst mal ein Frühstück für die Umzugsleute, Kroketten und Bier, danach durfte man schleppen. In unseren Weihnachtspaketen war dann ein Fläschchen Givenchy für die Frau.«

Ich ließ mir Zeit, meine Zunge im Wein kreisen zu lassen. Auf der anderen Seite des Feuers unterhielt sich Gerdine ziemlich laut mit jemandem, der zwei Stühle weiter saß.

Sie sagte: »Ich streckte ihm die Hand entgegen.«

»Und er blieb wütend?«

»Aber nein, er sagte: Gut, mein Augapfel.«

Beinahe in meinem Glas verschwindend, mich ein wenig verschluckend, kippte ich den Inhalt in einem Zug hinunter. Ob ich Fieber habe? dachte ich, als mein ganzes Gesicht zu glühen begann.

Im Schein der Flammen konnte ich Gerdines Gesicht ziemlich gut sehen. An ihrer Zigarette vorbei starrte sie in meine Richtung. Ich spürte auf dem gesamten Weg des Weines, von der Kehle bis zum Mageneingang, ein Übermaß an Wärme. Lecker! signalisierte ich Gerdine und wurde mir bewusst, dass ich schon die ganze Zeit an das Flimmern zwischen den Augenlidern von Jonas Ropta dachte. Daran, wie ich neben seinem Bett saß. Dicht bei ihm, den Rücken zum Fenster. Die Tür zum Flur hatte ich hinter Elsbet geschlossen.

Stille. Aber keine leblose.

Er hatte kein Geräusch gemacht, und auch von draußen drang nichts herein. Kein Verkehrslärm, das Zimmer lag hoch, auch kein normales Tageslicht, der Schneeschauer hinter dem Fenster sollte den ganzen Tag anhalten.

Ohne mir auch nur irgendeine Frage zu stellen, etwa warum ich überhaupt da saß oder warum er so in sich gekehrt dalag und atmete, diese Mehr-tot-als-lebendig-Lebensphase erduldete, als habe die Erfahrung ihn gelehrt, dass ihm nichts anderes übrigblieb, betrachtete ich ihn. Dickes Haar, noch immer rot genug, um sich vom Kissenbezug scharf abzuheben. Gespannte Haut über einer geraden Stirn mit zwei knochigen Knubbeln an den Seiten. Rötliche, mit ein paar Barockkringeln gezierte Augenbrauen. Wimpern ebenfalls rötlich, allerdings von einem goldenen Ton, am Rande der geschlossenen

Lider die Augen zusätzlich abschirmend, die, zweifellos nach oben verdreht, wohl auf etwas blickten, von dem kein anderer je erfahren würde.

Er erschien mir nach wie vor wie ein sehr altes Wesen. Ein Geschöpf, das sich aus der Vorzeit erhalten hat und auch nichts dafür kann, dass es auf einem derart veränderten Planeten unverändert geblieben ist.

Wie wenig ich von seinen Gefühlen wusste!

Wie fern ich ihm stand!

Und wie völlig, völlig egal mir das war. Mit einer feinen Trauer, einer Trauer um ihrer selbst willen, erhob ich mich, um ihm einen Kuss zu geben.

Wie würde das sein?

Und wie würde er das finden, falls er etwas davon merkte?

Ich breitete die Arme aus, legte die Hände vorsichtig links und rechts von ihm auf das Bett und drückte meine Lippen auf seine, die schmal, geschlossen und noch ganz warm waren. Wie könnte man jemals einen solchen Moment rekonstruieren, um ihn festzuhalten? Vor allem wenn man sofort nach diesem Kuss zwei reglose Frauen in der Türöffnung sieht – ach ja, da sind sie! – und fühlt, wie einem das Blut in die Wangen schießt?

Versteinerung. Aber sie kamen gestikulierend und flüsternd auf mich zu. Küssten mich mit ihren frischen, nassen Gesichtern auf beide Wangen, die Mützen schneebedeckt. Ich spürte Zustimmung darin, bedingungslos, radikal, freudig. Einen Moment lang blickten sie beide auf den Mann und Vater, mit der größten Liebe, aber sie zogen sich keinen Stuhl heran.

Geflüstert (ich musste es fast von ihren Lippen ablesen): »Wir gehen eben mal in den Blumenladen unten, eine Schale mit Krokussen kaufen …«

Worauf der stille Moment von soeben wiederkehrte. Ich, die ich mich auf dem Stuhl neben dem Bett zu ihm beuge. Fast derselbe Mann wie eben noch, aber nicht ganz. Denn obwohl es auf seinem Gesicht keine sichtbare Veränderung gab, war es doch anders, vertrauter, unvergleichlich mehr mir gehörend. Du hast mich geküsst, sagte es. Wie um wiedergutzumachen, dass ich meine Augen dabei geschlossen hatte, richtete ich meinen Blick jetzt auf den Mund. Ein ruhiges, geschlossenes Stück des Gesichts, in starkem Kontrast zu den Höhlen der Nasenlöcher darüber, die schwarz wie bei Tieren und weit ge-öffnet waren. Man kann schwerlich auf einen Mund blicken, ohne die Nase mit einzubeziehen. Von den beiden der Sauer-stoffaufnahme dienenden Körperteilen war momentan nur letztere in Funktion.

Während mir bewusst wurde, dass man, wenn man je-manden betrachtet, dessen ganzes Leben betrachtet, bemerkte ich das Flimmern zwischen seinen Lidern. Es war, als wuselte hinter den goldenen Wimpern eine kleine Armee schwarzer Ameisen. Oh! Ich war noch nicht ganz auf die Bettkante ge-rutscht, da schlug er die Augen auf. Blau und kühl schauten sie mich an. Ich sah, wie sich die Pupillen verengten. Ich schaute zurück. Sein ferner Blick kam bereits näher. Auch ich rückte näher, hing mit dem Gesicht über seinem, um ihm etwas zu erklären, was ihn zutiefst zu erstaunen schien. *Ich bin da, siehst du?*

Ich sah ihn an, wie ich in meinem ganzen Leben niemanden mehr ansehen würde.

Seine Stimme war leise, stockend. Verständlicherweise.

»Bist du das blaue Mädchen?«

Ich wusste nicht, was ich darauf antworten sollte.

Licht ist oft sehr viel heller, wenn es wiederkehrt, nachdem man sich längst an die Dunkelheit gewöhnt hat.

Wir fahren alle hoch. »Juchu!« rufen wir. Ausgelassenes Pfeifen.

»Aah!«

»Na also!«

Als wären wir Zeugen der ersten Erprobung einer Glühlampe, kneifen wir die Augen zu und sehen uns um. Nicht einander an, wozu auch?, sondern die architektonischen Maße des Bauernhauses. Höhen und Breiten, und als wichtigste Einrichtungsgegenstände die wie von Schweinen leergefressenen Tische. Die Expeditionsteilnehmer gewöhnen sich rasch daran. Sich nicht um das Licht kümmernd, vielleicht auch weil es draußen nach wie vor stockdunkel ist, setzen sie die Unterhaltung da fort, wo sie ins Stocken geraten war.

Doch ich stehe auf und mache, dass ich wegkomme. Obwohl ich den ganzen Abend fast kein Wort gesagt habe, fühle ich mich völlig leergeredet. Im Treppenhaus komme ich dann mit dem Komponisten zeitgenössischer Musik, der auch ins Bett will, kurz ins Gespräch. Nachdem er mir ein paar Zeichen in unserem Reiseprospekt erklärt hat, lachen wir uns vor meiner Zimmertür noch eben an. Kurzes Zögern. Ich wünsche ihm gute Nacht. Ich sitze bereits auf dem Bett und streife mit dem einen Schuh den anderen ab, als mir einfällt, dass ich doch etwas vergessen habe. Schnell strecke ich meinen Kopf aus der Tür.

»Was bedeutet dann der Kreis bei unserer heutigen Schlafstelle, mit diesen beiden Strichen, die zusammen ein V bilden?« rufe ich seiner dunklen Gestalt leise hinterher. Es ist, als hätte er vor der geschlossenen Tür seines Zimmers auf meine Frage gewartet.

»Dieses Zeichen ist eines der ältesten, die es gibt«, höre ich. »Es bedeutet, dies ist ein zugängliches, freundliches Haus, hier kann man mit einer Geschichte aus seinem Leben durchaus etwas erreichen, weil das Haus dabei so gut gedeiht. Genau wie Zimmerpflanzen bei schöner Musik.«

5

Am nächsten Morgen ist sehr schönes Wetter. Der Himmel wie frisch gewaschen, die Sonne noch dicht über dem Land im Osten. Es ist noch sehr früh, aber Gerdine und ich haben die Brücke über den Tzummarumer Vissersvaart bereits überquert, auf dem Weg zum Seedeich. Wir sind schon fast fünf Kilometer an einem Stück gegangen. Gerdine pfeift fröhlich durch die Zähne. Ich füge mich ihrem Willen, Tempo zu machen. Als ich heute morgen keine Lust hatte, aufzustehen, hat sie mich angerufen. »Oh, ich schlafe ja wieder ein«, hatte ich mir genau in der Sekunde gesagt, als das tatsächlich geschah. Es gibt Schriftsteller, die auf diese Weise einen Roman von Tausenden von Seiten in Gang bringen, doch ich hatte lediglich die Fortsetzung meines Traums im Sinn. Da hinein also ihr Anruf. Jetzt ihr Tempo. Und meine Wolke von einem Traum, den ich auch durch den Lehm stapfend noch ein wenig fortsetzen kann, wie ich zu meiner Genugtuung merke. Ich habe von Jonas Ropta geträumt, natürlich. Genauer: von seinem Altmännergesicht.

»Schau doch nur!« sagt Gerdine mit einer Armbewegung, als mache sie mir die blühenden Blumenfelder bis zum Horizont zum Geschenk.

»Ja, sehr schön. Diese Farben!«

Das Gesicht eines alten Mannes kann eine junge Frau richtig bezaubern. Später, und natürlich vor allem *viel* später, kann sie einen alten Mann noch immer schön finden, aber das

Argument »alt« als Faszination für ihr Herz ist hinfällig geworden. Ich sinniere hierüber nicht zum erstenmal.

»Weißt du, dass du eine Renaissancelandschaft vor dir siehst?«

»Nein«, sage ich. »Das wusste ich nicht. Wieso?«

»Nur so. Ich möchte wissen, ob dir auch die symmetrische Parzellierung der Äcker aufgefallen ist, die strenge Anordnung des von Deichen, Gewässern und Nebengewässern eingerahmten Lands. Verblüffend, findest du nicht? Unter allen Gestaltern, ob das nun Maler, Komponisten oder Schriftsteller sind, ist der Architekt doch der größte Träumer, denke ich, aber gleichzeitig auch der realistischste.«

Ich bleibe stehen und starre sie an. Sie starrt wie eine Kuh (kerzengerade Wimpern) zurück.

»*Und* der tatkräftigste.«

»Das stimmt«, sage ich und wünsche mir, dass am Wegrand ein Findling oder etwas Ähnliches läge, wo ich mich kurz mal setzen könnte.

»Wollen wir versuchen, ob wir irgendwo eine Tasse Kaffee bekommen?« schlage ich vor.

Auf halbem Wege entlang dem Tulpenpanorama (das ich für den Moment nicht als Tulpenpanorama, sondern als Karopapier auf einem Zeichentisch sehe) entdecken wir, rechts, ein Eingangstor, an das ein Schild genagelt ist.

»Ja, gut.«

Wir erkennen an dem Schild, auf dem in einem roten Kreis so ein superbegeisterter Hundekopf abgebildet ist – aufgestellte Ohren, heraushängende Zunge –, dass der Wanderer hier nur ohne seinen vierbeinigen Gefährten willkommen ist. Eine Anwandlung von Trauer um Wolf, das liebste Tier aller Zeiten, überkommt mich.

Aber die Sonne scheint. Und auf dem Gelände des großen Bauernhofs, dem wir uns nähern, liegt seitlich ein *Bêd en Brochje.*

Die Ausstrahlung des Minigasthofs mit Terrasse ist so professionell, dass Gerdine sich instinktiv entsprechend verhält.

»Gutes Kind! Das ist doch kein Espresso?!«

Das Mädchen, das uns zwei Cappuccino gebracht hat, begibt sich mit einem davon rasch wieder ins Haus, um bald darauf mit der richtigen Bestellung zurückzueilen. Gerdine nickt, ich weiß, dass sie gerade in zärtlichen Stimmungen gern das Biest herauskehrt. Dahinter steckt etwas Bescheidenes. Ernst schaue ich zu, wie sie ihren Rohrzuckerwürfel durchbeißt und die Hälfte in den Kaffee fallen lässt. Eine Frau, deren Angewohnheiten ich nach einer Unterbrechung von sehr vielen Jahren noch immer erkenne. Die ihrerseits wohl auch nachempfinden kann, wie ich jetzt meine Beine strecke, als dächte ich noch immer genüsslich an die zurückgelegte Strecke zurück, fände aber auch: genug ist genug.

Ich fühle mich wohl mit ihr, ja. Und gleichzeitig: unbehaglich, bis tief in die Seele verwundert. Es gibt etwas, was ich nicht verstanden habe.

Dass Freundschaft die verletzlichste Liebe ist, das ist bekannt. Weglaufen ist hier jederzeit möglich, es hat keine großen Konsequenzen, kein Umzug, keine Scheidungspapiere. Die kleinsten Anlässe genügen; ohne sie geht es auch. Als Gerdines Vater schließlich doch starb, hielt ich unsere Freundschaft weiter für eine Naturgegebenheit. An ihr war nicht zu rütteln. Zwei Wochen nachdem sie ihm die letzte Ehre erwiesen hatten – ich war nicht dabeigewesen –, rief ich an. Wann ich sie und ihre Mutter besuchen könne? Es passe jetzt nicht, ließ die Stimme der wohlerzogenen Gerdine mich wissen, ich solle es ihr nicht übelnehmen. Eine Weile danach rief ich wieder an. Erneut, sehr höflich, nein. Verrückterweise kann man sich in so einem Fall irgendwann trotzdem sagen: Oh! Ich vernachlässige sie! Ich muss sie unbedingt aufsuchen! So dass ich eines Nachmittags mit einem Strauß Rosen im Arm bei ihnen klingelte. Durch das vergitterte Fenster in der Tür sah ich Rienie, Zigarettenrauch ausblasend, in die Diele treten. Im nächsten Moment begrüßte sie mich mit drei Küssen, und ich musste natürlich, natürlich! hereinkommen. »Gerdine!« rief sie, mir vorausgehend, nach oben.

Im Wohnzimmer haben wir dann zu dritt Tee getrunken und, einander weltfremd anlachend, ein wenig geplaudert.

»Also, du hast es geschafft, gut so, du kommst jetzt ins zweite Jahr?« erkundigte sich Gerdine.

»Ja, bis Weihnachten machen wir in erster Linie innere Medizin.«

Ich wollte mich gern umsehen. Unterstützung suchen bei den Fenstern, den Wänden, den Zimmerdecken, den Türen zur Küche und zur Treppe und bei all den Möbeln, von denen ich mir unmöglich mehr vorstellen konnte, dass ich im Schlafanzug zwischen ihnen herumgelaufen war.

Aber es war so, als verböten Rienie und Gerdine mir das mit ihrer Teezeremonie.

Gemeinsam begleiteten sie mich hinaus. Verstört, versteinert durch etwas, was doch kaum etwas anderes als Trauer gewesen sein kann, standen sie in der Tür. Mir jedoch vermittelten sie den Eindruck zweier Gefängniswärterinnen, die sich mit dem Besuch einer ehemaligen Gefangenen keinen rechten Rat wussten. Ich war zur Bushaltestelle gegangen, tief erschüttert von dem Wiedersehen, bei dem Mutter und Tochter Ropta

nichts Wesentlicheres zu mir gesagt hatten als: »Nimmst du
noch eine Tasse? Einen Keks?«

Als hätten sie mich nie in jene andere Welt hineingelotst, ein-
ladend und voller Liebe.

Denn – er rappelte sich auf. Erteilte dem Tod eine Absage,
aus allernächster Nähe. Es war äußerst knapp gewesen. Alle in
seiner Umgebung waren hingerissen. Ich sehe noch die Gesichter der Ärzte und Schwestern vor mir. Großes Staunen, wenn
auch mit einer Falte zwischen den Augen (dies ist keine Krankheit, die einem eine Chance lässt …). Ja, das kommt vor, er-
klärten sie ruhig. Wir wissen vieles, aber nicht alles. Es verging
keine halbe Woche, da *saß* Jonas Ropta wieder im Bett, hatte
Farbe auf den Wangen, aß und sprach von seinem Traum. Ein
wieder im Leben gelandeter Mann muss doch von irgendwas
reden, und der Traum steckte, realer als welche Wahrheit auch
immer, nun einmal in seinem Kopf. Er handelte von Kuben,
Säulen, Wänden, Toren, Bögen und Treppen, die zu Hause, auf
Massen von Papier, bereits so weit ausgearbeitet waren, dass
sie sich umeinander bewegten, aber noch keine endgültige
Position eingenommen hatten. Der Flash der Erkenntnis, das
Jawort des Architekten, war bisher ausgeblieben.

Ich lauschte diesem Traum gern. Was ich nach und nach
herausbekam, war, dass es sich um einen internationalen
Wettbewerb für den Bau eines Pumpwerks und zugleich For-
schungsinstituts an einem der großen Flüsse im Fernen Osten
handelte, Bangladesh, vielleicht Indien. Ich habe nie nachge-
forscht, wo genau. Dank früherer Wasserbaukunststücke hatte
das Architekturbüro Jonas Ropta eine ernsthafte Chance. Ein
prekäres Hindernis während des Keimens der neuen, urprak-
tischen und zudem visionären Idee war nur: Ihr Urheber war

dem Tode nahe. Man rechnete bereits mit seinem Ableben, aber dann konnten doch wieder einige Besprechungen mit ihm stattfinden. Ein Zeichner, ein Ingenieur, von Zeit zu Zeit durften sie für ungefähr zehn Minuten an seinem Bett Platz nehmen. Waren sie wieder gegangen, rief er die Schwester: »Wo ist mein Mädchen?! Sie ist doch bestimmt schon da?!«

Ich ging jeden Tag zu ihm. Ich konnte nicht anders. Dennoch versäumte ich keine einzige meiner Unterrichtsstunden und erzielte ausreichende Ergebnisse in meinen schriftlichen Arbeiten. Diese Ausbildung, die zweite, mit der ich begonnen hatte, war mir auf den Leib geschrieben. Allerdings war ich nur selten zu Hause, was Onkel und Tante verstanden, ihr studierendes Kind musste seinen eigenen Weg gehen.

Wenn ich ihn besuchte, betrat ich sein Zimmer immer möglichst leise. Am liebsten hätte ich unsere erste Begegnung wiederholt. Der Mann, den man in ein ruhiges Zimmer gelegt hatte, damit er auf seine eigene Weise und in seinem eigenen Tempo sterben konnte, und ich, die ich mich über ihn beugte. Ich liebe Sie. Ich bin schwindlig vor Liebe und Rührung. Fast wie eine Selbstverteidigung gegen die unbeschreibliche Einsamkeit, die ich auf seinem Gesicht gelesen hatte.

Jetzt trug er oft seine Lesebrille, groß, dunkel, schwer. Ich musste mich erst an die Art gewöhnen, wie er mich über die Brillenränder hinweg ansah, wenn der Fokus seines Geistes langsam von dem Pumpwerk wegtrieb, das täglich mehr als zwanzig Millionen Kubikmeter Wasser in ein Wüstengebiet, dreimal so groß wie die Niederlande, pumpen sollte.

»Denk nicht an die Konstruktion«, sagte er am Ende der ersten Woche gleich zur Begrüßung. »Genau besehen ist die Konstruktion nur eine Methode, die wendet man an, aber worum es wirklich geht, das sind die Räume ...«

Wir lachten uns verständnisvoll an.

»Und was die wollen, brauche ich dir ja nicht zu erklären.«
Ich knöpfte meinen Mantel auf.

»Die wollen Licht.«

Ich zog mir einen Stuhl heran. Mit Schmerzen in der Brust vom Rennen stellte ich die Füße auseinander und atmete tief durch. Ja, ich pflegte immer den ganzen Weg zu rennen. Ich rannte mit der größten Vorfreude zu ihm. Eine erstaunliche Energie erlaubte es mir jedesmal wieder, die Zeit zu hypnotisieren und sie mir mit einem Fingerschnalzen gefügig zu machen. Hier bin ich! (»Oh hallo, da bist du ja!«) Und eine wohltuende Ruhe kam über mich. Das Gefühl, in einem anderen Leben gelandet zu sein. Das Gefühl, die Welt war real.

Er streichelte mir mit vagem Lächeln das Handgelenk. Leise und sogar ein wenig hastig, schien mir, begann er, vom Licht zu plaudern wie über eine Persönlichkeit, die überall anders ist.

»Wenn du bauen willst«, sagte er, und schon nickte ich, weil ich, was immer er auch sagte, schon von vornherein verstand, »dann sieh dir erst an, was für ein Licht du zur Verfügung hast, man kann es sich ja nicht aussuchen, wie der Geigenbauer zum Beispiel sein Holz, und deshalb musst du es um so besser kennen. Schau hinaus, Mädel! Das Den Haager Licht, das dir hier so schön etwas vorgaukelt und dich so bös täuscht! Siehst du? Brav liegt es hinter dem Fenster, von der Nordsee stammend, die tut, als passte sie in deine Hand, in Wirklichkeit aber ist sie eines der übelsten Meere der Welt!«

Entschlossen warf er die Decke von sich.

»Komm, wir gehen Kaffee trinken. Hast du deine Zigaretten?«

Groß und gebeugt, aber noch wacklig, stand er im Schlafanzug neben dem Bett. Ich half ihm in den Morgenmantel. Um den Infusionsständer auf Rädern wollte er sich selbst kümmern. Wie ein Patriarch schritt er mit dem Ding in der Faust auf dem Flur neben mir. Endlich raus aus dem Zimmer, bevor ein Klauenpaar es sich anders überlegte. Wir fuhren mit dem Fahrstuhl nach unten. Im grünlichen Licht des Spiegels betrachtete ich uns prüfend. Ich sehr jung, nichts Besonderes, gesund wie ein Fisch. Er mit seinem ungekämmten Haar alt, alterslos alt. Noch älter zu werden hätte keine besondere Bedeutung mehr. Der Infusionsbeutel baumelte wie ein trüber Lampion neben seinem Kopf.

In der Kaffee-Ecke war es wegen des häuslichen Dufts und Geschirrklapperns sehr gemütlich. Was wollen wir nehmen? Nur mit uns selbst beschäftigt, beugten wir uns am Tisch zueinander. Für Ropta war es selbstverständlich, jetzt einen Bleistift aus der Morgenmanteltasche zu angeln und mich zu bitten, ihm ein Blatt Papier zu besorgen.

»Hast du denn kein Tagebuch dabei?!«

Auf der Rückseite der Cafékarte begann er, etwas für mich zu zeichnen und es mir zu erklären. Den Hals reckend, sah ich, wie eine fragile Komposition aus geraden und gebogenen Linien entstand. Er deutete hierhin und dorthin. Alles in die Breite, ob ich das bemerkt hätte. Wie ein Damm, erläuterte er mir, ein Aquädukt, was so eine Pumpstation im Grunde auch sei. Ich nickte. Es kostete mich keinerlei Mühe, mir vorzustellen, dass aus dem grauen Gekritzel ein lebendiges Gebäude herauswachsen würde, wie bei einer Schmetterlingspuppe, mit Flügeln, die unter ihrer zarten Haut eine Reihe …

»Eine Reihe was?« unterbrach ich seine Erklärungen.

»Zentrifugalpumpen.«

… Zentrifugalpumpen verbergen würden.

Auf diese Weise verging ungefähr eine Viertelstunde. Ich hörte zu und fand alles, was er sagte, mysteriös und herzzerreißend. Er erzählte, dass das Licht dort, wo der Entwurf Wirklichkeit werden sollte, ein kochendheißes, fast flüssiges Sonnenlicht sei. Er sagte, es werde nie, absolut nie von einer Wolke gebrochen und enthalte trotzdem so viel Feuchtigkeit, dass alle naslang Regenbögen entstünden, manchmal mehrere zur gleichen Zeit.

»Siehst du, hier …« sagte er zufrieden, nachdem er sich noch eine meiner Zigaretten angezündet und kurz gehustet hatte. Mit drei Pfeilen bezeichnete er die Stellen, an denen er dieses Zauberlicht in sein Gebäude lenken würde.

6

Das Stück Seedeich von Hektometerstein 11,8 nach Sint Jabik ist eine frische Strecke mit Wind, Sonne, Hochwasser und kaum menschlichem Leben. Gerdine geht etwa zwanzig Schritte vor mir. Man sieht, wie durchdrungen sie davon ist, wie viele Kilometer wir noch zurücklegen müssen, bis wir zu dem kleinen Wanderzeichen kommen, das besagt, wir sind für heute fast am Ziel. Eine Jakobsmuschel, wissen wir. Das legendäre Zeichen soll sich am Beginn des Weges nach Sint Jabik befinden, und das ist seinerseits der Beginn der Route nach Santiago de Compostela, von dieser entlegenen Ecke der Europakarte aus betrachtet. Es ist angenehm, so allein und doch mit jemandem zusammen zu gehen. Stille, allenfalls ein paar einander zusingende Vögel oder ein raschelndes Huhn. Jetzt höre ich eine Uhr schlagen, ich zähle, zwölf Schläge, und schaue zu dem aschgrauen kleinen Turm, von dem sie kommen.

Ich gehe hinter ihr her. Wie ich sie kenne, wird sie sich wohl über mein Hinterherzockeln ärgern, sich aber auch erinnern, dass ich nicht langsamer gehe als sie. Wer indessen an wem zerrt, bleibt unklar. Ohne sich umzudrehen, hebt sie zwei Finger, was mir sagt, dass wir noch zwei Kilometer, sprich eine halbe Stunde vor uns haben. Dann, als wäre ich dazwischen kurz eingenickt, gehe ich schon in ihrer Spur über einen niedrigen Grasdeich und sehe das Zeichen der Jakobsmuschel, das, wie ich finde, doch etwas sehr Auffallendes hat. Auf einem Klinkerweg, dem Jabikspaad, der vom friesischen Ende der

Erde über Hasselt nach Deventer, Reims, Vézelay, Roncesvalles, Burgos, Santiago de Compostela und schließlich zum baskischen Ende der Erde führt, erreichen wir an zwei Silos vorbei das auf Karte F angegebene und vom Wirt des Schelling herzlich empfohlene Dorf.

Gemütlich schwatzend kommen wir zu einem Platz mit einem ansprechenden kleinen Restaurant, das eingerüstet, aber trotzdem geöffnet ist. Auf der linken Seite machen unter einem Vordach ein paar Arbeiter gerade Pause, umgeben von einem geparkten Sattelschlepper und ein paar Lieferwagen. LKW-Fahrer. Gerdine und ich, beide hungrig, bewundern die Kirche, die einem griechischen Tempelchen gleicht, sind aber vor allem von dem freundlichen Ensemble aus wilden Apfelbäumen, Klinkerpflaster, Kindern auf Fahrrädern, Katzen, Hunden und in Pferdeäpfeln wühlenden Hühnern entzückt. Das Herz voll aufgerührter Erinnerungen, die durch Hunger und Müdigkeit an die Oberfläche gekommen sind, gehen wir hinein auf der Suche nach etwas zu essen und zu trinken.

»Schön hier, nicht?« sage ich, als man uns das Bier gebracht hat.

Gerdine, voller Hingabe trinkend, macht eine unbestimmte Handbewegung. Kopf leicht vorgestreckt, Augenbrauen sehr sorgenvoll, Hand. In diesem Augenblick sehe ich sie ganz als die Freundin, die sie mal war, als die grenzenlos liebende Tochter, die für ihren Vater im falschen Moment das richtige, rettende Geschenk wusste. Ich war im Flanellschlafanzug. Sie hatte mich hinzugeholt, mich mitten in der Nacht wach gerüttelt. Jonas Ropta schlief seit seiner Rückkehr in einem abgeschirmten, grauen und schlichten Teil des Hauses neben seinem Atelier. Ein Schubs, ein kleiner Puff Gerdines von hinten an meine Schulter hatte genügt. Eine Art Trostmädchen war ich ja schon aus eigenem Antrieb.

»Was meinst du?« fragt sie.

»Schön hier.«

»Auf jeden Fall. Der beste Ort, den es gibt, deckt sich wieder mal mit dem Ort, an dem du dich zufällig befindest!«

Ich lächle. Ein kritisches Lächeln, da ich an unseren eigenen Einfall in Verbindung mit dem praktischen Führer des Kneipenwirts denke. »Na ja, zufällig …«

»So läuft das manchmal …«

Mich schaudert's kurz, als ich daran zurückdenke, wie zielgerichtet sie, Gerdine, mir im Hause Ropta das Bett zu bereiten begann und wie bereitwillig ich mich ihrer Regie beugte. Während ihr Vater dabei war, ins Leben der Normalsterblichen zurückzukehren, wurde ihre Freundschaft zu mir intensiver denn je. »Komm mit, schnell nach Hause!« pflegte sie nach einem gemeinsamen Krankenhausbesuch zu dritt in herzlichem Ton zu befehlen. »Was Schönes essen und ein Glas Wein. Das haben wir uns verdient!« Während Rienie, ganz Mutter ihrer Tochter, mit ihren dunkel umrandeten Hexenaugen bereits Zustimmung signalisierte. Sie hatte genau dasselbe gedacht. Wenn wir aus der Drehtür kommend über den Parkplatz gingen, fiel der Gedanke an den Mann dort oben im Bett kurzzeitig ganz von uns ab. Ah, durchatmen, reden! Am Lenkrad des BMW sann Mevrouw Ropta laut über Schokoladenmousse mit selbstgemachter Vanillesoße nach.

Es war die großzügigste Zeit, die ich mir auch heute noch vorstellen kann. Alles war möglich, für alles war Zeit. Mein zögerliches Ich stand auf dem Kopf. Sollte ich mich über die Freundin wundern, die mich so vollständig einbezog? Die so lieb, so herzlich zu mir war? Warum? Jahrzehnte sind vergangen, aber ich spüre immer noch, wie geschmeichelt ich war, weil sie mich dermaßen in Beschlag nahm. Hätte sie mir jeden Morgen Blumen geschickt, ich hätte sie, ohne mit der Wimper zu zucken, angenommen. »Du bleibst doch über Nacht bei uns, Myrte, Liebes?« fragte sie bei ihrem Anruf im Schwesternheim, wenn mein freier Abend und meine freie Nacht begann.

Auch die Pferde kamen endlich wieder zum Zuge. Ja, das ging. Nun, da die Zeit grenzenlos schien, sah ich nicht ein, warum ich nicht auch dieser Aufforderung Gehör schenken sollte. Es war schön, nach dem Besuch bei Ropta, nach so einer auf der Stelle tretenden Stunde mit dem sich schnell erholenden Mann, den ich anbetete, von der Tochter zu hören: »Komm! Daheim umziehen, es sind genug Reithosen und Kappen da, und ratzfatz zu Meeuwenoords in den Stall, die sind inzwischen schon richtig böse auf dich!«

Ich war ein mageres Mädchen von gerade mal fünfzig Kilo. Gerdines Sachen schlotterten an mir. Es war Ebbe. Der Strand leer. Wir jagten die Strandlinie entlang. »Du musst Jockey werden«, schrie sie mir, als wir kurz anhielten, zu. Grandiose, phantastische Idee. Aber ich schaute weg, so weit, wie man nur am Meer schauen kann. Auf wen sonst als den großen, kräftigen Spaziergänger, der mich einst um Feuer bitten würde?

Als wir wieder losgehen wollen und uns fragen, wo die anderen aus der Gruppe sind, bereits weit vor uns, glauben wir, sehen wir ein paar von ihnen näher kommen. Sechs, sieben Expeditionsteilnehmer. Sie sehen hundemüde aus. Als wären sie nicht über Gras, sondern über eine Betonstraße marschiert und hätten jetzt schmerzende Füße.

Wir begrüßen einander herzlich.

»Habt ihr schon gegessen? Kennt ihr hier was?« fragen sie uns.

Wir zeigen auf die eingerüstete Bodega.

»Sehr gut«, sagen wir. »Gut möglich, dass sie auch Zimmer vermieten.«

Nachdem wir wieder Abschied genommen haben, gehen Gerdine und ich zu den LKW-Fahrern. Wir haben Lust, noch heute das Außendeichgebiet zu erreichen, wo wir, wenn wir Glück haben, Dutzende, wenn nicht über hundert Friesische Stuten und Fohlen sehen können.

»Hallo, guten Tag«, begrüßen wir die Fahrer.

»Hallo.«

Sie sehen uns entgegenkommend an.

»In welche Richtung fahren Sie?« fragen wir.

Der Sattelschlepper und einer der Lieferwagen müssen nach Stavoren, der andere Lieferwagen fährt nach Lauwersoog.

Als ob er unser Reiseziel bereits ahne, fragt der Fahrer mit Ziel Lauwersoog: »Wollen Sie mitfahren?«

»O ja, wahnsinnig gern!«

Der Fahrer steht auf, sein Beifahrer ebenfalls, sie gehen vor uns her zu ihrem Wagen, öffnen erst die vorderen Türen und danach die Schiebetür des Laderaums und reichen uns die Hand.

»Aatze.« »Bote.«

»Gerdine.« »Myrte.«

Der Wagen transportiert eine Ladung Äpfel, Jonathan, meine ich. Sie nehmen den ganzen Boden bis zu den beiden Vordersitzen ein. Auch wegen des milden, durch die Seitenfenster hereinfallenden Mittagslichts sind Gerdine und ich sofort hin und weg. Aatze und Bote schieben die Äpfel etwas weiter zu den Seiten, ein Autoreifen wird frei, und richten mit

Hilfe von ein paar Transportdecken einen Platz für uns her wie in einer komfortablen Kajüte. Dann helfen sie uns beim Einsteigen.

»Geht das so?«

Und ob.

Gut, wir fahren. Wir dösen ein beim Gebrumm des Motors und dem der zwei Männer in einer alten, unverständlichen Sprache. Die aus der Kühlung geholten Jonathan können es offenbar einfach nicht erwarten, ihren Duft, süß wie eine Umarmung, wieder zu verströmen. Die Strecke zum Außendeichgebiet des Noorderleegpolder hätte uns zu Fuß Stunden gekostet, mit so einem Fahrzeug sind es höchstens zwanzig Minuten. Als ich kurz erwache, merke ich, dass ich an einem warmen, weichen Körper liege, der nicht vorhat, auch nur einen Zentimeter zu rücken. Ich richte mich auf und beuge mich über das Frauengesicht. Sie schläft tief, Nase den Äpfeln zugekehrt, alle ihre Falten sind verschwunden.

Auch ich nicke wieder ein, bis ein definitives Geräusch ertönt.

»So!«

Wir stehen. Aatze hat die hintere Tür aufgemacht.

»Alles gutgegangen?«

Gähnend und nickend lassen wir uns hinaushelfen. Es sieht ganz so aus, als ob wir nicht nur den Noorderleegpolder hinter uns gelassen haben, sondern auch die Dörfer Ferwerd, Blija, Holwerd und den Weiler Trijeboerehuzen auf den Karten G, H, I und J.

»Wo sind wir?« fragen wir.

Die Straße ist bis auf unseren Lieferwagen verlassen. Der Himmel hat sich so weit zugezogen, dass es keine Sonne mehr gibt, wohl aber ein wie durch Käseleinen gedämpftes Licht, das die Sicht nirgends behindert. Gerdine und ich drehen uns um, um herauszufinden, wo wir sind. Auf einem smaragdgrünen Deich grast eine Herde schwarzer und weißer Schafe. Am Himmel treibt ein violettes Wölkchen dahin. »Tolle Aussicht«, preisen wir das endlose flache Land hinter den Fischerkaten auf der anderen Straßenseite.

Aatze und Bote nicken, sie blicken kurz zu Boden, als hätten sie das Haupt entblößt, und erzählen uns dann, dass dies, ihr Heimatdorf Moddergat, einst zusammen mit dem Zwillingsdorf Paesens die größte Fischereiflotte der Gegend besessen hat. Wir spüren, dass sie uns etwas Schlimmes erzählen wollen.

»Diese Flotte«, sagt Aatze, »ist am vierten März achtzehnhundertdreiundachtzig von der Engelsmanplaat zum Schollengrund ausgelaufen, fünfzig Kilometer von hier, nordöstlich von Borkum, und in einem rasenden Orkan untergegangen.«

»Oh!«

Wir machen ein erschüttertes Gesicht, das sagt, wir würden die Tragödie gern von A bis Z hören.

Mit einem Ausdruck in den Augen, der besagt: kommt mit, wir zeigen es den Damen mal eben, gehen unsere Gastgeber uns zu einer Treppe auf halber Höhe des Deichs voran. Ich spüre, wie Gerdines Arm, am Handgelenk bei mir eingehakt, zittert. Während wir hinaufsteigen, nennt Aatze uns die Namen einiger der Schiffe, die in einer milden Frühlingsnacht ausliefen und im Morgengrauen bei lediglich leicht aufgefrischtem Wind ihr Ziel erreichten. *De Twee Gebroeders, De Jonge Dirkje, De Vier Gebroeders, De Vrouw Trijntje* … Einen Augenblick später stehen wir wie vier Hinterbliebene zwischen den Gedenktafeln für die Besatzungsmitglieder der untergegangenen Ewer. Siebzehn sind es. Siebzehn Familien, die alle ihre Männer verloren, stelle ich fest, als ich die Namen auf den senkrecht stehenden Steinen lese. Vier, fünf pro Schiff. Kann eine Geschichte in die andere eindringen? Sie hervorholen, sie losklopfen und sich mit ihr vermischen? Gerührt fahre ich mit den Fingern über den Namen des dreizehnjährigen Kindes, Hille Groen, das zum erstenmal mit seinem Vater, Schiffer Groen, hinausfahren durfte. Ich weine um den ertrunkenen Hille und um Wouwou, der schon bei seiner Geburt ein bisschen ertrunken war. Als er in Hilles Alter war, liebte er es, gekrümmt zu gehen, den Kopf möglichst nah am Boden. Humpelnd gelang es ihm. Selbst ein Jahr später, als er in der Tagesstätte wegen seiner Anfälle doch lieber einen Helm tragen sollte, gelang es ihm noch. »Ach, Jungchen … ach, kleiner Radrennfahrer, der den Boden unter sich weggleiten sieht … Kommst du mit Myrte mit?« Ich war gekommen, um ihn mit Mutters kleinem Auto abzuholen.

Ich drehe mich zu Gerdine um.

Wollen wir gehen? frage ich stumm.

»Ja, gut«, murmelt sie. Sie ist in der gleichen Verfassung wie ich.

Die beiden Männer und wir trennen uns. Aatze hat uns die Adresse von Verwandten hier in der Nähe aufgeschrieben, wo wir, wenn wir wollen, übernachten können. Er hat uns auf seinem Smartphone gezeigt, wie wir sie finden können.

Einen Augenblick später blicken wir auf das völlig trockengefallene Meer. Nur drei Stufen höher mussten wir gehen, um auf der Deichkrone wie im wirklichen Theater zu stehen. Eine Leere, so zeigt sich, mit einem Boden, der wie von einem Rampenlicht beschienen einen merkwürdig silbrigen Schein abgibt. Die Riffel und Sandbänke des Watts ziehen sich bis weit nach Norden hin. Auf dem blauen Strich des Horizonts liegt eine weiße Luxusjacht, nein, sie fährt. Gerdine und ich stehen da, wo die Frauen und Kinder standen. Hände über den Augen, schauen wir nach Nordosten, wo der Schollengrund liegen muss, ein Gebiet mit garantiertem Fischbestand, seit dort vor Jahrhunderten ein Getreideschiff unterging. Wir sehen die todgeweihten Fischer nachts unten am Deich in kleinen Prahmen auslaufen. Auf der Engelsmanplaat steigen sie in ihre alles andere als seetüchtigen Schiffe um und fahren aus dem Friese Gat, um die Schollen zu suchen. Der Wind dreht bereits auf Westnordwest. Morgen nacht wird es hier nicht eine Frau oder einen alten Mann geben, der nicht aufsteht, um dem Sturm zu lauschen und bei Gott! gegen ihn zu kämpfen. Dann wird es Tag. An den Küsten von Ameland und Schiermonnikoog haben sie einen pechschwarzen Vorhang gesehen, der sich horizontal über das Meer heranschob. Auf dem Deich sind die Frauen, Kinder und Greise damit beschäftigt, in den Wogen den Mast einer Schute ausfindig zu machen, sie zu beschwören und herbeizusehnen, die Meilen entfernt schon längst von einer Grundsee überspült wurde, um die Längsachse gekentert und mit Mann und Maus untergegangen ist.

7

Es ist Donnerstag. Es ist April. Friesland. Gerdine und ich sind auf dem Weg zu Verwandten. Nicht zu unseren, sondern zu denen eines jungen Mannes, von dem wir den Namen kennen, den Typ seines Lieferwagens und die Äpfel, mit denen er morgen auf dem Markt stehen wird. Das sind derzeit die Konturen. Wo unsere leichte, entspannte Verwirrung herrührt, wissen wir nicht. Wir stiefeln durch ein Vogelschutzgebiet und reden von früheren Zeiten. »Meine Güte!« hat Gerdine gesagt. »Wie total verändert er an dem Tag war, als er aus dem Krankenhaus kam.«

Ich lache, lausche, sperre die Augen auf und sehe es: allein schon, wie er seiner Frau den Mantel reichte und einen beifälligen Blick in Diele und Flur warf. Mit höflicher Gebärde schob er sie und ihre Tochter beiseite, um sich, Aktentasche in der Hand, zwei Treppen höher im Dachgeschoss zu installieren. Als hätte er den Raum von den Damen gemietet, ließ er sie vorgehen und folgte ihnen nach oben. Da war das Badezimmer, er nickte, dort das Zimmer, das sein ganzes Eheleben lang sein und Rienies Schlafzimmer gewesen war, deren Körper er jede Nacht hatte berühren dürfen, weil sie direkt neben ihm im Bett lag.

»Freundlich, aber mit der größten Entschiedenheit wünschte Papa sich seinen früheren Gewohnheiten zu entziehen.«

Wie gut, dass weder Tochter noch Mutter sich darüber

wunderte! Weil nicht nur er, sondern auch sie in einer Art superrealistischem Traum gelandet waren? Und ich dazu?

Ich war zu ihm gegangen. Ich hatte ihn schön gefunden und wachgeküsst. Eine größere Offenherzigkeit als Verliebtheit gibt es auf dieser Welt nicht. Mit einer Kurzsichtigkeit ohnegleichen hatte Jonas Ropta mein junges Gesicht betastet, voll Verwirrung versucht, sich darin zurechtzufinden. Wer war diese Geliebte hier, die, gefunden oder wiedergefunden, das spielt keine große Rolle, nie mehr aus seiner Nähe verschwinden durfte? Ah! erinnert sich Gerdine, an jenem Tag, als er mit einer Miene, als würde ihm das größte Unrecht angetan, nach unten kam, Zeichenstift in der Hand, das Ding verlierend, wieder aufhebend und wie einen Dartpfeil umklammernd! Mit dem Rücken stieß er die Telefonbücher vom Bord. Ob sie eben mal im Schwesternheim anrufen würden oder notfalls bei meinem Onkel und meiner Tante. Es ärgerte ihn schrecklich, dass ich sein Leben schon seit vorgestern nicht mehr teilte.

Aus dem Schilf heraus schwingen sich ein paar Gänse in die Lüfte. Dicht über unseren Köpfen das harte Flappen der Flügel.

»Er ging immer direkt nach dir ins Badezimmer«, sagt Gerdine.

Ich nicke, ja, das war so. Wenn ich im Gästebademantel, einem gestreiften Ding, in dem ich fast ertrank, aus dem Badezimmer kam, stand er in seinem dunklen Frotteemorgenmantel auf dem Flur und wartete, dass er an die Reihe kam. Demütig sah er mich an, den Abstand zwischen uns wahrend, und verließ sich darauf, dass ich seinen Wunsch, nie mit der Handdusche auf den zurückgebliebenen Schaum zu zielen, respektiert hatte.

Wahrscheinlich lächle ich. Schmunzelnd erzählt Gerdine mir jetzt von dem Filmkunststreifen, in dem sie viele Jahre später genau die Szene gesehen hat, wie ihr alter Vater, ihr ernsthaft verliebter Papa, den zurückgebliebenen Schaum im ansteigenden Wasser wieder aufschwimmen ließ und mit beiden Händen eine Portion davon wie zwei Trauben an Nase, Lippen und Zunge führte. Und sein Gesicht, das Bände sprach.

»Mein Liebling! Um wieviel süßer ist dein Duft als jeder Balsam, den es auf der Erde gibt …«

Ah … ich kneife die Augen halb zu.

Eine Weile gehen wir schweigend. Weiden, dabei habe ich doch Doktor Kneipps Fichtenduft in der Nase. Ein Wassergraben mit Fröschen anstatt einer Badewanne mit einem großen gelben Naturschwamm. Die Gegenwart ist nicht weniger wirklich als die Vergangenheit. Dann erzählt Gerdine eine Geschichte, sich selbst oder mir, das weiß man nicht immer, von einem kleinen Verkehrsunfall, der ihrem Vater einmal zugestoßen ist. Er im Auto. Sie, das Mädchen, auf dem Fahrrad. Gerdine meint, ich hätte bestimmt mal davon gehört.

»Ich glaube nicht.«

Sie bleibt kurz stehen, kramt in ihrer Hosentasche nach ihren Zigaretten. Sie findet das Päckchen, zündet sich eine an und erzählt, wie ihr Vater bei der Heimkehr bis ins kleinste Detail davon berichtete. Seine Hände zitterten.

»Wie er sich das zu Herzen genommen hatte und immer noch zu Herzen nahm!«

Es war am Abend passiert. Am zweiten oder dritten Dezember. Es regnete. Das Mädchen war aus einer Seitenstraße auf die kleine Brücke über die Houtgracht hinaufgesaust, keine Klingel, kein Licht, keine Rücktrittbremse, und wieder hinuntergeflitzt. Am Lenker eine Tasche mit einem in Zeitungspapier eingewickelten Teeservice, vielleicht ein aus zweiter Hand erstandenes Nikolausgeschenk. Er war wie verrückt auf die Bremse getreten, hatte sie aber trotzdem erfasst. Sie knallte auf den Boden, Tassen und Untertassen in Scherben. In der offenen Autotür hatte er sich über ihr Knie gebeugt. Sie saß, die Beine nach draußen gestreckt, auf dem Beifahrersitz, auf dem er sie in seiner Besorgnis hatte Platz nehmen lassen. Als er von der großen Kniewunde unter dem hochgeschlagenen Rock und der zerfetzten Strumpfhose aufblickte, hatte er gesehen, wie sie an seiner Schulter vorbei auf das nasse Pflaster starrte. »Das Teeservice«, sagte sie. Die einzigen Worte, die er jemals von ihr hören sollte, weil jetzt mit gellender Sirene ein Rettungswagen um die Ecke kam. Keineswegs für sie bestimmt, das wurde ihnen beiden klar. Während Ropta seinen großen Wagen dicht an die Hauswand manövrierte, hatte das Mädchen ihr Rad aufgehoben und war durch die Seitenstraße davongesaust.

»Ach, ach, noch ewig hat er deswegen geseufzt …«

Wir merken, dass es auf dem matschigen Weg jetzt tüchtig aufwärts geht. Wir sehen, dass er an einer Gabelung zweier Muschelwege endet, von denen wir, wenn wir uns richtig erinnern, den linken nehmen müssen. Danach kann es nicht mehr weit sein.

»Er hatte sie zur Erste-Hilfe-Station bringen wollen. Er hatte ihr auch das Teeservice erstatten wollen.«

So kommen wir zur Straße. Wir sehen die kleine Kneipe, die wir suchen. Nicht weit dahinter, an einem Kanal, steht eine Mühle.

8

Wir stehen auf dem Flur unter dem Mühlenmechanismus. Das einzige Licht kommt von einer Glühbirne, die an einem Kabel von einem Balken herabhängt. Es ist spät, wir sind müde und wollen ins Bett. Die Türen unserer kleinen Schlafräume stehen offen. Zwei ordentliche Zimmer für Liebhaber, beiderseits des Flurs. Die Cousine von Aatze, die mit ihrem Mann eine Kneipe an der Straße zwischen Idsmazate und Douwemazate betreibt, ist eine liebe Frau. Nach dem Essen durften wir sagen, ob wir über der Kneipe schlafen wollten oder in der Kornmühle, fünfzig Meter entfernt am Kanal.

»Die wird noch jeden Montag von einem freiwilligen Müller betrieben!«

Wir blicken auf die riesigen hölzernen Kämme, Stäbe, Wellen, Keile und Ruten, die über unseren Köpfen einen Turm bilden, der, wie unsere nächtlichen Gedanken, im Dunkel verschwindet. Dort muss das Stirnrad sitzen, das es den vier Flügeln draußen erlaubt, in der Luft zu kreisen und dabei jedesmal wieder zu schöpfen. Sich unter so etwas klein zu fühlen ist normal. Auch die beiden Mühlsteine hängen über unseren Köpfen. Der ewige Bodenstein unten, der Läuferstein darüber. Gerdine und ich haben die Fenster über unseren Betten bereits geöffnet. So können wir die Nachtluft atmen.

Alles ist still. Gerdine gähnt und reckt sich. Sie sehnt sich nach einem Bett mit weicher Matratze unter einem Fenster mit Blick auf Idsmazate.

»Tschüs, gute Nacht«, sagt sie.

Vielleicht fünf Minuten später höre ich ihr Schnarchen hinter der geschlossenen Zimmertür. Ist es komisch, dass ich denke: Das hat sie damals nicht gemacht? Dass ich denke: Das hat, jetzt, wo ich dran zurückdenke, eigentlich keiner von ihnen gemacht, auch Ropta habe ich nie sägen hören?

Alles hier ist ordentlich aufgeräumt. Ich schlendere umher, fahre mit der Hand über ein paar Balken, rieche am Holz und sehe einen Schemel, der wohl ein Melkschemel ist. Ich ziehe ihn mit dem Fuß zu mir heran. Das unschmeichelhafte Licht lösche ich jetzt lieber mal. Ein schwacher Schein aus Douwemazate wartete bereits darauf, an seine Stelle zu treten.

Während ich also in einer von der Zeit, aber nicht vom Müller verlassenen Mühle sitze, wandern meine Gedanken zu einer Nacht, ebenfalls von der Zeit verlassen, nicht aber von Gerdine und mir. Ich kann in sie eindringen. Die Gegenstände um mich herum, die derzeitigen Umstände zwingen mich dazu oder vielleicht die Sterne höchstpersönlich.

Sie hatte mich geweckt. Ich spürte eine Hand an meiner Schulter. So eine zielbewusste Hand, eine, die weiß, etwas ist nicht in Ordnung, und man muss unverzüglich handeln.

»Myrte!«

»Ja ...«

Ich schlief noch. Hatte nicht die geringste Lust, die Augen aufzuschlagen. In jener Zeit überließ ich mich unverzagt den Stunden und Tagen. Lose Teile eines Ganzen, das man nicht überblickt. Jetzt passiert dies, voll und ganz, und man hat im Moment absolut kein Auge für etwas anderes. Als Gerdine mich in jener Nacht wecken kam, gewöhnte ich mich nach zwei Nachtdiensten gerade wieder an den normalen Tag-und-Nacht-Rhythmus, der im Dienstplan der Lernschwestern immer sehr sorgfältig eingeplant wurde. Damit wir uns nicht von der gängigen Wirklichkeit lösten, die Ahnung vom Alltäglichen nicht verloren! Diese Gefahr bestand durchaus, da man uns unbedarfte Dinger schon im ersten Jahr in den Sälen mit ihren sich nach Schlaf sehnenden Kranken mitarbeiten ließ. Oh, ich liebte den Nachtdienst! Ich fand es wunderbar, abends schon reichlich vor zehn dazusein, meine blitzsaubere Tracht anzuziehen, mich bei der Nachtaufsicht zu melden und, bis ich in den Saal durfte, die Berichte zu lesen, um schon mal zu wissen, welcher der zwölf Männer und welche der zwölf Frauen meine Hilfe gleich besonders brauchen würde. Ich war die Schwester mit den leisesten Sohlen von allen. Ich war der Liebling der Kranken wegen der unhörbaren Schritte, mit denen ich nachts meine Runde machte, nachts, wenn alle Menschen der Ansicht sind, es müsse still sein.

Wenn ich nach der Übergabe an die Tagschicht das Krankenhaus verließ, war ich wacher als die erwachende Stadt. Die Lust, jetzt mit Jonas Ropta zu frühstücken, kribbelte in mir. Wäre es möglich gewesen, dann hätte ich getan, was mein Instinkt mir sagte: rennen! Aber ich fuhr damals auf einer Berini, die mich mit ihren zwanzig Stundenkilometern doch noch etwas schneller zum Oude Katwijkseweg in Valkenburg beförderte, wo ich am Küchentisch erwartet wurde. Ropta trug dann bereits seine Arbeitsklamotten: Pullover und eine Art Tischlerhose mit ganz vielen Taschen. Er hatte das Moped den Kiesweg herauffahren und den kleinen Motor hinter der Waschküchentür blubbern und dann verstummen hören.

»Da bist du ja!«

Seine immergleichen Worte und die dazugehörige Mimik. Seine aufleuchtenden, aber auch bereits auf etwas anderes gerichteten Augen. Während ich den Kaffee mit heißer Milch schlürfte, den er mir eingegossen hatte, und die Eier aß, die er für mich gebraten hatte, konnte ich sehen, dass er schon lange bei der Arbeit war. Die Zeichnungen und Modelle auf der anderen Seite seines Bettes waren die Stadt, in der er jeden Morgen erwachte. Das Pumpwerk okkupierte sein Gehirn. Das Licht über jenem eigenartigen Wasser dort in der Ferne war wie ein Stadtplan, in dem er, ohne seiner je überdrüssig zu werden, umherstreifte. Wie, wie und wo brachte er es in sein Gebäude?

Ich selbst dachte in solchen Momenten nichts. Was mir selbstverständlich erscheint, wenn man die ganze Nacht eine anstrengende Arbeit gemacht hat, schauen, wachen, flüstern, Bettdecken auf- und wieder zurückschlagen, alles so unnachdrücklich wie möglich, alles, als täte man nicht, was man tut, wäre aber stets zugegen, wie ein Engel das ist. In der hellen Küche tischte mein Gefühl mir seine eigenen Erkenntnisse auf, die genau dem entsprachen, wonach ich mich sehnte. Sie brachten eine ungewohnte Ruhe über mich, brüchig und für alles zu haben. Begannen bereits, mich in den Schlaf zu wiegen, wenn ich nach den Eiern und dem Kaffee mit Ropta nach oben ging. In dieses gastfreundliche Haus war ich zu Besuch gekommen, ich war bereits ziemlich lange da und wusste nicht, wieviel länger ich bleiben würde. Die noch schlafende Frau des Hauses und die Tochter hofften, dass es noch sehr viel länger sein würde!

Unsere Ménage à quatre verlief äußerst angenehm. Wenn wir abends beim Essen saßen, war die gegenseitige Zuneigung so groß, dass wir nur wenig zu sagen brauchten. Einmal war

Mevrouw Ropta so höflich, aber auch so unbesonnen, mich zu fragen, wie es Wouwou gehe. Damit versetzte sie mich an meinen anderen Lebensort, an den ich vom Schicksal oder wem auch immer gesetzt worden war und an dem ich, entsprechend meiner Natur, eigentlich für immer hatte bleiben wollen. Wouwou war inzwischen dreizehn. Ich erzählte meinen Tischgenossen, dass ich ihn nur noch selten antraf, wenn ich wieder einmal nach Hause in die Vaillantlaan kam, da er jetzt in die Tagesstätte ging. Weil es dort nicht immer einen Schoß gab, auf dem er sitzen konnte, lief er, auf seine Weise, so viel herum, wie er konnte. Verstand Ropta meinen Kummer? Oder wollte er mich wieder näher zu sich holen, diesmal mit Hilfe der Flasche leichten, frischen Orvietos, die noch genau ein Glas für mich enthielt?

Nach meinem Nachtdienst gingen wir morgens nach dem Frühstück also zusammen nach oben, er zu seinem Pumpwerk, ich in mein Bett. Ich erinnere mich an die Wärme im Treppenhaus. Trotz des milden Frühlings war es in der Frühe noch frisch. Der Thermostat stand auf einundzwanzig Grad. Kamen wir zu meiner Zimmertür, dann gab Ropta mir einen Kuss, auf die Wange, die Schläfe oder, ein wenig tiefer, die Andeutung eines richtigen Kusses in Richtung Mund, und ging weiter. *Ein*mal umarmte er mich. Den heißen Heizkörper im Rücken, spürte ich seine Brust und die Arme unter dem Pullover. Ich roch seinen Hals und wunderte mich, wie weich das Haar an meiner Nase war. Im Dämmerlicht und bereits halb schlafend, erkannte ich dennoch, dass seine Augen fast schwarz geworden waren. Bis dahin hatte ich schon zweimal so etwas wie einen richtigen Liebhaber gehabt. Nichts von dem, was ich mit ihnen erlebt hatte, glich auch nur im geringsten dem hier. Wenn Ropta nach einem »Schlaf gut« die

Treppe zum Dachgeschoss hinaufging, wäre ich vor Liebe zu ihm beinahe gestorben. Alles, was ihn betrifft, war … mein Gott! Ich liebte ihn so wahnsinnig, dass ich das Gefühl hatte, selbst völlig außerhalb zu stehen. Konnte er nicht schnell mal seinen Pullover ausziehen, damit ich ihn für immer behalten durfte?

Aber nein … Jemand rüttelte mich an der Schulter. Jemand wollte etwas von mir. Ich wusste sofort, dass sie es war, und auch, dass es um etwas Ernstes ging. Trotzdem hatte ich keine Lust, die Augen aufzuschlagen. Nach zwei Tagen Dienst hatte ich einen ganzen freien Tag vor mir, und, oh, wie arglos und tief schläft man dann. Vom Flur fiel Licht in mein Zimmer. Gut, ich saß ja schon. Jetzt schüttelte sie mich heftig. Sie sah mich scharf an. Ja, ich hatte verstanden. Blinzelnd trabte ich im Schlafanzug, barfuß, hinter ihr her den Flur entlang, schnell zur Dachgeschosstreppe, sie war schrecklich nervös. Sie nahm zwei Stufen auf einmal, noch nie hatte ich sie so angespannt erlebt. Es war eigenartig, dass ich so ruhig blieb. War ich bereits so ein Profi, dass ich auch privat in kritischen Fällen ruhiger blieb denn je? Ich bemerkte sogar, dass Gerdine unter ihrem Kimono ein Paar schäbige Socken trug.

»Was ist los?« flüsterte ich.

Für einen Moment mäßigte sie ihre Ungeduld.

»Hast du es nicht gemerkt die letzten Tage?« zischte sie über die Schulter.

Wir waren im Dachgeschoss. Die Tür zum Studio stand offen.

»Was denn?« hatte ich gefragt.

Der Arbeitsraum lag im Halbdunkel. Das spärliche Licht kam nur von dem Quertrakt zur Linken, wo Ropta hinter einer

Glasschiebewand seinen Schlafplatz eingerichtet hatte. In den paar Sekunden, die wir brauchten, um die Entfernung von seinem Arbeitsraum zum Bett zu überbrücken, sah ich alles so, wie ich es so oft gesehen hatte, in derselben Anordnung, aber – anders, grundlegend verändert. Das vertraute Studio war jetzt nahezu farblos, formlos, öde. Die Zeichnungen an den Wänden waren verschwommen, und die Modelle auf den Tischen wirkten so fahl, dass ich sie kaum wiedererkannte. Was *war* das, was trieben die Dinge da? Wieso wurde die maßstabsgetreu bereits vollständig erschaffene und mit ihren horizontalen Formen überzeugend in der Schwerkraft verankerte Pumpstation auf einmal wieder so unwirklich? Ich war mit diesen Gebilden genügend vertraut, um ihnen das übelzunehmen. Dies waren schließlich seine Gedanken, oder etwa nicht? Existierten sie denn nur im hellen Licht?

Ich eilte zum abgetrennten Raum zur Linken.

»Er fängt an, Angst zu bekommen«, hatte Gerdine auf meine Frage geantwortet.

Ich hatte es tatsächlich nicht bemerkt. Die Dienste der letzten Tage waren anstrengend gewesen, es waren schlimme Dinge passiert, auch hatte ich viel an Zuhause denken müssen. Dass ihr wie ein Baum entwurzelter, aber doch noch einmal ins Leben zurückgekehrter Vater so völlig auf mich gestimmt war, bedeutete nicht, dass er und seine Tochter nicht nach wie vor ihren eigenen gemeinsamen Klang gehabt hätten.

Wir waren bei ihm. Im Lichtkreis der Wandlampe sah ich ihn auf dem Rücken im Bett liegen. Ich beugte mich ganz weit zu ihm hinunter, doch er erkannte mich nicht. Seine Augen waren aufgerissen, als sähen sie etwas Grauenhaftes, und vielleicht war das auch so, sein Gesicht war schweißnass. Habe ich nach seinem Handgelenk gegriffen, den Herzschlag gezählt?

Ich weiß es nicht mehr. Aber als Gerdine, neben mir, mir diesen ganz kleinen, ganz naheliegenden Schubs gab, stand ich wie angenagelt da und sah ihn an. Er zitterte, ohne sich sonst zu regen, bang wie ein Tier. Aber – *war* das Angst? Oder eher Wut, Wut über etwas, was sie ihm angetan hatten, oder über etwas, was er gehört hatte, eine Empörung, die, wenn ich recht sah, nicht mehr größer sein konnte?

Um mir selbst zu beweisen, dass ich genau wusste, was ich wollte, und auch, um mich von Gerdines Befehl freizumachen, der nichts mit meinem Willen zu tun hatte, ging ich um das Bett herum auf die andere Seite, wo ein schmaler Gang zwischen ihm und der Wand war. Als ich das Bettzeug anhob und meinen Körper zu Jonas Ropta unter die Decke schob, hatte seine Tochter uns bereits allein gelassen.

Er wusste sofort, dass ich da war.

Auch ich liege jetzt im Bett, von rechts eine leichte Brise aus Douwemazate, von links Gerdines Schnarchen, laut und gleichmäßig. Von einem Kirchturm in der Nähe ertönen ein paar solidarische Glockenschläge. Es ist spät. Damals, am Morgen danach, als ich die Tür des Hauses vorsichtig hinter mir zuzog, war es noch sehr früh. Ich hatte das Gefühl, der einzige Mensch weit und breit zu sein, der schon auf war.

Juni. Die Sonne glitzerte auf den regennassen Sträuchern. Ich startete die Berini und tuckerte den Kiesweg hinunter. Bevor ich auf den Oude Katwijkseweg Richtung Den Haag bog, hielt ich kurz an und drehte mich halb um. Die Füße zu beiden Seiten des Mopeds auf dem Boden, starrte ich noch einmal auf das Haus, als nähme ich für immer Abschied von ihm. Obwohl ich – ich erinnere mich ganz genau – nichts in dieser Richtung beschlossen hatte. Ich blickte auf die Umrisse des

Dachs. Suchte die Tauben, die nicht da waren, sah den dunklen Fensterrahmen im Dachgeschoss, hinter dem ein unvergesslicher Mann schlief, ganz tief, und atmete den Duft des Tages ein. Eines typischen Tages, an dem man spürt, man darf weg, wovon auch immer.

9

Wir haben so gut geschlafen, dass wir denken, wir schaffen alles, was wir wollen, und das heißt: Wir können einholen, was bereits vorbei ist. In dieser Hinsicht ist der Faktor Ort ein ganzes Stück kulanter als der Faktor Zeit. Umkehren und zurückgehen ist immer möglich. Nachdem wir uns das Gesicht gewaschen, die Haare gekämmt, in der Kneipe gefrühstückt und uns von unseren Gastgebern verabschiedet haben, machen wir uns auf den Weg zu den Pferden von gestern.

Wieder bietet sich der Seedeich an. Wir steigen hinauf, bleiben einen Moment verdutzt stehen beim Anblick des Niedrigwassers, das da unten mit seinen kohlschwarzen Prielen und blassvioletten Windungen einem Höhlengemälde gleicht, und folgen ihm dann nach links, nach Westen, die aufgehende Sonne im Rücken.

Gerdine hat ihr Faltblatt hervorgeholt und zählt die Wegstrecken zusammen, die wir ausgelassen haben.

»Das sind immerhin dreißig Kilometer, hörst du?«

»Na, wir werden ja sehen.«

»Gut.«

Wir mögen vielleicht einen Kilometer gegangen sein, als wir schräg vor uns eine reizende kleine Kirche erblicken mit allem, was dazugehört. Elfenbeinweiße Schafe auf dem Deich, Wiese mit Zäunen und Kühen, blaues Wasser, gelbliches Schilf, kleine Häuser. Dies alles in den Aquarelltönen irgendeiner nordeuropäischen Schule des ausgehenden neunzehnten Jahr-

hunderts. Vor allem die Kirche, fahlgrau auf einer fahlgrau ge-
pinselten Deichböschung, spricht mich an. Kirchen bringen
einen immer auf Ideen.

»Oder wollen wir den Bus nehmen?«

Gerdine blickt auf, als wäre sie mit den Gedanken ganz wo-
anders. »Wieso?« sagt sie als erstes.

Schräg gegenüber von der Kirche, auf der Deichseite der
Straße, steht, als müsste es so sein, ein Bushäuschen. Weil dort
noch niemand wartet, nehmen wir uns die Zeit, schnell mal
hinüberzugehen. Das alte Gebetshaus ist natürlich geschlossen, doch das Gittertor zum Friedhof steht offen. Er lockt
uns wegen des Schilds, das sagt: »Kriegsgräber des Common-
wealth«. Es sind, wie wir gleich darauf feststellen, drei. Piloten
der Royal Air Force. Wir finden die Gräber der jungen Männer
sofort. Ihre weißen Steine stehen wie drei weiße Schafe mitten
in der Herde abgeblätterter schwarzer Gedenksteine der Ein-
heimischen. Wahrscheinlich waren sie auf dem Weg, um Kiel
zu bombardieren, denke ich, genau in dem Moment, als wir
den Bus doch plötzlich kommen hören, der schon auf der anderen Straßenseite hält.

Dank eines alten Paares, das sich beim Aussteigen Zeit lässt,
steigen wir, ohne uns beeilen zu müssen, in den Bus und grüßen den Fahrer.

»Zweimal Marrum bitte.«

»Mit Vergnügen!«

Der Bus ist so einer mit einer zusammenhängenden Sitz-
reihe hinten, von der aus man, etwas erhöht, einen besonders
guten Ausblick hat. Wir legen unsere Rucksäcke auf die leeren
Sitze und nisten uns auf der linken Seite, der Landseite, ein,
Gerdine am Fenster. Wir sind beide still, als wollten wir noch
eine Minute um die drei jungen Engländer trauern, einer un-

bekannt, zwei identifiziert. Den Daten nach zu urteilen sind sie 1943 in drei verschiedenen Staffeln mit ihren Bombern gestartet – Wellington, Lancaster, Halifax, tragische Namen, die seitdem jeder kennt – und nach Osten gedröhnt. Trotz der dichten Bewölkung wurden sie von deutschen Nachtjägern abgeschossen und sind ins Wattenmeer gestürzt. Einer der jungen Männer hieß Robert George Tighe.

Auf einer schmalen, aber gut befahrbaren Straße verlassen wir das Dorf. Wir folgen der scharfen Biegung des Deichs nach rechts, dann ebenso scharf wieder nach links und so weiter. Die wenigen anderen Fahrgäste, alle in Fahrtrichtung sitzend, lassen sich schweigend befördern. Gerdine blättert in ihrem Führer. Als ich an ihr vorbei hinausschaue, erhasche ich einen Blick auf Wassergrabenufer und unbefestigte Fußwege, die unsere Kneipenbesuchergruppe noch alle vor sich hat.

»Wo sie jetzt wohl sind?« frage ich laut.

Mühlen, Silos, ein paar kämpfende Ziegen, ein geschmackloses Esslokal, das Brummen des Busses. Was ich sehe und höre, vermischt sich mit dem, was ich weiß. Auf die schwarze Pyramide des reetgedeckten Dachs eines Bauernhofs hat man einen Ausguck aus Glas gebaut. Dort wohnt sicher ein Architekt.

»Weißt du«, sagt Gerdine nach einer Weile. »Ich denke, ich gehe den ganzen Weg mit ihnen bis zum Hafen von Lauwersoog und nehme dort die Fähre nach Schiermonnikoog.«

»Ich nicht«, beschließe ich, ohne auch nur einen Moment darüber nachgedacht zu haben. »Ich fahre heute zurück.«

Sie nickt, als hätte sie das bereits vermutet. Sie stellt die Beine auseinander und lässt sich tiefer in den Sitz sinken. Wir werden bald Abschied nehmen. Wir sagen nichts. Wir schlagen den Blick nieder und hüsteln dann und wann. Wenn ich hinausschaue, tue ich das immer an ihrem Profil vorbei. Gerdine, merke ich nach vierzig Jahren, trägt noch immer etwas von der Verzweiflung in sich, mit der sie mich an jenem Augusttag anrief. Die Rage ob der Liebe, die eben nicht – egal, was man sagt – stärker ist als der Tod.

Ich war im Schwesternheim. Nach einem Tagdienst von acht Uhr morgens an saß ich in meinem Zimmer und lernte für irgendeine Klausur. Eine Kollegin kam mich rufen, der Apparat hing auf dem Flur. Die Anrufe der Familie Ropta, sprich: von Mutter und Tochter, waren schon seit einer Weile ziemlich selten geworden und hatten sich auch im Ton verändert. Nicht mehr bestürzt oder böse, sondern resigniert. War ich denn noch dieselbe wie vorher?

Ich selbst meinte, ja. Nur, ja, das stimmte, ich gewöhnte mich daran, beinahe ohne es zu merken, nicht mehr dort im Haus zu sein. Sicherlich, zu Beginn, im Verlaufe jenes Juni, hätte ich gut noch mal dorthin zurückkehren können, Ropta war in meinem Herzen, sicher und wohlbehütet, aber es gab immer etwas, das mich davon abhielt. Kleine Dinge, die mich in Beschlag nahmen, auch Ausreden. Es stimmte auch, dass meine Ausbildung dabei war, mich aufzufressen. Tagdienste, Nachtdienste und Unterrichtsstunden wechselten sich mit dem Gleichmaß eines Uhrwerks ab. Ein strenger Mechanismus, der fast keine Lücke ließ. Wie hält man so etwas aus? Ich weiß es nicht. Tatsache ist, dass ich es schön fand, ganz konzentriert auf die Infusionen zu achten, Medikamente, Bettschüsseln und Spuckschalen zu verteilen und *ein*mal, früh in der Nacht, einer Patientin mit einer gewaltigen Stimme zu erlauben, das Lied »Traumland« zu singen, aus voller Brust, ohne jede Zurückhaltung.

Streife so oft dort umher
Lausche der Vögel Lied
Es ist, als erzählten sie mir
Von all dem Schönen, das man dort sieht

Wie schön, wie genau richtig ausgewählt für meine langen, ausgefüllten Tage und diese Leere darin … Die Sängerin war mit ihrem großzügigen Amsterdamer Vibrato bis weit über meine beiden Säle hinaus zu hören gewesen und sang in der Nacht darauf wieder, auf allgemeinen Wunsch, dasselbe Lied, und dann wieder. So lange, bis sie an der Reihe war, in den OP-Saal geschoben zu werden, aus dem sie nicht mehr zurückkehrte.

Währenddessen hörte ich von Gerdine, der Entwurf des Architekturbüros Ropta sei fertig. Wir trafen uns während meiner Mittagspause in einem Lokal. »Ah!« seufzte ich aus tiefstem Herzen. »Ja, stell dir vor!« sagte sie freundschaftlich und erzählte, sie hätten ihn gerade noch vor Ablauf der Frist an die Ausschreibungskommission schicken können. Es sei noch verrückt zugegangen bei ihnen zu Hause, erzählte sie. Die zusammengetrommelten Ingenieure, Bauzeichner und Kalkulatoren waren von ihrem Vater auf Trab gebracht worden für Arbeiten, die strenggenommen für den Entwurf gar nicht erforderlich waren. Er habe alles in allem erschreckend abgenommen, erzählte sie, aber sie und Rienie hätten die Reise nach Venedig bereits gebucht.

Ich spürte, wie mir ein Schauder den Rücken hinunterlief.

Und dann kam der Anruf.

»Myrte, für dich.«

»Ich komme.«

Zur Wand des Schwesternheims geneigt, hörte ich sie an. Gerdine, in ihrem unerbittlichstem Ton. Sie bat, sie forderte etwas von mir, das so unmöglich war, dass ich es mir nicht vorstellen konnte. Ich erkundigte mich nach Einzelheiten. Ja, sagte sie, wieder im Leyenburg. Ja, schon länger. Danach bat sie noch einmal. Um Gottes willen, sagte sie. Ich willigte ein.

Sie hatten es nicht mit ansehen können. Sie lehnten es ab, und zwar radikal. Wer setzt sich schon hin und schaut einem Geschehen zu, das man zutiefst ablehnt? Beide Augen zudrücken, es genehmigen, erleichtern, absegnen? Wer weiß nicht instinktiv, dass Zuschauen, wie auch immer, solidarisch, wenn nicht gar mitschuldig macht?

Ich war gegen acht im Leyenburg eingetroffen, fragte an der Rezeption, wo er lag, und fuhr mit dem Lift nach oben. Unwirkliche Ereignisse sind, was sie sind, Schemen. Man kann sie nicht fassen, jedenfalls nicht mit der Wahrnehmung. Als ich die kleine Intensivstation betrat, blickte ich nicht sofort zu dem Mann im Bett, zu ihm, sondern zu Elsbet in ihrer vertrauten Tracht. Sie hatte sich von ihrem Stuhl erhoben, gab mir die Hand und berichtete mir flüsternd, wie es um ihn stand. Das ist zumindest die Version meines Gedächtnisses. Mit der Besonderheit, dass ihre Anwesenheit mich unglaublich tröstete. Kein direkt Betroffener, aber eine gute Bekannte, ein liebes Mädchen, das seine Arbeit professionell verrichtete. Sie zeigte auf den Stuhl, wollte mir rasch eine Tasse Kaffee bringen und ließ mich mit ihm allein.

Ein nichtssagendes kleines Zimmer. Kein Fenster nach draußen. Nur ein bestürzend weißes Bett, ein Apparat in der Ecke und eine Pinnwand mit ein paar Papieren im Widerschein der Mattglastür. War ich genauso wie Rienie und Gerdine? Wollte auch ich die Augen verschließen, oder wollen sich meine Erinnerungen alldem entziehen? Unterstützung suchend, egal wobei, richtete ich den Blick auf die leuchtenden Linien des Monitors an der Wand über dem Bett und sah, dass sie sich alle drei noch bewegten. Das Herz … Die Atmung … Das Blut … Als Elsbet mit dem Kaffee kam, wusste ich erst nicht, warum ich ihn nicht annehmen konnte. Sie stellte die Tasse auf den Nachttisch und löste sanft meine um den Stuhlsitz gekrallten Hände.

Bin ich, so weit ich konnte, mit ihm gegangen in jener Nacht? Habe ich seinen letzten Blick gesucht, seine Hand in meiner gehalten? Mein Herz, meine Seele und die Wahrscheinlichkeit sagen, ja, meine Erinnerungen schweigen. Neben dem Bad mit dem Entwickler fehlte das Fixierbad. Was ich noch immer weiß, ist, dass ich sehr früh am Morgen sah, dass aus den drei Linien Striche geworden waren. Elsbet, neben mir, stellte es ebenfalls fest.

Wenn man irgendwohin reist, hat man eine bestimmte Erwartung von dem, was man sehen wird. Hat man schon mal etwas über das Fleckchen Erde gelesen oder gehört, zu dem man fährt, dann glaubt man sich auszukennen. Man denkt: Ist es wirklich so? Finde ich wieder, was ich mir die ganze Zeit im Kopf vorgestellt habe?

Gerdine und ich gehen deichwärts durch Marrum und lassen das Dorf auf einem parallel zur Straße angelegten Fußweg hinter uns. Wir denken an die zweihundert Pferde, die, wenn alles schlecht läuft, im Wattenmeer ertrinken werden. Die Flut und ein seit Tagen anhaltender Novembersturm haben das Meer bis unter den Deich gedrückt. Wir denken an das ovale Erdplateau, das unwahrscheinlicherweise, ganz in der Ferne, ein Stückchen aus dem Wasser ragt. Darauf stehen schon drei Tage und Nächte die Pferde.

»Es ist kurz hinter Hektometerstein 24«, sagt Gerdine.

»Ja.«

Wir denken, vielleicht um Zeit in die Länge zu ziehen, im Moment noch nicht an die vier Amazonen, die in einem Augenblick, als die Pferde schon an nichts mehr glauben, auf einer durchwatbaren Strecke auf sie zu reiten.

Wir kommen zu einer Gabelung.

»Nach links«, sagt Gerdine, den Kopf über der Karte. »Und dann geradeaus. Keine Seitenwege einschlagen. Am Wegweiser sieht man es dann schon.«

Und so ist es. Eine sanft ansteigende kleine Asphaltstraße im Deich führt uns nach einer S-Kurve hinauf auf die Krone. Die ganze Welt verschiebt sich. Erstaunt sehen wir, dass der Tag heiter und lieblich ist, das Meer höchstens ein Strich in der Ferne, und dass die Pferde, alle gerettet, auf einem von Wassergräben durchschnittenen Grasland herumlaufen und spielen. Ich suche nach meinem Lieblingspferd, einem schneeweißen Fabeltier. Auf Zeitungsfotos habe ich mit eigenen Augen sehen können, wie groß und wie ausnehmend ruhig es sich von der panischen Herde abhob. Die Leitstute?

Wir drehen uns um. Über die kleine Straße kommt ein Mann mit einem Hund hinter sich herauf.

»Wie ist das möglich!« sagen wir, sobald er in Hörweite ist.

»Ja, Mädels«, antwortet er ohne eine Spur Ironie. Er wendet sich ebenfalls zu den Pferden, die dort, sechs Jahre später, am Verwildern sind, und erzählt uns, was geschehen ist und wovon wir gehört haben.

Der Freitag war trostlos. Bereits drei Tage lang waren Soldaten und Rettungsmannschaften mit Booten und Pontons im Einsatz, aber kein Pferd setzte sich in Bewegung. Standhaft in ihrer Todesangst, klebten sie aneinander auf dem Plateau des

Groden, der von Meerwasser umgebenen Insel, und verweigern sich dem, was ihre Rettung wäre. Um zwei Uhr mittags steht eine mittlerweile große Menschenmenge auf dem Deich und schaut zu, ohne Hoffnung. Die schlimmste Art zu schauen, nicht zu vergleichen mit irgendeiner anderen. Es ist Niedrigwasser. Stillstehendes Wasser, so farblos wie der Himmel darüber. In diesem Moment kommen wie aus dem Nichts die vier Frauen in das Außendeichgebiet geritten. Sie treiben ihre Pferde ins Wasser, im Schritt, nebeneinander in einer Reihe. Den ganzen Vormittag über sind Taucher damit beschäftigt gewesen, einen geeigneten Weg ohne Zäune, Priele und Stacheldraht zu finden. Über ihn dirigieren die Friesinnen jetzt ihre Pferde. Sie wollen der Leitstute ein Halfter umlegen und sie sacht mitziehen. Sieh dir das an. Sie sind noch gut dreißig Meter vom Groden entfernt, da kippt das Gleichgewicht zwischen Angst und Willen.

Die Pferdeprozession, die eifrig hinter den vier Amazonen zum Deich trabt, ist die festlichste Prozession, die es jemals gab. Das aufspritzende Wasser wird silbrigweiß und der Himmel immer blauer, je weiter die Pferde an Land kommen.

So brav, so lieb, so glücklich.

Inhalt